ANNUAL REPORT ON THE DEVELOPMENT OF
ETHNIC CULTURE IN SOUTHWEST CHINA (2019)

中国西南民族文化
发展报告
（2019）

屯堡文化遗产保护与发展

主编／肖远平（彝）

常务副主编／王伟杰

副主编／刘宸 赵尔文达（苗）

社会科学文献出版社
SOCIAL SCIENCES ACADEMIC PRESS (CHINA)

主编单位

贵州民族大学人文科技学院

南方少数民族非物质文化遗产研究基地

民族民间文化教育传承创新重点研究基地（高等院校）

参与单位

贵州师范大学国际旅游文化学院

贵州民族大学民族文化产业发展研究中心

华中师范大学国家文化产业研究中心

贵州民族大学社会学与公共管理学院

英 文 编 辑　张广勇（土家）　张会会（穿青人）

参 编 人 员　（按姓氏笔画为序）

　　　　　　杨孝军　杨　青　杨慧琳　何开敏　赵　艺

　　　　　　姜华君　谭廷龙

主编简介

肖远平　彝族，贵州民族大学兼职教授，博士生导师，享受国务院政府特殊津贴。贵州师范大学党委副书记、校长，文学博士，二级教授。暨南大学、华中师范大学兼职教授，博士生导师。国家"万人计划"哲学社会科学领军人才、中宣部文化名家暨"四个一批"人才、全国民族教育专家委员会委员、国家重大工程《中国民间文学大系》出版工程学术委员会委员、中国智库创新人才"先锋人物"、黔灵学者、贵州省高校哲学社会科学学术带头人、贵州省区域一流学科带头人、贵州省人民政府学科评议组成员、贵州省委办公厅决策咨询专家。国家民委人文社科重点研究基地——南方少数民族非物质文化遗产研究基地主任、首席专家，教育部民族教育发展中心重点研究基地——民族民间文化教育传承创新重点研究基地（高等院校）主任、首席专家，国家社科基金重大招标项目首席专家，全国民族教育研究重大招标项目首席专家。兼任阳明心学与当代社会心态研究院副院长、《少数民族非遗蓝皮书》主编、《民族文学研究》编委、《中国大百科全书·民族文学卷》编委。

主要从事中国民间文学（民俗学）、民族文化产业和民族教育等方向的研究。主持国家社科基金重大及一般项目、教育部全国民族教育研究重大招标项目、重点委托项目、国家民委项目、贵州省哲社重大项目等13项；获国家民委全国民族研究优秀成果奖二等奖、贵州省文艺奖一等奖等省部级以上奖励十余项；在《民俗研究》《民族文学研究》等各级各类刊物发表论文70余篇；出版《彝族"支嘎阿鲁"史诗研究》《苗族史诗〈亚鲁王〉形象与母题研究》等著作十余部。

摘　要

　　一脉相承的中华文明是多元民族文化交融发展的结果，是 56 个民族共同创造的伟大文明成果。习近平总书记指出：我国历史演进的特点，造就了我国各民族在分布上的交错杂居、文化上的兼收并蓄、经济上的相互依存、情感上的相互亲近，形成了你中有我、我中有你，谁也离不开谁的多元一体格局。

　　西南地区少数民族人口约占该地区总人口的 19%，民族文化资源极为丰富，拥有悠久的民族历史、灿烂的民族文化和浓郁的民族风情。在四批国家级非遗名录中入选的 477 项少数民族非遗项目中，西南五个省（自治区、直辖市）的少数民族非遗项目占了大多数。其中，民族文化资源最为富集的西藏、云南等省（自治区）的国家级少数民族非遗名录占该省（自治区）国家级非遗名录总数的 90% 以上，贵州则达到了 80% 以上。西南地区在汉族与少数民族的长期交往中，又产生了丰富的文化交融成果——土司文化和屯堡文化，成为我国西南民族地区极具特色的文化资源，且在中华民族五千年的历史长河发展中保存较为完好，可以说，西南地区是我国民族文化资源的富集区和保护区。

　　民族文化的传承离不开其赖以生存的文化土壤。西南地区的民族聚居区数量多、分布广，全国共有 30 个民族自治州、117 个民族自治县，其中 11 个民族自治州、48 个自治县集中在此区域。西南地区大量的集中连片民族聚居区为少数民族同胞提供了体量巨大的文化生活空间，民族区域自治则在制度上保障了少数民族同胞文化诉求迅速充分的表达和民族政策的迅速贯彻落实，这些都为西南民族文化的传承发展提供了有利的客观环境。但是，由于历史原因和客观条件的限制，西南民族地区的经济发展长期滞后于中、东部地区。西南地区少数民族同胞在发展地区经济、追求美好生活的进程中，面临着民族文化保护与经济社会加速发展的双重压力。西南五省（自治区、直辖市）的农村地区、民族地区和贫困地区深度重叠在一起，这使得该地区在完成农村脱贫攻坚、民族文化保护、乡村振兴建设等任务的过程中面临重大挑战。

《中国西南民族文化发展报告（2019）》是由教育部民族教育发展中心指导、民族民间文化教育传承创新重点研究基地（高等院校）科研团队承担、贵州民族大学人文科技学院为主编单位、民族文化产业发展研究中心等单位共同参与编写的综合性研究报告，旨在为西南民族文化的保护与传承、创新与发展等相关研究提供重要的学术交流平台，为西南民族文化的长远发展提供智力支持。

本书是《中国西南民族文化发展报告》系列的首部研究成果，并将在未来定期发布。本书主要以西南五省（直辖市、自治区）的文化资源为研究对象，同时横向比对鄂西、湘西、桂北等毗邻地区的民族文化资源，注重跨地区、跨民族的民族文化交流，以及融合民族学、人类学、社会学等领域的研究。本书设置了"屯堡文化"及"土司文化"等专题研究，并吸纳融合了相关领域内的民族文化理论与实践研究，主要包含七个部分，具体内容如下。

第一部分为总报告。以贵州安顺天龙屯堡为案例，对该地近 20 年文化旅游开发的情况进行了系统性梳理和回顾，总结了屯堡文化资源在旅游开发过程中出现的问题，分析了相关原因，并提出了未来屯堡文化资源保护性开发的策略和建议。

第二部分是屯堡文化篇。该部分文章篇目较多，研究视角丰富：一是对屯堡文化资源开发，特别是旅游开发等实践问题进行了调查研究，并提出了相应的发展建议；二是对屯堡文化内涵进行研究，主要对贵州安顺屯堡文化的形成原因进行了梳理，并对屯堡文化传承经验对当代社会的启示进行了分析；三是对黔中屯堡地戏的发展、变迁进行了研究，指出了地戏传承面临的问题，思考了保障地戏文化有序传承的方式；四是探讨了全域旅游背景下安顺市非物质文化遗产的保护问题，提出了以生产性保护和法律手段增强安顺市非物质文化保护效果的建议。

第三部分是土司文化篇。前两篇文章主要对鄂西、黔北的土司文化价值及其文化资源开发路径进行了分析，提出了有效开发土司文化资源旅游价值的建议。第三篇文章则对海龙屯文化体现出的民族文化融合现象进行了描述，这表明土司文化充分体现出了民族交流交往的丰硕成果。

第四部分是文化产业篇，主要对西南地区文化资源开发潜力较大的民族文化事象进行了分析，提出了具体建议和措施。第一篇文章对藏羌彝文化产业开发人才的高校培养路径进行了研究，提出了在专业设置、师资建设等方面的建议。其余三篇则分别对苗族文化创意产业城、贵州"大数据"战略背景下民族文化产业的发展问题和区域性苗族节日饮食进行了探讨，提出了相应的发展建议。

第五部分是文学篇。第一篇文章从苗族史诗出发，分析了民族文学中经济因素与文化发展变化之间的关系。第二篇文章则通过对彝族民族文学中的女性叙述的变化进行描述，分析在社会进步过程中，彝族民族文学中女性意识的变化和发展。第三篇文章通过对蒙化左氏土司诗歌的研究，描述了汉族文化与彝族文化交流融合的过程。

第六部分是案例研究篇。第一篇文章以鄂西地区为案例，提出了构建民族地区乡村文化旅游资源评价机制的设想。第二篇文章则对侗族的民族音乐进行了专业分析，准确描述了这项民族艺术的文化特点和艺术价值。

第七部分是大事记。主要统计了2017～2018年西南地区民族文化保护与传承、创新与发展及相关研究的重大事件。

目 录

Ⅰ 总报告

天龙屯堡文化旅游产业发展报告（1998~2017）

　　…………………………………… 肖远平　刘　洋　杨　兰／001

Ⅱ 屯堡文化篇

文化旅游情境下贵州屯堡饮食文化的变迁与传承 …………… 赵　虹／037

文化安全视域下屯堡文化自足性的启示 ………… 刘　宸　马发亮／057

黔中地区屯堡地戏文化变迁浅析 ……………………… 吕林珊／073

全域旅游背景下非物质文化遗产传承保护研究

　　——以贵州省安顺市为例 ………………………… 李光明／083

Ⅲ 土司文化篇

乡村旅游视域下的符号升华

　　——以恩施土司城为例 ……………………………… 高　旸／095

体验经济视角下土司文化旅游发展研究
　　——以贵州遵义为例 ……………………… 王亚辉　吴晓琳 / 107
从播州土司文化看民族地区文化融合 ……………………… 赵钧懿 / 118

Ⅳ　文化产业篇

藏羌彝文化产业走廊视阈下高校文化产业人才培养
　　……………………………………… 王伟杰　杨　杰 / 129
苗王城文化创意应用探析 ……………………… 袁洪业　刘明文 / 139
大数据产业背景下贵州省文化产业发展研究
　　……………………… 王月月　杨慧琳　阳新丽 / 160
黔东南苗族侗族自治州苗族节日饮食产业发展研究
　　……………………… 赵尔文达　赵　艺　姜华君 / 173

Ⅴ　文学篇

供需效应与文化再生产：苗族史诗《亚鲁王》经济功能研究
　　……………………………………… 杨　兰　龚　梅 / 184
彝族民间叙事长诗女性观的建构与表达 ……………… 刘　洋　杨琼艳 / 197
蒙化左氏土司诗歌研究 ……………………………………… 童　飞 / 211

Ⅵ　案例研究篇

民族地区乡村旅游资源评价研究
　　——以枫香坡侗族风情寨为例 ……………………… 廖正丽 / 225
侗族琵琶歌音乐特征的比较分析 ……………………… 龙邦西　谭莲英 / 241

Ⅶ 附录

2017～2018年西南民族文化大事记 ···················· 赵 艺 杨 青 / 255

Abstract ·· / 276
Contents ·· / 280

总 报 告

General Report

天龙屯堡文化旅游产业发展报告
（1998～2017）*

肖远平　刘洋　杨兰**

摘　要：　本报告采用规范研究与实证研究相结合、历时比较和共时
比较相结合的方法，爬梳1998～2017年的天龙屯堡文化旅
游产业发展脉络，认为天龙屯堡文化旅游产业呈现出了顶
层设计汇聚民意、上下联动效能凸显、文旅融合发力较早、

* 本文为国家社会科学基金重大项目"屯堡文化综合数据库建设"（项目编号：17ZDA164）的
阶段性研究成果。

致谢：2018年3月24日至3月30日，本文作者作为国家社会科学基金重大项目"屯堡文化
综合数据库建设"调研组的成员参加了屯堡文化田野调查，调研组成员龚德全、邢启顺、刘
宸、王继超、郑寿斌、杨晓、肖鹏程、谭诗然、郑义娜、刘璐瑶的多次讨论为报告撰写提供
了思路，文章使用的部分数据来源于此次调查，正文中均有注释。感谢安顺市平坝区旅游局
陈伟、安顺地戏国家级非遗传承人陈先松等的大力支持和帮助。

** 肖远平，彝族，博士，教授，博士生导师，贵州民族大学兼职教授、贵州师范大学校长，研
究方向为民俗学；刘洋，华中师范大学国家文化产业研究中心博士生，贵州民族大学副教授，
研究方向为民俗学、文化社会学；杨兰，华中师范大学国家文化产业研究中心博士生，《贵
州民族大学学报》编辑部讲师，研究方向为中国民间文学。

品牌体系逐步完善、旅游资源涵括广泛、文化生境独具特色、公共设施不断完善、旅游格局日益形成的发展条件。同时，天龙屯堡面临文旅产品难以联动、点轴效应尚未形成、交通布局仍显粗放、景区切换极不便利、综合配套尚不完善、产业集群仍需培育、政策落地效果不佳、营销方式亟须优化的发展困境与发展劣势。基于上述原因，结合贵州本土文旅发展的实践，报告提出了贵州文化旅游融合发展的现实路径与战略建议，认为可创设一套"旅游智慧平台、全域旅游地图、多维宣传体系"的标识体系，坚持"大扶贫＋大旅游""大数据＋大旅游"两条主线，实现"文化持有主体转为旅游形象大使、艺术创意创作转为旅游创意产品、非遗文化资源转为旅游核心资源"三个转变，确保政府、游客、旅游公司、文化持有人四位一体协同发展，发展"农耕文化＋旅游""工业文化＋旅游""特色文化＋旅游""民族文化＋旅游""科普文化＋旅游"五种模式，采用直接利用、整体提升、还原再现、集中展示、主题附会、旅游地产六条思路。

关键词： 产业融合　文化产业　旅游业

作为设计密集型产业，旅游业的本质是生产、扩散、销售象征符号和视觉财产，使游客获得差异性的习得体验。在地方性日益凸显的全球化中，游客受批量生产的多样化象征符号持续轰炸，象征符号的阐释成为旅游目的地开发的前提。旅游目的地经由游客的凝视和瞻仰得到重构，由物质客体转化为文化客体，而文旅融合显然是资本交换象征符号与视觉财产的全球化思维和地方性作为。

天龙屯堡是黔中屯堡群的典型代表。一方面，作为极具地域特色的文化景观，黔中屯堡群历经了600余年的历史演进，保存完整的天龙屯堡是观瞻"明代生活"的"活化石"。另一方面，屯堡文化是明朝江淮地区汉文化在黔中地区的承继，特殊区位造就了其不可复制性和不可替代性，亦成就了其唯一性。本报告爬梳1998～2017年天龙屯堡文化旅游产业的发展进程，探讨历经私有经营和国有经营、乡村旅游和智慧旅游、独立运营和大屯堡景区运营的天龙屯堡文旅融合发展的优劣势与解决思路。

一　天龙屯堡文化旅游发展现状与发展优势

（一）顶层设计汇聚民意，上下联动效能凸显

第一，顶层设计推动有力。"十二五"期间，中国旅游业对国民生产总值的综合贡献率达到10.2%，预计"十三五"收官阶段将达到12%，成为国家重要战略支柱产业。在全国同步建成小康社会的决胜阶段，旅游业提效升级已成为政策有效落地的突破口。"旅游＋"发展理念全面落地，具体来说，即实现六个转向：旅游业由门票经济转向产业经济、由粗放发展转向高效发展、由沙盒式的点轴旅游转向开放式的全域旅游、由旅游企业自建自享发展转向政府引导企业共建共享发展、景区由封闭管理转入全面社会治理和由一元的旅游目的地转向多元的旅游综合服务体。换而言之，顶层设计描绘了旅游业持续和高效发展的蓝图，且指明了具体方向。

综合来看，贵州是旅游资源大省，纳入国家"十三五"旅游业发展规划的贵州旅游资源颇多，涵盖3个特色旅游功能区（武陵山生态文化旅游区、乌蒙山民族文化旅游区、滇黔桂民族文化旅游区）、3条国家旅游风景道（乌江风景道、西江风景道、武陵山风景道）和1个特色旅游目的地（民俗风情旅游目的地）。此外，集贵州全省之力开展的旅游资源大普查（见图1），共登记旅游资源82679处，新发现51626处，可供开发的特品级资源达到215处，优级资源达到1033处，为贵州文化旅游供给侧改革提供了扎实可靠的资源基础。

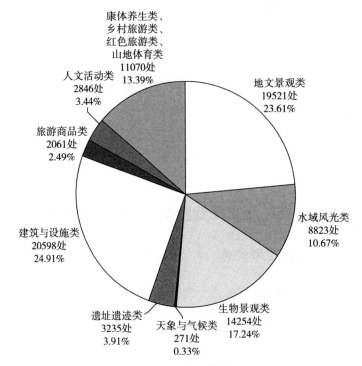

图 1　贵州省旅游资源

资料来源：孙志刚，《旅游资源普查是基础　以此攻克脱贫战》，中国网，2016年 12 月 27 日。

从贵州省委、省政府决策看，"多彩贵州风·山地公园省"的品牌效应已然凸显，文化旅游产业已成为国民经济重要支柱产业。一是"大旅游 + 大扶贫"成效凸显，"十二五"期间，贵州旅游业带动就业 234 万人，占"十二五"末期全省人口的 6.63%；受益人数超过 470 万人，占"十二五"末期全省人口的 13.31%①。"十三五"旅游业重点扶持 517 个贫困村脱贫脱帽，预期实现农民人均纯收入的 20% 以上来源于旅游收入，带动全省 100

---

① 根据原贵州省旅游发展委员会党组成员、总规划师史静一参加贵州省人民政府网和当代先锋网"在线访谈"的记录整理。史静一：《贵州省"十三五"旅游业发展规划思路及目标》，贵州省人民政府网，2016 年 6 月 14 日。

万以上贫困人口脱贫。①

二是"大旅游＋大数据"优势明显，作为全国首个大数据综合实验区，贵州的"大数据＋传统行业"有得天独厚的优势，一系列法律法规和战略规划为贵州发展智慧旅游托底②。2018年实施的贵州全域旅游融合应用专项行动，实质上是政府引导解决 OTA（在线旅行社）以流量交换利润与地接社（户外领队）以资源交换利润之间的矛盾，建构资源持有人和流量持有人的良性运营生态，推动智慧旅游串联线上线下资源和整合点线旅游单品，实现文化旅游产业深度融合和提效升级。

三是"大旅游＋大交通"大有可为，通过加快推进旅游交通建设，全面提升旅游目的地的可进入性。数据显示（见图2），"十一五"至"十三五"期间，贵州立体化交通网络实现了跨越发展，普速铁路里程增长99.8%，高速铁路实现了从无到有，高速公路里程增加428%，航道里程增加15.1%，民用机场数量增加100%。特别是进入高铁时代以后，作为全国42个综合性交通枢纽之一，贵州已形成省域内"一核七心三节点"、对外通道"一环七射"、省域"三横五纵六连"的交通格局。

第二，上下联动效能凸显。天龙屯堡地处安顺市平坝区天龙镇天龙村，辖32个村民组，共1980户，户籍人口7422人。2017年人均年收入高于贵州省农村人均年收入，为贵州省人均综合年收入的66.93%和贵州省城镇人均年收入的38.45%（见图3），经济发展平缓。田野调查中，村民（文化持有人）、村委会、旅游企业、基层政府均表现出大力发展文化旅游的强烈诉求和热情。

从文化持有人的角度来看，天龙屯堡居民的文化自觉意识敏锐且文化自信度高，旅游发展带来经济收益的工具理性已然转变为文化传承引领产业发展的价值理性。一方面，外部环境的刺激显然已扭转文化持有人对持有文化

---

① 数据来源于《贵州省国民经济和社会发展第十三个五年规划纲要》，贵州省发展和改革委员会，http://www.gzdpc.gov.cn/zwgk/zdgk/ghjh/201707/t20170726_2750931.html。

② 依据《贵州省旅游条例》《贵州省大数据发展应用促进条例》《贵州省"全域旅游融合应用专项行动"计划》等文件数据整理。

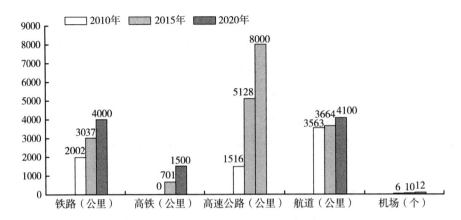

图2　2010～2020年贵州省交通基础设施指标

资料来源：《贵州省"十一五"综合交通发展规划》、《贵州省"十二五"综合交通运输发展专项规划》、《贵州省人民政府关于贵州省综合交通运输"十三五"发展规划的批复》（黔府函〔2017〕9号）。

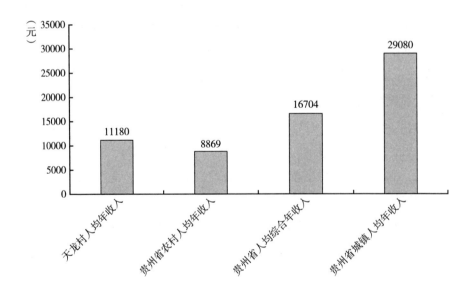

图3　2017年天龙屯堡人均年收入与贵州省相关数据比较

资料来源：调研数据和《贵州省人民政府2017年政府工作报告》。

的认知，持有文化的承继成为文化持有人的责任；另一方面，销售持有文化的市场行为和维持地域内生秩序的文化行为促使文化持有人将持有文化分解为舞台艺术的文化与民俗礼仪的文化，具体来说，即展演场域和表演内容因观赏对象的不同而不同。

从旅游企业方面来说，经济发展和社会效益均衡发展的既定目标倒逼企业转变发展理念，走旅游融合之路。一方面，旅游企业受市场和政府双重调控，传统旅游产品不仅难以满足游客的需求，也不能适应政府引导旅游企业高效发展的需求。另一方面，智慧旅游需要旅游业链上各类型企业的协同参与，旅游企业仅是产业链中的底层节点，即"旅游资源持有者"，具体而言，文化产业与旅游发展的融合绝不能仅靠旅游企业一家之力，而要靠产业链各节点企业抱团取暖。

从基层政府方面来说，将屯堡文化保护纳入顶层设计的政策实践和实现域内全面同步小康的目标压力，促使政府在行动逻辑上对文化旅游做出优先选择。事实上，以大旅游带动大扶贫不仅是贵州文旅发展政策的直接目的，亦是基层政府政策落地的高效能突破口，而黔中屯堡群早已被纳入地方法规保护范畴，在物质遗产不能变动或难以变动的情况下，非物质文化遗产的利用显然是唯一路径。

同时，必须重视村委会的自我调适能力，在旅游收入大幅下降的同时，村委会适时调整发展方向，将文旅发展从主导地位下降至重要地位，把文化旅游、高效农业、传统手工技艺同时作为核心产业，这不仅是农文旅一体化发展的延伸和补充，也为旅游目的地的可持续发展提供了经验借鉴。

（二）文旅融合发力较早，品牌体系逐步完善

天龙屯堡地处黔中城市群，资源禀赋优势明显，得益于安顺地戏走出国门，成为贵州较早进行乡村旅游开发的地方。早在1998年，天龙屯堡便开始了旅游开发的前期准备工作，其旅游卖点正是2006年被纳入国家级非物质文化遗产的安顺地戏。2001年，天龙屯堡旅游进入私有制运营阶段，旅游的迅猛发展带来了一、二、三产业的迅速融合，传统农业不断退出日常生

活领域。尤其是 2001 年 9 月贵州天龙屯堡文化旅游区首游式后形成的"政府＋公司＋旅行社＋农民旅游协会"[①] 发展模式适应了乡村旅游开发的实际，仅 2001～2012 年，累计中外游客就超过 400 万人次，单日最高游客量就超过 1 万人次。此一阶段，天龙屯堡发展导向由以传统农业为主转向以旅游发展为核心，引领其他产业发展。

2012 年 12 月，民营性质的天龙屯堡旅游公司通过股权转让方式，成为贵州省国资委直属企业贵州旅游投资控股集团有限责任公司（以下简称"贵旅投"）下属全资子公司，大体量外来资本的介入彻底改变了天龙屯堡旅游发展的传统模式，天龙屯堡成为黔中旅游带的节点。大旅游战略发展爬坡期的到来，也直接导致地域发展由旅游业一元独大，转变为旅游业与多产业联动协调发展。

从历时脉络看，天龙屯堡以文化旅游发端，除安顺地戏始终是其旅游发展的核心要素外，石头建筑营造技艺、地域特色饮食、唱花灯、屯堡服饰等非物质文化遗产资源也被纳入当地文化旅游重心。

从空间布局看，天龙屯堡曾是旅游开发最早最好的屯堡旅游目的地，也曾是屯堡文化旅游首选地，"大旅游＋大屯堡"战略实施后，天龙屯堡名声依旧，但呈"雷声大雨点小"之势，影响力大不如前，甚至远逊于新开发的格凸河等景区。一方面，由于大屯堡规划布局仍不完善，集群效应尚未产生；另一方面，创新创意不足，超级 IP 的价值丧失。

从产业结构看，除经历"政府＋公司＋旅行社＋农民旅游协会"的私有股份制运营、"政府＋公司"的国有运营外，屯堡文化产品仍围绕地戏开发，如围绕面具制作、面具生产、面具销售的面具产业，再如围绕服饰制作、服饰生产、服饰销售的服饰产业等，文化产品的生产缺乏创意，难以绑定消费群体，利润低下又导致文化产品创意设计缺乏激励，形成恶性循环。

---

① "政府＋公司＋旅行社＋农民旅游协会"发展模式，即政府做好规划、保护，为公司创造好的经济环境；公司精心做好宣传、市场、管理、经营、投资，积极联系旅行社组织旅游团队；村委协调处理村民参与旅游开发的各种关系。

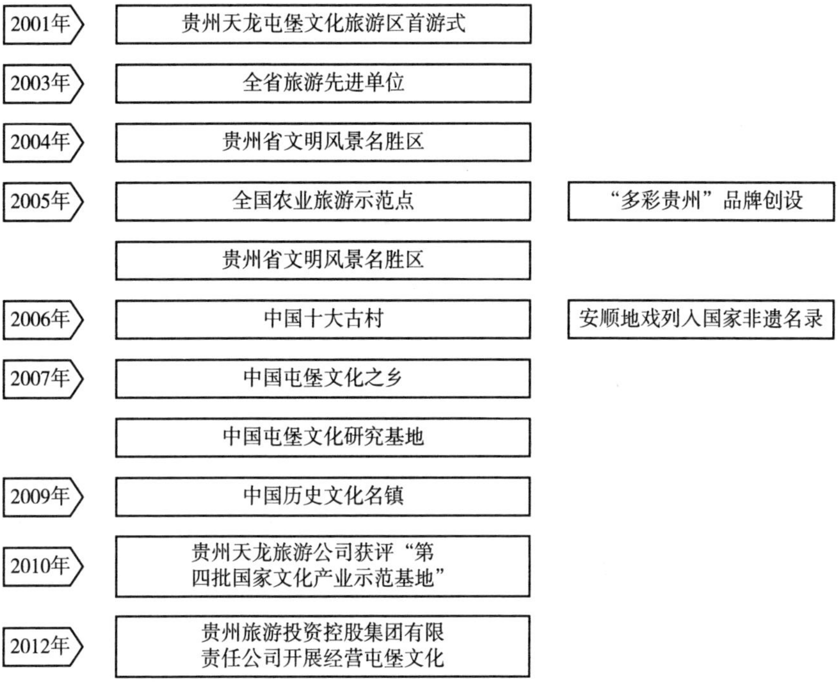

2001年	贵州天龙屯堡文化旅游区首游式	
2003年	全省旅游先进单位	
2004年	贵州省文明风景名胜区	
2005年	全国农业旅游示范点	"多彩贵州"品牌创设
	贵州省文明风景名胜区	
2006年	中国十大古村	安顺地戏列入国家非遗名录
2007年	中国屯堡文化之乡	
	中国屯堡文化研究基地	
2009年	中国历史文化名镇	
2010年	贵州天龙旅游公司获评"第四批国家文化产业示范基地"	
2012年	贵州旅游投资控股集团有限责任公司开展经营屯堡文化	

图4 天龙屯堡重大荣誉与大事记

资料来源：根据调研组实地收集资料绘制。

从品牌建设看，天龙屯堡旅游开发早于"多彩贵州"与大屯堡的品牌建设，此后又被纳入"多彩贵州"品牌体系。事实上，历经20余年发展，天龙屯堡知名度不可谓不高，品牌建设时间不可谓不长，但知名度不仅意味着扩散力，还意味着凝聚力，没有凝聚力的扩散力显然难以实现文化产品的高市场占有率，经济效益更加无法实现。

（三）旅游资源涵括广泛，文化生境独具特色

天龙屯堡享有与石为伍、以城为堡的防御居住两相宜的民居特色，拥有贵州特点却蕴涵江浙文雅气息的人文景观，资源品质极高，这些在贵州以自然资源见长的西线旅游线路中显得举足轻重，被誉为世界级的文化旅游资源。

爬梳天龙屯堡源流可见，天龙屯堡最早是顺元古驿道上的饭笼驿，是古代进入云南的交通要塞。因其军事地位的重要性，明代时，周边屯兵数量巨大，清代改土归流后，屯兵才转为农户。当地乡绅认为"饭笼"提法不雅，遂取天台山与龙眼山前二字为寨名，是为"天龙"。

屯堡在村寨和民宅的建设上突出军事防卫功能。从整体格局看，村寨即军营，选址上多兼顾背靠大山、视野开阔及饮水方便等诸因素。村寨中，每户之间有序修建，多呈并排状，组成所谓的小巷，小巷又直通街道，以此建构由点及面的防御格局。从建筑单体看，民宅的平面布局既沿袭了华东三合院的布局特点，又考虑到特定时空下全封闭三合院（或四合院）的改造可能。同时，石材的广泛应用亦是其显著特点，有"一宅一城堡、一村一石城"的说法，诸如用粗笨厚重又没有口面的盖头石打地基；用细密独层石做门脸、门盖、窗盖、过梁等；用条子石立柱子、砌坎子；用一尺厚的砌石墙、拼天井；用一寸厚的做间隔；用一寸以下又独层且宽的盖屋面；碎石渣则用来填墙心。

图 5　保存较为完整的天龙屯堡民居

（拍摄人：刘洋　拍摄时间：2018 年 3 月 25 日）

从民俗文化来看，屯堡人的习俗、服饰、饮食、节日、文化活动形成了独特的地域文化。一是婚嫁习俗，传统屯堡婚俗不仅明显承继汉风汉俗，亦体现出独特的地域特色，具体表现在从相亲到结婚诸仪式和开亲的单一性。屯堡人重视门当户对，往往陷入姑表、姨表开亲的死胡同。屯堡人看重内部凝聚力，又排斥接纳外界文化，因而造成一定程度上的文化封闭。二是丧葬习俗，屯堡人普遍认可死后灵魂不灭，能通过意念庇佑子孙后代，使万事逢凶化吉，转危为安，丧葬仪式肃穆繁复。三是服饰制作技艺，服饰涵括全身穿戴和装饰，是一个时代政治、经济最直观的缩影，其中，"大袖子"盛装和"不缠足"传统较为典型。四是饮食文化，屯堡人居住在山多、坝子多、雨水比较充沛的黔中腹地，稻谷、杂粮都适宜种植，因而形成大米为主、杂粮为辅的饮食结构。同时，为了应付突发战争和农忙季节需要而制作的快餐食品"糕粑""耳块粑"，是军事功能的延续。五是文化活动，屯堡人来自当时经济文化比较发达的华东地区，人民的文化素质比较高，这是屯堡文化活动丰富多彩的主要原因，无论地戏、花灯、民歌、童谣等都具有较高的水平，因而经久不衰，受到人们的喜爱。地戏就是在平地上演出的戏曲，是为了贯彻朝廷"常备不懈"的政治思想教育和屯甲军人自娱自乐而产生的一个戏种。花灯是一种和地戏配套的演出形式，地戏在白天演出，花灯则在夜间上演，地戏只演武戏，而花灯以民间传说、男女爱情为主要内容，因而受年轻一代的喜欢。山歌是一种抒发感情、陈述喜怒哀乐、表达爱慕之情和寻觅知音最好的形式之一。六是节日习俗，屯堡人从年头到年尾，几乎月月有节，以清明节和七月半两个节日最为隆重。

（四）公共设施不断完善，旅游格局日益形成

第一，旅游设施不断完善。一是"厕所革命"取得实效，尽管残疾人卫生间、母婴卫生间、小儿卫生间等配套设施仍不完善，但整体卫生条件已有较大改善，全天候药物杀毒和厕内外保洁已形成常态化机制，实现了厕所布局合理和男女厕所比例恰当，解决了天台山常年没有公厕的问题，能够基本满足游客需要。二是景观小品与功能空间融为一体，主大门导游休息室、古镇检票亭和天台山售票室等公共空间以景观小品形式修缮，配备了消暑取暖设施，在美化环境的同时提升了旅游品质。三是公共交通组织系统得到明显改善，3个生态停车场可容纳300辆汽车，极大缓解了老停车场的空间压力，观光游览车的开放增加了可选的交通方式。四是大屯堡AI标识系统全面落地，道牌、全景图、导览图等导视系统，路灯等指示系统，文化场馆等展览系统均已使用中（外）文统一标识，提高了旅游识别度。五是旅游安全设施较为完善，有突发事件应急预案、紧急救援机制及安全保护制度，设有安全保护机构和人员，救援、安全设备完善齐全，维护较好。

第二，全域旅游格局形成。一方面，通过多维宣传营造文化氛围，例如通过制作音视频、招贴画、DM单、手绘地图、光碟等扩散影响力；另一方面，通过超级IP的创意，设计生产文化旅游产品，建构立体化的文化旅游产品营销格局，满足各阶层游客需求。具体而言，一是以文化会展提升影响力，诸如赴江苏南京举办屯堡文化南京展，旨在联通600余年时空演进的江南乡愁；又如参加重庆自驾大篷车推介线路活动、南方国防度假博览会、北方安顺航线开通推介会、中国国内旅游交易会等推介文旅产品。二是以地接社和OTA拓宽营销渠道，签约80家地接社，主动融入同程网、驴妈妈、导游贵州、携程、淘宝聚划算等OTA做旅游流量。三是以传统媒介巩固市场，与贵州交通旅游广播、《贵州都市报》合作，以平面媒体维持影响，推广丰富多彩的促销活动。四是以文化"走出去"塑造品牌，推介文化旅游产品走出贵州、迈出国门，如"中国年味"中央电视台新闻频道春节报道、韩国KBB电视台西线屯堡报道、与中国屯堡研究会合作出刊及专家营销等。

二　天龙屯堡文化旅游发展困境与发展劣势

（一）文旅产品难以联动，点轴效应尚未形成

第一，旅游收入波动明显，乡村旅游转型困难。调研显示，天龙屯堡旅

游收入以2014年为节点，可分为两个阶段。2011～2013年、2015～2017年呈微弱上涨趋势，且2015年后旅游收入明显低于2013年以前，7年间，天龙屯堡旅游最高最低收入比达到3.2∶1。一方面，天龙屯堡迎来大高铁时代来临的转折期，平坝高铁站铁路桥的修建以及云峰云七路（云山屯—七眼桥）修扩建工程分别截断了散客和团队游客的主要进出通道。2013年11月～2015年4月天龙屯堡核心景区天台山危岩加固工程导致天台山景区停业，削弱了景区吸引力，天龙屯堡在贵州2011～2017年旅游收入实现498%增幅的黄金发展期被边缘化。另一方面，贵旅投2012年收购天龙屯堡旅游公司后，推行大屯堡旅游概念，致力于天龙屯堡乡村旅游模式的转型升级。然而，在公共基础设施得到较大改善的同时，景区组团的优势并未得到凸显。

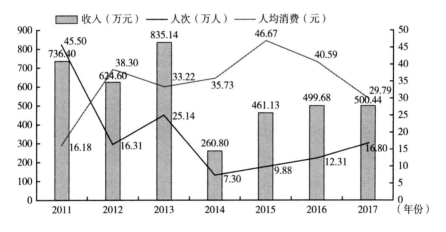

图6　2011～2017年天龙屯堡旅游情况

资料来源：根据调研组实地收集资料绘制。

同时，旅游人次的大幅波动反映出天龙屯堡旅游转型升级的极大困境。以2014年为节点，2011～2013年，旅游人次呈明显下滑趋势，但2015～2017年旅游人次微弱上浮。以每年180天的黄金旅游期计算，单日人均游客最低为405人次，最高为2528人次，最高最低平均旅游人次比为6.24∶1。此外，人均消费金额最高年份不足50元，即便排除2017年贵州旅游免票政策的影响，也反映出天龙屯堡产业链过短、旅游公司直接收入低的困境。

第二，资源分布极不均衡，文旅融合困境明显。屯堡文化早先由学界研究推动，后被纳入市场化运作，成为 20 世纪初乡村旅游发展的范型。事实上，在天龙屯堡得到发展时，旅游收入成为文化持有人的主要收入，传统农耕收入仅占极小比例，且周边耕地被大规模挤占开发。当前，旅游业已不能成为文化持有人的主要收入来源，基于机会成本的考量，青壮年外出务工比例较高，文化断层明显。同时，社区内车辆乱行、家畜乱窜、占街办酒、河道干涸、污染地面、私带游客等现象较为频繁。此外，以屯堡为核心的旅游产品定位不准，缺乏创意，毫无特色，缺乏对文化内涵的深度挖掘。例如天龙屯堡核心文化资源"驿茶"，原本是古驿站的文化展示平台，驿站工作人员尽管是屯堡文化持有人，却不能解释其持有的文化，且茶具没有顺应现代公共卫生发展趋势，影响文化景观的美好形象。值得一提的是，天龙屯堡诸多商铺的工作人员，大多不知晓屯堡文化，不能满足外来游客对屯堡文化的好奇心和想象力，"大明遗风"的品牌效应没有凝聚力。

第三，旅游景点较为分散，集群效应难以凸显。一是大屯堡旅游规划没有形成集群效应，产权关系不明晰导致招商融资无法推进，天龙屯堡、云峰屯堡同为贵旅投运作，因所辖两景区涉及的土地等相关权证还未落实，所以景区融资、招商和引资等工作均无法取得实质性进展，目前的开发也仅为沙盒式的封闭开发。二是安顺全域旅游规划没有形成集群效应，安顺是旅游资源富集的城市，享有远高于全国平均水平的风景名胜区。但是世界级的旅游资源未能实现集群效应，除黄果树瀑布、龙宫等自然景观外，各景点不能形成联动，团队游游程过短、行程过快，散客隔夜游少、停留过短，部分景区甚至有半日游的发展趋势。且景区以门票经济为主，收益水平低，不能带动住宿和娱乐等旅游线其他收益。

（二）交通布局仍显粗放，景区切换极不便利

道路交通的格局往往决定了旅游发展的格局。一方面，快速到达旅

游目的地，悠闲享受旅游目的地生活方式的快进慢游旅游模式成为主流；另一方面，游客的时间往往是恒定的，交通耗时长必然削减旅游目的地的消费时间。因此，公共交通发展快慢能够直接影响游客能否快速抵达旅游目的地以及快速完成景区切换。

第一，从外部交通看，亟须打通旅游交通"快进"的"最后一公里"。以贵阳两城区赴安顺屯堡为例（见表1），可选择运输方式至少包括"火车＋公共汽车"、"高铁＋公共汽车"、"飞机＋公共汽车"、公共汽车、私家车、出租车、网约车等七种，以交通耗时加等待耗时计算总耗时，以最低交通费用计算总费用，发现耗时越长，交通总费用越低，耗时越短，交通总费用越高。具体而言，在不考虑团队游的情况下，散客通过公共交通出行往返最高时长为500分钟，最低时长需260分钟，以1天旅游时长720分钟（6点至18点）计算，旅游地实际游览时长最高460分钟，最低仅220分钟。自驾游最低往返时长为160分钟，游览时长可达560分钟。显然，如同"门票经济"中门票费用倒逼游客减少其他开支，旅行交通耗时同样倒逼游客选择就近旅游或以团队游替代自助游，而一旦选择团队游，隔夜游便不可行，散客亦被排挤在外，这显然与文化旅游更新升级的发展理念背离。

表1　天龙屯堡旅游交通耗时与费用统计

交通方式	行程	交通耗时（分钟）	等待耗时（分钟）	总耗时（分钟）	费用（元）	总费用（元）
火车＋公共汽车	贵阳市区—贵阳站	15	10	200	2	29.5火车（以硬座计）
	贵阳站—安顺	70	30		15.5（硬座）69.5（硬卧）98.5（软卧）	
	安顺—平坝	15	20		2	
	平坝—天龙	20	20		10	

续表

交通方式	行程		交通耗时（分钟）	等待耗时（分钟）	总耗时（分钟）	费用（元）	总费用（元）
高铁+公共汽车	贵阳市区—贵阳北站		30	30	170	2	52.5（以高铁二等座计）
	贵阳北站—平坝南站		20	40		46.5（二等座）	
						78（一等座）	
						146.5（商务座）	
	平坝南站—天龙		30	20		4	
公共汽车	路线一	贵阳—金阳	30	30	175	2	32
		金阳—平坝	45	30		22	
		平坝—天龙	20	20		8	
	路线二	贵阳—花溪	40	30	250	2	32
		花溪—平坝	90	30		20	
		平坝—天龙	40	20		10	
出租车	贵阳—天龙		120	10	130	130	130
网约车	贵阳—天龙		120	10	130	115	115
私家车	贵安大道		90	0	90	油费100	135
				0		过路费单程35	
	全程高速		80	0	80	油费100	100
飞机+公共汽车	通航13座城市		/			/	

第二，从内部交通看，亟须建成景区（点）间"慢游"的交通网络。无论是黔中旅游目的地还是大屯堡旅游区，景区（点）间尚未覆盖便利直达的公共交通路线，景区（点）切换极不便利，且耗时较长。以安顺"黄龙天格"旅游线为例，没有直达的公共交通体系，去往任一景区必须返回安顺市区中转，没有形成旅游节点—旅游节点的循环交通网络。如考虑自驾游或团队游，以距离、总距离、耗时、总耗时、费用、总费用计算，大屯堡旅游区各景区（点）距离最短，交通耗时反而最长。一方面，天龙屯堡、云峰屯堡、旧州镇联通道路正在改扩建，交通极不便利；另一方面，大屯堡旅游格局内道路多为省道、县道，道路建设标准较低。

显然，打通旅游节点—旅游节点的"最后一公里"成为"慢游"的重要制约因素。

表2　天龙屯堡与周边景区旅游交通耗时与费用统计

起点—终点	自驾游或团队游	距离（公里）	总距离（公里）	耗时（分钟）	总耗时（分钟）	费用（元）
天龙屯堡—云峰屯堡	途经S102 + X402	12.2	45.5	30	100	0
	途经S102 + 云峰路	15.6		30		
	途经S102 + 贵安大道	17.7		40		
云峰屯堡—旧州古镇	—	9	9	20	20	0
旧州古镇—天龙屯堡	途经X402 + S102	15.6	15.6	40	40	0
黄果树瀑布景区—天龙屯堡	途经沪昆高速	70.2	70.2	60	60	35
格凸河—天龙屯堡	途经S209 + 安紫高速	128.5	128.5	120	120	55

（三）综合配套尚不完善，产业集群仍需培育

旅游目的地综合服务水平关系游客旅游感知，关涉文旅品质提升，关联景区永续发展。调研显示，被纳入大屯堡文化旅游区的天龙屯堡综合配套得到改善，但与国内高水平发展的文化旅游区相比，存在较大差距。

第一，景区内部产权纠纷阻碍综合配套顺利推进。除外部循环交通设施、非遗传习馆（博物馆）、非遗展示场馆已完工或在建外，景区内部综合配套难以开展。一是产权遗留问题，股权转让后产权问题仍未得到有效解决。二是景区空间与社区空间重叠的秩序问题，文化旅游的开展将天龙屯堡由半封闭的社区空间转化为开放的公共空间，文化持有人的传统生活方式成为事实上的旅游资源和视觉财产，限于多重因素，社区内文化持有人的公共空间未能得到及时转移，民俗事项产生的生活污染显然影响了作为公共空间的景区环境。三是旅游公司与文化持有人经济利益冲突导致配套设施更迭升级困难。天龙屯堡文旅发展理念仍是传统的"门票经济 + 餐饮经济"，旅游

公司未能通过旅游产品开发延长产业链，文化持有人希望通过小商品售卖增加经济收入，旅游公司与文化持有人在旅游产业链节点上必然发生碰撞，产生直接利益冲突。

第二，改善民生诉求与政策导向背离导致天龙屯堡遭到破坏性开发。《贵州省安顺屯堡文化遗产保护条例》（下文简称《条例》）规定，保护区内建筑不得进行破坏性修缮或改造，需要改造的应由上级部门指导，此种修旧如旧的政策导向明确，但脱离实践，较难落地。一是与新式建筑技艺相比，石头建筑营造技艺传承人和建筑材料来源渠道不断减少，石头建筑修建修缮成本远高于新式建筑。二是在《条例》制定前，为改善居住环境，先富居民已对传统民居进行自发性修建，《条例》制定后又未能及时改善外立面，破坏了整体美感。

第三，文化旅游产业链发展滞后。一是民俗饮食以服务社区居民为主，饮食空间狭小，不符合现代卫生标准，体现天龙屯堡屯军文化的特色饮食未能得到有效开发。二是特色民俗发展滞后，民俗以现代民居为主，没有配套酒店，存在环境卫生问题和安全隐患。三是游乐设施为零，景区周边均为农田和农户住房，旅游公司未引进有资质的企业修建游乐场所，景区收入以门票收入为主。四是旅游商品缺乏独特性，从批发市场采购的旅游小商品质量差、同质性强，没有体现屯堡文化特色。

（四）政策落地效果不佳，营销方式亟须优化

第一，顶层设计难以落地。《贵州省国民经济和社会发展第十三个五年规划纲要》第二十七章强调要提升乡村旅游接待设施和服务水平，《平坝县城市总体规划（2008—2030）》《贵安新区总体规划（2013—2030）》均将屯堡纳入规划范围。虽然长期以来屯堡作为安顺特色被政府重点关注，但是政府出台的各项政策，在屯堡的建设和发展上并未精准落地。虽然拥有得天独厚的文化资源，但屯堡还处于旅游发展的底层，与同级景区相比有天壤之别。

第二，营销方式亟须改进。统计数据显示，屯堡游客70%来自安顺和

贵阳，外省游客多到黄果树瀑布旅行后才到此一游，而屯堡边界不明显，景区无外围设施，致使游客身处屯堡而不自知。企业对景区的管理缺乏前瞻性和主动性，在宣传和营销上处于被动状态。企业2017年的宣传和营销工作，主要采取突击外围的方式，与旅行社合作、举办美食节、参与推介会、举办节庆活动、开展线上线下宣传、参与电视台专题宣传，取得了一定的成果，但是没有针对性和目的性的宣传并未给景区带来永续性的发展。同时，景区配套设施和管理的落后是景区发展的重要阻碍。宣传营销工作与信息化建设的滞后，致使屯堡打造的"大明遗风"品牌未能带来实际效益，景区文化资源未得到充分的挖掘和良好的利用。

三 天龙屯堡文化旅游发展思路与发展对策

"大明遗风"是屯堡文化的品牌，汉族移民文化是屯堡文化的根脉，活态的传统汉族生活场景是屯堡文化的具象，实现贵州旅游资源中具有唯一性的天龙屯堡文旅融合发展，显然能够为"多彩贵州"旅游品质提升提供发展思路。

（一）大力推进文旅融合，全力发挥点轴效应

第一，避免融而不合，确保融合深度。一是准确理解"文化搭台、经济唱戏"、"文化铺路、黔货出山"，文旅融合绝不是将文化作为撬动旅游腾飞的一根杠杆，也不是给传统的旅游业披上文化的外衣，而是文化产业链和旅游产业链结构重组后形成的文化旅游产业链。文化产业与旅游发展均是该产业链上的节点，彼此互为补益，相互支撑。二是准确理解文化产业与旅游开发的辩证关系，文化产业是内涵式发展，通过旅游业开拓市场。旅游业是外源式发展，通过文化产业打造核心竞争力。旅游业与文化产业互为彼此的附加值。三是准确理解产业融合与集团发展的关系。产业融合强调产业链的延长，实现的是长尾效应和蜂巢效应；集团发展强调的是资本的集合，实现大体量资本集中力量办大事。仅发展旅游集团经济、龙头经济，并不符合文

化产业和旅游业以创意符号交换资本的行动逻辑，仅强调产业融合，没有龙头企业的拉扯带动，也难以实现集聚发展。

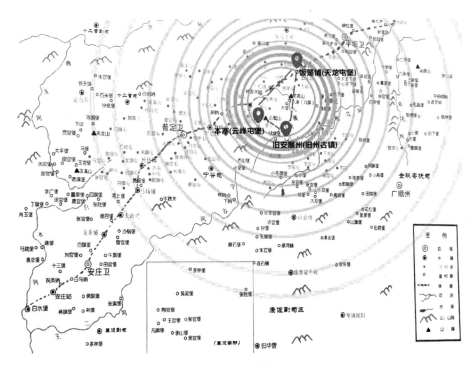

图7 大屯堡旅游区

资料来源：根据调研资料绘制。原图来源于贵州省安顺市平坝区天龙屯堡文化传习馆。

第二，完善配套产业，提高旅游体验。一是屯堡文化旅游融合发展不止于天龙屯堡，不限于大屯堡文化旅游区，除完善大屯堡旅游区景区（点）餐饮、住宿、游艺、娱乐等点状基础功能布局外，还应重视景区（点）多重衔接，如自行车廊道、徒步廊道、自驾游廊道等，避免当前大屯堡文化旅游区内各景区（点）互不推介的状态。二是借力屯堡文化研究机构和研究团队，打造基于屯堡文化超级 IP 的文化旅游产业链，研发文旅产品，提升产品品质，推动文旅资源变现。三是借力智慧旅游，加快发展旅游信息服务，完善旅游标品、套餐和定制化服务，宣传特色饮食与特色民俗，推进民间游艺与娱乐的产业化发展。

第三，整合旅游资源，发展点、线、轴、面。一方面，按原定规划，全力推动"黄龙天格"重点旅游线路，走观光旅游、文化休闲旅游并存的发展之路，鉴于黔中旅游区自然遗产资源极为丰富的区情，通过自然遗产大景点（地域面积）带动文化遗产小景点（地域面积）的方式，形成快进慢游、品质服务、文化独特的精品旅游线路。另一方面，打破大屯堡旅游区分属不同行政区划的思维定式，确保天龙屯堡、云峰屯堡、旧州屯堡连点成线的辐射效应，突破单一的建筑游和乡村游，以运动、养生、文化为主题，打造生态游、文化游。

（二）准确定位、因地制宜，对接乡村振兴计划

第一，准确定位、因地制宜，实现文化旅游高效融合。一方面，由于自然景观和文化遗产的脆弱，屯堡石头建筑在时光侵蚀中渐成危房，幸好与此同时，非物质文化遗产得到了较好传承；另一方面，伴随旅游流量的持续大幅波动，传统发展策略面临挑战。因此，应赋予独特的旅游资源准确的定位，一是利用好非遗资源，以文化旅游融合发展"高效农业＋旅游""生态养生＋旅游""徒步健身＋旅游""礼仪习俗＋旅游"，通过开发饮食文化体验、种植文化体验、养殖文化体验、花草文化观光体验、养生文化体验、古驿道文化体验、传统婚庆旅游等文化产品，充实可选文旅产品，延长文旅产业链，将文旅资源转变为文旅资产。二是利用好传统村落，制定完善的措施避免旅游流量增加对自然景观的人为破坏和环境污染，重点在易遭破坏区域进行分流引导。

第二，以人为本、改善民生，对接乡村振兴计划。以生命周期理论来看，屯堡文化旅游似乎处于衰退期，传统的开发模式难以凸显其文化魅力，旅游流量下降直接导致文化持有人外出务工，一旦屯堡没有了屯堡人，屯堡也就成了静态博物馆，屯堡文化也就不复存在，因此，屯堡人的回流是屯堡文化旅游发展的核心。

（三）打造立体交通网络，实现资源优势互补

第一，打造立体交通网络，加快实现快进慢游。一是夯实外部交通网

络。夯实集航空、高铁、普通铁路、汽车于一体的立体交通网络，打通"旅游节点—旅游枢纽—旅游节点—旅游枢纽"的双向交通体系，拓展黄果树瀑布、龙宫、格凸河至大屯堡文化旅游区以及贵安新区花溪大学城经贵安大道至大屯堡文化旅游区的公共交通体系，延伸桂林山水、昆明石林、四川九寨沟、长江三峡等重要旅游节点，提升旅游目的地的可进入性，增加抵达旅游目的地的可选择性，确保各级各类游客方便快捷抵达旅游目的地。

二是完善内部交通网络。一方面，在大屯堡文化旅游区辐射范围内建设自行车、自驾车及徒步廊道的配套交通设施和营地节点，使游客在空间移动中感受不断变化的移动的视觉财产；另一方面，提供包括电动车、缆车、索道、畜力交通、低空热气球等在内的公共交通服务，使游客在立体空间中感受不同层面的静态的视觉财产。同时，重视传统村落的街道承载量，不断完善各景区（点）内部交通组织，禁止核心景区内机（电）动车行驶。此外，复原古驿道交通模式，打造古驿道交通格局。开发古代交通组织的文化旅游产品，不仅可以补全交通体系，也是参与旅游的有效模式，甚至可将古代交通打造为游客的旅游目的。

第二，整合自然文化景观，实现资源优势互补。一是整合自然文化景观，文化产业与旅游开发并不是不发展自然景观，而是将原有的观光游、"拍照游"转型升级为文化游、体验游。天龙屯堡地理位置较好，处于天龙黄格中心线，在交通设施逐步完善的情况下，应继续更新巩固其人文景观典范，实现得天独厚的自然景观与独具一格的人文景观的互为补益。二是实现资源优势互补，一方面，大屯堡文化旅游区内3个景区（点）优势互补，军屯、民屯、商屯本就因功能不同而各具风格与特色；另一方面，与黄果树、龙宫等自然遗产不同，屯堡文化就是屯堡旅游开发的核心价值，自然景观与人文景观的快速切换显然是留下游客的有效途径。景区（点）应杜绝独立发展，以协调联动形成抱团取暖的产业集聚态势。

（四）破解文旅融合困境，发展全域全季旅游

第一，借力前沿科技，赋能创意设计，破解文旅融合困境。一是借力智慧旅游平台，分阶段分类型灵活使用"旅游＋"与"＋旅游"。在旅游流量上升阶段，使用"旅游＋"思维寻求与其他产业的主动融合；在旅游流量稳定阶段，使用"＋旅游"思维迎合其他产业的主动融合。换而言之，通过智慧旅游平台监控流量，实现底层数据的集成运用，提升市场分析效率和营销诊断能力，提高景区监测水平和游客舆情预测能力。

二是赋能创意设计。参照迪士尼乐园的文旅发展模式，引导符号创作者们依托文化土壤和文化元素批量化生产创意符号，通过科技手段多维宣传，监控影响力与吸引力；通过人为制造稀缺挑选典型的创意符号转化为产品，内含地域文化的文化产品通过旅游流量实现产品市场的拓展，旅游流量又因文化产品的品牌效应得到提升。当然，限于文化产品的特殊形态，政府应大力鼓励符号创作者的符号创意，但必须严格控制文化产品审批与上市。

三是稳妥考量物质消费与情感消费的辩证关系。文旅融合显然更加关注游客的体验与感知，情感消费更加关注游客消费过程中短暂的、激烈的情感认同和消费冲动。有意识地引导游客为情感认同买单，此种营销方式吸引眼球，短期内效应极佳，但情感的过度付出或不对等付出必然导致口碑下跌、过度商业化等一系列弊端，因此，必须以游客消费底层数据的反复运算，准确把握物质消费与情感消费的度。

第二，全面利用旅游资源，发展全域全季旅游。一方面，杜绝旅游基础设施建而不用、建而不护的现象。大屯堡旅游文化圈内，"大旅游＋大扶贫"带来了基础设施的更新换代，"农耕文化＋旅游"的模式吸引了游客的目光，但原生态的民俗活动、舞台艺术时效性较强，斥巨资修建的公共基础设施利用效能不高。另一方面，杜绝旅游核心资源乱规划、不规划的现象。全域全季的旅游需要核心资源，大屯堡旅游文化圈的石头建筑是其资源禀赋，为改善居住环境，禁止拆除古老建筑，但文化持有人在古老建筑旁直接修建传统建筑，破坏了整体美感，遗弃了核心资源。

第三，由旅游流量提升转向旅游品质增长，摒弃以旅游流量提升为主导的做法。旅游流量的提升意味着门票收入的增长，但绝不意味着人均消费的提升。建议通过全方位全时空的旅游产品提升旅游品质，延长游客停留时间，引导游客享受旅游目的地生活方式，建构游客对旅游目的地的情感认同，实现人均消费、旅游总收入、旅游业增加值的全方位增长。

四 贵州文化旅游融合发展的现实路径与战略建议

廓清既往，文旅融合的高效落地显然不限于顶层设计自上而下的行政式命令，而是企业、学界、民众、地方政府的多中心共治逻辑。仅以旅游业来看，地方政府"穷则变，变则通，通则久"的施政成为旅游业发展的主导力量，民众就地脱贫奔小康的经济利益导向成为旅游业发展的核心力量，学者关于旅游业和文化符号的深度研究成为符号创作者们生产创意符号的根源，"两欠地区"的文化原生性、文化多样化、文化异质性往往成为旅游业后发优势的绝佳支撑。

以经济发展水平和地域空间配额抽样，选取上海（华东地区）、广东（华南地区）、贵州（西南地区）、云南（西南地区）、甘肃（西北地区）、湖北（华中地区）进行比较，爬梳六省（市）旅游业总收入和旅游业增加值，可见贵州旅游业总收入明显增长，但旅游业对地区生产总值的贡献值显著低于发达地区，显示出"两欠地区"贵州在诱发后发优势拉平地区发展差距的同时，旅游业毛利高、纯利少、附加值低，这显然是因为传统旅游开发契合文化产业的力度不够。反向来看，"两欠地区"贵州文旅融合发展潜力巨大，可以成为地区生产总值增长的重要突破口，也必将是贵州与全国全面同步建成小康社会的重要突破口。

事实上，自中共贵州省委宣传部创设"多彩贵州"品牌至今已有十多年，自"国发2号"① 下发已有八年。这些年，贵州培育了一批典型的舞台艺术、节庆会展、工艺美术等文化旅游融合项目，文化产业发展步伐明显加快，效益明显提升。旅游总收入和旅游人次显著增加，反映出贵州国民经济战略性支柱产业旅游业与国民经济支柱性产业文化产业的融合发展取得了成

---

① 《国务院关于进一步促进贵州经济社会又好又快发展的若干意见》（国发〔2012〕2号）。

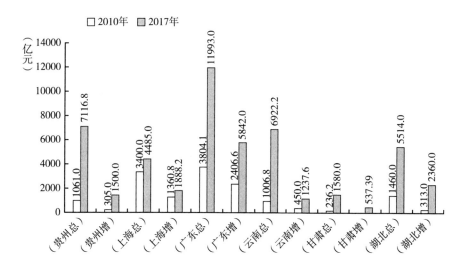

图8　部分省份旅游业总收入和增加值情况

资料来源：《中国旅游统计年鉴》，贵州省、上海市、广东省、云南省、甘肃省、湖北省历年统计年鉴及各省人民政府公报等。

效，而旅游人均贡献率的大幅度提升显然与"多彩贵州"品牌创设密切相关。但必须注意的是，原生态的民族文化、多样化的旅游资源难以遮掩贵州正处于并在一定时期内仍将处于经济欠开发、欠发达的境况。顶层设计的持续推进和有效落地受经济发展水平制约，文旅融合发展面临极大机遇与挑战，开展"多彩贵州"视阈下的文化产业与旅游开发融合研究无疑极具现实意义。

鉴于此，贵州要实现后发赶超，绝不能脱离本土实践，必须依托本土资源、挖掘本土禀赋、践行本土模式。一方面，经济发展既不能先破坏环境、后治理环境，也不能为了保护环境不发展经济，而是发展以保护环境为优先选项的生态经济。另一方面，本土资源禀赋的独特性和多样性是贵州的核心财富，挖掘本土特色资源是经济尚不发达时高效发展的重要突破口。具体来说，应以"一套体系""两种思路""三个转变""四位一体""五种模式""六种思路"（见图10）实现贵州文化旅游融合发展的可持续和科学化。

图9 贵州2005~2017年旅游总收入和旅游总人数

资料来源：根据贵州省历年统计年鉴、《贵州省人民政府公报》、《贵州日报》等数据整理。

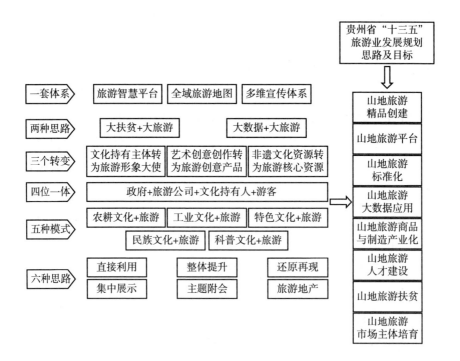

图10 "多彩贵州"视域下文化产业与旅游开发融合路径

（一）创设一套智慧旅游体系

1. 创设旅游智慧平台

旅游智慧平台改变了传统旅游服务方式，以智能化的方式为游客提供游前、游中、游后服务。游客在出行前，可通过智能平台查看贵州的所有景点情况，做好相关规划；在旅游过程中，可以通过平台扫码的方式实现酒店入住、公交乘坐、景区入园、产品购买、咨询求助等功能，同时可根据目的地获取相关旅游景点、公用设施和导航服务等信息；游客行程结束后，还可继续享受商品购买、信用评价及退换货服务。

2. 创设全域旅游地图

贵州旅游景点颇多，为了让游客清晰地了解各景点情况，全域旅游地图的制作必不可少。全域旅游地图应当涵盖贵州所有的旅游景点、地理信息、景点周边公共设施。为方便散客交通出行，地图上还应收录贵阳城区1、2路城市观光巴士信息，包括线路、起止时间、站点等，并附上贵阳市交通示意图。地图反面须印上贵州主要旅游咨询服务中心的地址和电话以及市外办、市台办、市公安局、市旅游局电话，同时附上市旅游局网址和微信、微博。

为了提升景区服务质量，解决用户游玩困惑，贵州旅游景区可依托景区公众号开发自助导览系统，游客在关注景区公众号后，便可自助查询景区电子地图，了解景区内各小景点的分布、自己所处位置、卫生间、餐饮摊点、旅游商品销售点等相关服务信息。在旅游过程中，游客可通过导览系统，点击自己所处景点，收听导游语音讲解，也能及时收到景区的热点推送，包括天气预报、景区热点消息等。这些信息可自动形成游玩攻略，方便在朋友圈、QQ空间、微博快速推送。

3. 创设多维宣传体系

贵州在2005年通过举办"多彩贵州"旅游形象大使选拔大赛、歌唱大赛、舞蹈大赛、旅游商品"两赛一会"，成功打造了"多彩贵州"旅游文化品牌。贵州通过音乐让更多人认识贵州、了解贵州，音乐成了贵州旅游的一张名片，将音乐融入休闲度假、乡村旅游中，以民族音乐为核心，打造品牌型、服务型、休闲型、体验型的持续性特色文化旅游项目，刺激当地的旅游业、提升地方形象、宣传地方品牌，实现音乐与旅游业的融合。

贵州旅游需借助多种宣传平台，互联网、手机、电视都是进行旅游宣传的重要平台。通过多种形式，诸如形象大使选拔赛、最美景点赛、特色美食锦集等，打造从外而内的立体多维宣传架构。通过举办论坛、研讨会、文化旅游博览会、推介会，不断制造舆论热点，掌控舆论主导权，增强宣传工作影响力。打造"微博＋微信＋网站＋线下活动"的立体宣传模式，通过网络、新媒体、文旅活动，让文化持有者参与这些活动，甚至由他们亲自设计，实现宣传效果的最大化。

（二）坚持两种文旅融合思路

1. 坚持"大扶贫＋大旅游"的发展思路

"大扶贫＋大旅游"是指以区域内旅游资源为基础，通过旅游业带动整个区域经济发展；以政府为主导，将扶贫落实到每村每户，以旅游业带动当地村民就业，真正实现精准扶贫。创造就业机会是最长效的扶贫措施，然而贵州农村地区，经济发展水平较低、农业基础环境薄弱，旅游业的发展将会在一定程度上集聚人流、物流、信息资源和资金，实现资源向农村倾斜，达到助推农村经济发展的目的。如果让贫困地区自己开发，首先面临的就是开发前期人力、智力、物力、财力方面的难题。外力支援中政府和企业起到很重要的作用，政府以政策的形式帮扶助推，企业以合作的形式输入人力、智力、财力、物力，必然会给贫困地区的经济发展带来实质性的推动作用。

2. 坚持"大数据＋大旅游"的发展思路

大数据，通过对人们日常生活习惯信息的搜集，实现对市场走向的掌握。从旅游业来说，大数据是解决游客与企业之间信息不对称问题的最新手段。一方面，大数据能在游客出行前，提供相应的旅游线路信息、旅游景区信息等，能帮助游客整理好碎片化的信息，实现出行前的信息整合。另一方面，在游客旅游的过程中，大数据可根据游客位置的动态性，通过对周边数据的分析，为其提供相应服务信息以及周边景点的推荐。同时，出行时间的不同意味着要有不同的旅行路线，在贵州夏季旅游会选择镇远古镇、黄果树瀑布、梵净山等，冬季旅游则会选择韭菜坪、息烽温泉、荔波万亩野梅等。不同的群体出行，其路线也不同，例如老年群体会选择一些自然风光景区，年轻群体会选择较刺激的游乐景区，年轻女性群体会选择购物较多的景点。大数据则会根据不同情况，进行不同的匹配。

（三）实现三个旅游资源转变

1. 文化持有主体转为旅游形象大使

文化持有主体是文化资源地最有发言权的人，他们了解资源地历史脉络、文化情况，对资源地有着最浓厚的情感，任何旅游形象大使都不及文化持有主体亲自宣传更具影响力。文化持有主体可以是当地政府官员、教师、农民群体，他们以推介员的身份参加各种形式的竞演节目，通过演讲的方式推荐当地文化、风光、风俗，将文化旅游与现代人的生活方式、政府官员、老百姓相结合，更具有影响力。

2. 艺术创意创作转为旅游创意产品

文化和旅游部《贯彻落实〈国务院关于推进文化创意和设计服务与相关产业融合发展的若干意见〉的实施意见》，强调通过文化资源开发提升旅游产品档次，以文化与产业的融合，促进旅游商品的开发。贵州的文旅发展，可依托丰富的历史文化资源，经过总结、提炼和创作，把其中一些具有较高艺术价值且游客感兴趣的东西转化为旅游产品，而非商户去批发市场批量引进常规的、无意义的小商品，使游客审美疲劳，失去购买动力。

3. 非遗文化资源转为旅游核心资源

贵州省非物质文化遗产资源丰富，它们生长于民间，具有强烈的地域性，涉及不同地域和民族独特的生活方式和风土人情，是历史的"活化石"、农耕文明的"基因库"，一旦转化为旅游产品，就可以因其垄断性、原始性、神秘性、商品性、纪念性、操作性、保值性特点，而形成一种非凡旅游业态，从而对接不同区域、不同群体、不同文化背景的市场人群。非物质文化遗产除了生态观光功能之外，还能拓宽旅游领域，开发"新六要素"——商、养、学、闲、情、奇的衍生旅游产品，极大地丰富旅游业态，增加游客，促进旅游客源的多元化，因此市场影响力大，旅游开发意义深远。

（四）推动四位一体协同发展

贵州发展文化旅游需要走"政府＋旅游公司＋文化持有人＋游客"一体协同发展的道路。在旅游发展中，文化持有人有致富的需求，也希望通过旅游改变现有的经济状况，他们掌握着当地旅游资源，也是旅游资源的组成部分。在旅游业发展过程中，政府起着宏观协调作用，担负着经济、社会、文化和生态协调发展的重任。旅游业的健康发展是政府业绩的直接表现，政府在旅游活动中始终处于主导地位，企业在旅游业中只是承担中间的运转环节，获取经济利益。但是企业之间的衔接关系着旅游业的良好运转，旅游不光是参观景点、体验生活、感受民俗民风，吃、住、行、购、娱均是旅游活动中的重要事项，让游客在旅游过程中玩得好、吃得好、住得好、消费得愉悦与企业直接相关，企业也通过为游客提供多方位的服务以获取利润。游客在旅游活动中获得享受感，其消费就是最直接的表现形式，游客是旅游经济的源头，是旅游业发展的动力。

政府、旅游公司、文化持有人、游客这四大旅游主体，在旅游业中，需要协作共赢。政府获取业绩、旅游公司获取利润、文化持有人获取发展、游客获取体验和愉悦，四者在同一个制度下，实现各自需求，达到整体最优。

（五）开启文旅融合五种模式

1. "农耕文化＋旅游"模式

贵州是一个以小规模农业生产为主的省份，因其独特的地理环境，农业生产模式多种多样，农耕文化资源也具有独特性。凯里苗族酸汤鱼、威宁荞酥、望谟粮仓、从江侗乡稻鱼鸭生态示范园、从江梯田、清水江杀鱼节、青岩"状元蹄"就是贵州农耕文化资源的代表。建议采用一源多用的方式融合农耕文化资源与旅游业，打造集民俗体验、特色餐饮、养老休闲、田园养生等多种方式于一体的"农耕文化+旅游"。

农耕文化蕴含当地文化内涵，将农耕文化与旅游相结合，一方面可以传承传统文化，另一方面可以提升文化氛围，吸引游客。随着人们生活水平的提高，经济因素已不再是影响游客选择的首要因素，提高游客的感知度是乡村旅游的重点努力方向。① 农耕文化或成为乡村旅游的重点项目，从城市到田园、从观光到体验，是农耕文化旅游的新模式。

第一，以原有自然景观开发为基础，打造文化体验式旅游新模式。一是贵州原生自然景观资源是旅游发展主要依靠的资源，随着社会的变迁，耕地面积逐渐减少，保护自然景观资源成为迫在眉睫的问题。二是除山水自然文化之外，贵州农耕文化资源丰富。应当挖掘当地传统农耕文化，整合乡村旅游文化资源，使资源得到充分开发利用。三是围绕民俗体验、养老休闲、田园养生开发农耕文化体验式旅游品牌，打造体验式旅游新模式，如黔东南郎得苗寨利用稻作文化资源推出的"下田捉鱼"体验活动，以及加榜梯田景区的春耕体验项目等。

第二，以"农"为根，突出特色饮食。一要突出菜品的本土化特色，食物制作过程是构成民族民俗元素的特性，同时这些元素不停地传递民族特有的知识和经验。二要突出传统节日饮食文化，节庆食品不仅是节日祭祀不可或缺的仪式祭品，也是待客的佳肴。

第三，在满足游客休闲娱乐需求的同时，防止文化过度扭曲。特色乡村农耕活动具有很强的可参与性，农事耕作、农闲娱乐都可以让游客参与和体验，使游客在休闲娱乐的同时，能感知民俗生活的点滴带来的无限魅力。农耕文化旅游的特殊性，不能用猎奇、伪文化过度迎合客人，应及时制止或纠正，防止民族文化被过度扭曲。

2. "工业文化+旅游"模式

贵州工业发展较弱，主要为矿产资源的开发，如煤矿、汞矿和磷矿，

---

① 李怡净：《贵州省乡村旅游开发中农耕文化的发展研究》，《中国农业资源与区划》2016 年第 12 期。

其他还有医药业。煤矿资源主要集中在黔西南、毕节、六盘水地区。黔西南地区煤矿资源主要集中在兴义、普安、兴仁、晴隆等县，毕节市煤矿资源主要集中在赫章、织金、金沙、纳雍等县，六盘水市主要集中在六枝特区和盘州市。汞矿主要在铜仁市万山区，磷矿主要集中在瓮安和开阳。医药业主要在安顺市。工业文化旅游主要以工业生产过程作为旅游要素，包括生产场景、高科技生产设施、厂区环境和企业文化等资源，以动态产业链旅游为主要模式。

第一，利用工业遗产，发展工业旅游。万山汞矿遗址为现在的万山国家矿山公园。因资源枯竭，万山汞矿于2002年宣布破产封洞。万山工业的衰落，让当地经济迅速下滑，工业与旅游融合发展的模式，为万山经济带来了希望。万山汞矿留下的苏联专家楼、黑硐子、仙人洞古代采矿遗址、冷风洞、大坪坑、冲脚，为工业旅游的开发提供了丰富的资源。

第二，利用企业文化，发展工业旅游。利用贵州煤矿企业、电力企业产业区，开发企业文化旅游，以参观企业生产环境、体验企业人文精神、考察企业生产技术为主要内容，发展工业旅游，以达到树立企业形象、宣传企业品牌的目的。

3. "特色文化+旅游"模式

酒、茶、香、红色文化是贵州大力发展的四大产业，可依托这四大产业发展贵州特色旅游，实现贵州文化资源旅游业链条的延伸。酒、茶、香应当归属于工业资源部分，但因其特殊性，特别提到特色文化这部分来。

茅台酒带来的品牌效应也促进了当地的旅游发展，茅台酒厂的建筑、厂区内的生产流程、茅台酒除经典款以外的外包装设计展示、产品的销售，已然构成了茅台酒文化旅游产业链。贵州的茶文化以遵义为主，遵义的正安白茶、湄潭翠芽、凤岗锌硒茶为贵州的经济发展做出了巨大贡献，同时，茶叶种植基地成了现代人休闲旅游的新去处，茶文化休闲山庄也是品茶赏茶道的闲暇享受好去处。除遵义的茶以外，贵州还有都匀毛尖、贵定云雾贡茶、油茶（正安县、玉屏侗族自治县）、息烽西山虫茶。香文化主要介绍黎平"天香谷"，"天香谷"是"亚热带芳香疗养植物现代高效农业＋产成品加工＋旅游养生"的复合型产业项目，以"农业＋旅游"双轮驱动，涵盖集经济、观赏及养生于一体的芳疗植物种植业、以芳香植物为原料的精深加工业和以"香"为主题的休闲养生旅游业等产业的旅游园。

红色文化资源主要集中在遵义，以市区遵义会议会址、红花岗烈士陵园为代表，辐射苟坝红色旅游景区和娄山关红色文化生态旅游区。以点带线，以线带面，将红色文化旅游覆盖整个遵义范围。一是"红军长征文化＋旅游"。贵州省红色文化资源集中，长征文化资源主要集中在遵义地区，红军长征途中在遵义进行了为期三个多月的活动，为遵义留下了众多革命遗址，如遵义会议会址、红军总政治部旧址、毛泽东旧居、中华苏维埃银行旧址、红军革命烈士纪念碑等，是对游客进行爱国主义教育和游客学习历史知识的重要场所。二是"革命家故居＋旅游"。革命家故居是红色旅游的一块响板，革命家故居旅游旨在教育青少年了解革命家生前情况，要从小树立爱国意识，拥有不畏艰难的毅力和勇气。在长征期间，贵州也涌现了许多革命人物，例如安顺的王若飞、铜仁的周逸群、荔波水族的邓恩铭，利用这些革命家故居资源，提升贵州红色文化旅游品质，促进当地经济发展新突破。三是"红色旅游＋绿色旅游"。除了对精神洗礼的红色文化，贵州的绿色文化资源也是一大特色。游客们以参观、考察红色文化为主，以绿色生态游为辅，游览自然山水、品尝特色野菜、体验生态农家生活。

4. "民族文化＋旅游"模式

民族文化旅游是以民族地区原生自然景观资源、绚烂古朴的民族风情为基础，开发以民族风情为主要旅游产品的旅游形式。民族文化是贵州旅游的一把利器，利用好民族文化，可以提升贵州文化旅游的品质和竞争力。一方面它能促进乡村经济发展，对农民增收起到积极推动作用；另一方面它能带来新的关注，使民族文化得以发扬传播。事实上，贵州作为一个多民族省份，民族文化资源众多，诸如布依族五彩糯米饭、水族马尾绣、苗族刺绣、苗族蜡染、民族建筑、民族村落、苗族鼓藏节、水族端节、彝族火把节等。依托"多彩贵州"发展民族文化旅游是当前贵州旅游发展的主体模式，已经较为成熟，如西江千户苗寨、黎平肇兴侗寨、从江岜沙苗寨。

第一，将少数民族传统节日文化与旅游结合。贵州的少数民族文化形式多样、内容丰富，而节日文化优势是贵州文化事象中一个重要组成部分。它具有知名度高、参与性强等特点，是贵州民族文化旅游的特色。第二，民族服饰资源的挖掘有利于旅游产品的开发。服饰样式的不同源于各民族生活习惯、认知观念的不同。服饰具有十分鲜明的民族特征，是各民族相互区别的具象符号，利用其蕴含的民族文化元素，打造旅游产品、丰富产品内涵，是发展民族文化旅游的重要手段。第三，利用民族传统建筑，打造民居旅游。民族建筑同样是民族文化的一大特色，多根据自然环境、风俗文化、经济情况而建造，有其独特性。民族地区自然风光、特色民宿为民居旅游提供了丰富资源。

5."科普文化＋旅游"模式

贵州科普文化旅游以平塘"天眼"为主，且正处于发展起步期。当前依托"天眼"资源，打造了参观式旅游，借助科技资源打造了3D、VR体验式旅游，但只是一味地进行科普输出，不能满足游客需求。因此建议积极寻求新路径打造新的旅游模式，利用天眼资源，发展科技旅游、青少年科普基地、科技展览馆、仿真科技产品，完善食住行配套设施，构建完整的科技旅游产业链。

第一，在现有基础上制定规划，有序开发。采取主题附会式的打造模式，在"天眼"所在区域，打造主题公园、主题体验园、科学大讲堂、科技产品展示营销馆、主题住宿、主题餐饮等，丰富科普产业链，实现联动发展。

第二，引进和培育科普人才。科普人才较少是当前科普旅游发展的一大困境，仅对园区内科普从业人员进行职业培训是远远不够的，建议引进专门人才提升园区人才素质，以他们作为科普工作主体，积极带动科普从业人员进行知识技能学习和定期培训。根据学习情况，将素质较好的作为专门的科普工作人员，其余的作为旅游从业人员。

（六）采用文旅融合六种思路

1. 直接利用

直接利用这种思路适宜在原有景观风貌上，对文化资源进行包装，将其打造成旅游产品。这是在最大限度保护文化资源的前提下的旅游模式，其特点就是拥有唯一性、本真性、神秘性，也是最吸引游客眼球的，能获取最大的旅游参与度。

2. 整体提升

整体提升的方式适合文化资源种类多的区域，通过突出一项特色文化资源，联动剩下所有文化资源协同提升，以原有资源为主，以人造景观为辅，开发各种游玩项目，发展连片式旅游。开发、协同是此种模式的难点，找准资源主体是突破口。

3. 还原再现

还原再现的方式是对业已消亡的文化进行人工复原，这些文化资源主要包括民俗、民间文学和文化遗址，通过现代科技手段，将原有民俗、民间文学进行可视化复原，以声音、图像、电影、动画等方式展现，增强游客的代入感，强化其对此种文化旅游模式的认同感。对文化遗址，可实行仿古再建或利用影像技术复原展示，让游客了解当地传统建筑样式，了解当地传统文化，增强文化市场凝聚力。

4. 集中展示

集中展示主要是将分散的旅游景点以园区、聚集区的方式集中，为游客提供旅游服务。一般分散的景点，游客只会挑取几个感兴趣的进行游玩，剩下的资源必然就会闲置浪费。所以可以将区域内所有文化资源集中，以主题园区的方式让游客在最短时间内了解当地的文化风情。但此种模式需要注意保护文化资源的本真性，避免对文化资源造成破坏，使其失去原有内涵。

5. 主题附会

主题附会就是先构想出某一种可行主题，整合资源附着在这一主题上，进行旅游开发。这种旅游通常以展演、活动为主要形式。例如云南傣族的泼水节，通过传说、节日的形式，在宽阔的广场或街道上相互泼水，以示祝福，同时具有缓解生活和工作压力的作用。

6. 旅游地产

依托旅游住宿，发展旅游地产，主打特色民宿、度假住宅、商业用宅。以旅游发展地产，是拉动经济快速发展的新方式。目前，贵州正在开启旅游地产新模式，以花溪为例，青岩古镇、花溪国家级湿地公园、贵安新区云漫湖公园、恒大童世界等自然景观和人造景观的建成，带动了花溪旅游住宿、商业用宅、度假住宅及特色民宿的发展。在旅游业发展的过程中，不能忽视其对地产行业发展的带动作用。

屯堡文化篇

Culture of Tunpu

文化旅游情境下贵州屯堡饮食文化的 变迁与传承*

摘　要： 屯堡文化是一种由明代屯军后裔和明清以来江南汉族移民在
贵州实践的地域文化。屯堡饮食文化是屯堡文化中最鲜活、
最源远流长的元素，反映了屯堡人在历史进程中生活、生产、
经济发展的方方面面，具有深层的文化信念与符号象征。在
贵州屯堡文化旅游蓬勃发展的今天，饮食作为旅游六要素之
首，更是游客深度体验屯堡文化的重要媒介。本报告通过对
贵州屯堡饮食文化变迁的历史渊源和层次解析的深度探讨，
分析了屯堡饮食文化的历史与发展变迁特征，同时对屯堡饮
食文化的传承方式、现状及问题进行了总结，并提出传承与

* 本文为国家社科基金重大项目"屯堡文化综合数据库建设"（项目编号：17ZDA164）的阶段
性研究成果。
** 赵虹，硕士，华南理工大学经济与贸易学院在读博士，贵州民族大学讲师，研究方向为旅游
与区域发展研究、旅游民俗文化。

保护的相关意见与措施。

关键词： 屯堡　饮食文化　变迁　传承　文化旅游

古今中外，食物所发挥的作用不只是让人填饱肚子。在社会转变、地缘政治竞争、工业发展、军事冲突和经济扩张等过程中，食物都扮演了催化剂的角色。食物的第一个转化性角色，体现为其可作为一切文明的根基——食物提供了平台，让文明建立于其上。接着，它又成为社会组织的工具，协助塑造并建构逐渐成形的复杂社会。① 饮食是人类历史最忠实的记录者，因为有食物，所以生命得以延续，缺乏食物支撑的生命是不存在的。

同时，在关于屯堡文化传承与变迁的各种元素中，饮食对于文化的表达更具有延续性、代表性和稳定性，因为饮食就是生活，是客观鲜活的存在。正如法国历史学家皮埃尔·诺拉在《历史与记忆之间》所表述的："记忆是生活，它总是由鲜活的群体所承载，因此一直在发展，辩证地对待回忆与遗忘，可以长期处于睡眠状态或瞬间复活。而历史始终是对不再存在的事物的有问题的不完整的重构。"② 特别是在文化旅游情景下，屯堡饮食文化已经从一种族群的态度，变迁为一种新型的、超越族群的体验方式。而屯堡饮食文化经历了怎样的变迁？其传承过程遭遇了怎样的内部调整和外部冲击？屯堡饮食文化能否成为屯堡文化的独立表达范式？本文通过对屯堡饮食文化的梳理，尝试揭示屯堡文化的文化根基和精神基础，以便更有效地解释屯堡人的饮食文化行为和现象。

---

① 〔美〕汤姆·斯坦迪奇：《舌尖上的历史》，杨雅婷译，中信出版社，2014，第 1~2 页。
② 〔德〕阿斯特莉特·埃尔、冯亚琳主编《文化记忆理论读本》，余传玲等译，北京大学出版社，2012，第 95 页。

一　屯堡饮食文化的历史渊源

（一）屯堡的屯与垦

明朝洪武年间的"调北征南"是一次大规模官方集团移民，据刘学洙先生在其著述《贵州开发史话》中做过的统计：明初，全国军队共 200 万人，而贵州驻军就有近 20 万人，占全国总兵力的 1/10。明朝在贵州遍立卫所，实行屯田制，20 万驻军中，"三分守卫，七分耕种"，从事屯田的士兵有 10 余万人，军屯的田土有 120 余万亩。明初贵州布政使司所属各州府县民田……比全省军屯田只多 10 多万亩。明朝实行"移民就宽乡"的政策，在军屯之外，还组织移民到贵州从事民屯，《贵州通志·土田》载，贵州民屯共 42 万多亩。军屯加民屯，大大超过了贵州本土民田总数。《黔记·贡赋志》载，万历二十五年（1597）贵州全省户数为 11 万多户，丁口 51 万多人，其中军户民户及丁口大体各半。一说全省人口应在 100 万左右。此外还有外来移民 6 万多户、丁口 25 万人。军户加移民与本土人口相比，颇有"喧宾夺主"之势。明朝在贵州实行屯田制，使贵州劳动力翻番、开垦耕种的田土翻番。除了军屯、民屯，为弥补军粮不足，明帝国还征集商人入驻贵州，建立商屯。①

（二）被塑造的屯堡文化

屯堡文化概念的提出是在 20 世纪 80 年代，而屯堡文化的存在已经有 600 多年了。屯堡文化起于学术而兴于旅游，在文化旅游的浪潮中不断被强化、包装、重塑。其中有政府主导的原因，也有当地民众自发的原因。一方面，让屯堡文化进入公众视野，得到关注和重视；另一方面，由于缺乏科学的、长远的规划和指导，在重塑过程中也不同程度地发生了偏移，正如作为

---

① 刘学洙：《贵州开发史话》，贵州人民出版社，1970，第 86 页。

屯堡文化重要符号的建筑、地戏和服饰，在塑造和宣传过程中都存在着不同程度的问题。现存的屯堡建筑，全部以江南建筑风格为模板，以石头为主要元素，包括石板房顶、石块砌墙、石板铺路，刻意营造屯军文化氛围。但实际上很多村落是清朝甚至之后才建的，有些村寨建于民国时期，用于防御土匪的碉堡工事也被强行扣上了明朝屯军的帽子。就地戏而言，当地叫"跳神"，顾名思义，这是屯堡人的一项庄重而神圣的活动，面具（当地叫"脸子"）的制作、演出前的开箱仪式、演出过程、演出结束后的封箱仪式，都是神圣、庄严和隆重的，而且每年两次演出是有特殊意义的，这一切正是地戏"文化"之所在。而现在经过商品化包装与娱乐化演绎的地戏，最多只能算作一台普通的演出，以普通演出的标准来评判，地戏这台"演出"无论是内容还是形式，都没有太高的文学、艺术和观赏价值。再说服饰，随着经济社会的发展，屯堡的很多年轻人已经不穿那种宽袍大袖的衣服。但现在因为旅游发展需要，当地政府鼓励村民在日常生活中穿屯堡的传统服装，屯堡每个女性都至少拥有一套，而其工艺、装饰和颜色等方面都发生了很大的变化。若以这些被强化、包装及重塑的建筑，以及地戏和服饰作为屯堡文化的符号，实则舍本逐末。

（三）屯堡饮食文化的形成

魏晋南北朝以后，中国经济重心逐渐南移，唐宋600多年间，江南成为全国水稻生产中心地区，太湖流域为稻米生产基地，军民所需大米全靠江南漕运。由于当时重视兴建水利、江湖海涂围垦造田、农具改进、土壤培肥、稻麦两熟和品种更新，江南稻区已初步形成了较为完整的拼作栽培体系。可见江南一带在唐宋时期水稻种植已经普及，并达到较高的种植水平。而贵州水稻种植发展起步较晚。魏晋至宋元时期是贵州农业缓慢发展时期，除黔中及黔北生产水平较高外，许多地方"寡畜生，又无蚕桑"。唐代，遵义已开始兴修水塘库堰，围堵泉水自流灌溉，乌江以北出现稻田二熟制，其余地区为刀耕火种的畲田，畜牧业以养羊、马、牛较多。到了1625年，贵州屯田发展到20余县，屯垦面积从1552年的39万亩增加到93万亩，70多年增加了一倍；

又据《黔记》记载，明万历年间，全省有 10.56 万户约 50.94 万人；全省有耕地 181.9 万亩，人均耕地 3.57 亩，农作物以水稻为主，大麦、小麦、荞麦、大豆亦有种植。这一时期贵州人口稀少，但中心地区（黔中，现在安顺、贵阳一带）发达，徐霞客过贵州时，看到许多地方"犁而为田"，但边缘地区刀耕火种仍很普遍。[①] 可见，明朝的官方集团移民提升了贵州的农耕水平，扩大了水稻的种植面积，并确定了贵州以大米为主食的饮食结构。

同时，贵州是一个没有平原支撑的农业省份，农业基础条件差，耕地零碎瘠薄，山多田少，旱地多水田少，坡耕地多平地少，中低产田多、稳产高产基本农田少。因此，在刀耕火种的过去，适合耕种的坝子十分抢手。即使是在农业技术发达的今天，经过不断开垦，贵州万亩以上的坝子也只有 19 个，总面积仅 40 万亩。而这样的坝子正是军屯的驻扎地、民屯的迁移地、商屯的聚集地。贵州平地虽少，但立体气候明显，属中亚热带季风气候区，气候温和、热量丰富、雨量充沛。多种类型的土地、气候资源与生物资源相结合，有利于多品种农作物的生长。贵州农作物品种丰富，除水稻之外，粮食作物还有玉米、小麦、薯类、豆类等。对于主食之外的其他食物，由于当时交通落后，屯堡饮食主要是"靠山吃山靠水吃水"，由地方物产决定，山地出产的山肴野素如竹笋、竹荪、香菇、木耳、鸡枞菌、山芋、蕨菜、苦蒜、折耳根，也是贵州菜的一个特色。随着时间的推移，慢慢就形成了具有鲜明地域性的饮食习惯。

二　屯堡饮食文化的特征

长期以来，很多人尝试从饮食的特征入手去论证贵州屯堡族群的来历，但结果似乎都很牵强。仔细分析就会发现，很多人停留在研究菜品和烹饪技巧之上，而事实上，这样的方式存在一定的局限性。第一，主体和参照物都在变化。屯堡地处贵州腹地，明清以来相对稳定、信息闭塞、发展缓慢。而

---

① 邹超亚：《贵州农业发展历史、现状与启示》，《耕作与栽培》2009 年第 4 期，第 1~2 页。

江南一带无论军事地位、经济地位还是政治地位都极其重要，经过各种文化的冲击、交流，食材的丰富程度和烹饪技术也发生了巨大的改变，已经不是600多年前的状况，若以此作为对照，无异于刻舟求剑。第二，江南水乡和贵州山地物产迥异，在物流极度落后的过去，屯堡移民在食材选择的问题上更多需要适应。几百年过去，餐桌上的内容自然大相径庭。所以，要通过饮食文化找到贵州屯堡人和他们故乡的联系，从饮食文化入手，或许是一个相对较科学的手段。

（一）饮食文化的层次性

饮食的基本功能是果腹充饥，解决生存的问题，而饮食文化则是将饮食系统化和规范化。从饮食到饮食文化层次如图1所示。

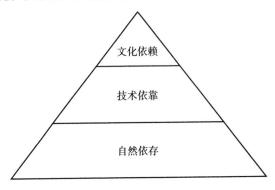

图1　饮食文化层次

1. 自然依存就是关于"吃什么"的问题

这一层面基于自然禀赋，靠山吃山靠水吃水，人的主观作用力很有限。但随着科技和物流的发展，自然依存的强度减弱，但并不影响食材作为饮食文化层次中最基础的特性。

2. 技术依靠就是解决"怎么做"的问题

食材选定之后，如何将其加工为美味佳肴，这依靠人们主观能动性的发挥，也就是所谓的加工烹饪。在这一层面上可以展现人的创造力，但必须以食材为基础。

3. 文化依赖也就是"怎么吃"

这一层面的根本是人们对饮食的态度，表现的是对于食物处理的方式、规则、仪式等。

从传承的稳定性来看，饮食文化层次由下而上是逐渐增强的。自然依存往往不以人的意志为转移，因气候变化、环境变化，获取的食物也会发生变化。自然依存是技术依靠的基础，技术依靠决定了饮食习惯。因此，饮食习惯的改变，最为直接的因素是自然依存，其次是技术依靠。而饮食习惯或习俗作为一种约定俗成的规则，它是人们饮食态度的表现。总之，三个层面相互区别，却又相互作用、相互影响，就形成了饮食文化。

（二）屯堡饮食文化的层次解析

1. 食材的选取

贵州有水稻种植的记载可追溯到汉朝，而水稻种植的普及始于明朝，此时米饭才得以成为屯堡人的主食。屯堡把水稻分为两个大类：饭谷（加工碾制后为大米）和糯谷（加工碾制后为糯米）。其中糯谷因为植株较高，遇到狂风暴雨的时候容易折杆，种植难度相对较高，而且产量较低。物以稀为贵，因此糯米在屯堡饮食中扮演着重要的角色。

腊月底即将过年的时候，屯堡人家就会忙着舂面（现在都是用机械加工），腊月舂的面分为汤圆面和糕粑面，均以糯米为主，汤圆面中糯米含量略高于糕粑面。糕粑是一种屯堡人家逢年过节必做、工艺十分讲究的食品。

从屯堡陈氏家族（九溪，当地大家族）陈奶奶处得知，糕粑的做法是将米面加以适量的水，和匀成小颗粒状，然后在甑子（蒸米饭的餐具，蒸糕粑的甑子比平常蒸饭的大很多）里平铺薄薄的一层，待这一层蒸熟之后，又在上面加一层，一直到甑子装满。当整甑蒸熟以后，把蒸熟的米面倒入包箱（一种方形容器）里压制；压紧压实之后，用很细的麻绳将其切成方方正正的块，即为糕粑。将糕粑放置通风处阴干，待表皮起皱时可放入大水缸（一般用砂缸或瓦缸）里，用清水浸泡，使糕粑与空气隔绝。勤换水、保存妥当的话，一般可以保存三至四个月，直至清明也不会变质。

在一些特别重要的庆祝活动上，屯堡人家还会精心制作印拓粑。屯堡王氏（云峰八寨，当地大家族）后人介绍，印拓粑近些年很少看到，做法是把搓揉好的米面团填入预先做好的木制模具中，一压、一磕，鱼形、元宝形等形状就出来了，点上红印，寓意着吉利、祥瑞、安康。随着现代机器设备的应用，食品的加工变得快捷而精致，类似糕粑、印拓粑之类工序复杂的食品已逐渐从屯堡人的生活里消失了。

目前，以米面形式保留下来、食用较为普遍的，仅有糍粑和清明粑。糍粑是贯穿屯堡人一年四季的重要食品之一。每逢重大节日或是结婚、建房等喜庆日子，糍粑除了食用外，还充当重要的礼节信物，代表着不同的寓意。而清明粑是清明时节安顺屯堡人家用清明菜（一种菊科植物）焯水之后，和以糯米面制作而成的，清香可口。江浙一带以及贵州青岩、隆里、镇远等汉族聚居地都有此习俗。随着文化旅游的兴起，糍粑和清明粑已被加工为旅游商品，随时可以购买与品尝。除糯米以外，黄豆也是屯堡的重要农作物之一，把黄豆做成各种各样的豆制品也是屯堡饮食中的一大特点，除了炒豆、豆豉之外，豆腐是屯堡人重要的菜品，可烹饪成各种不同的菜式。

屯堡人在肉类的选择上，以猪肉和鸡鸭为主，牛和马则主要用于生产。在古代以农耕为主的社会，各朝都有法律明文规定保护耕牛，《大明律》明确规定：“凡故杀他人马牛，杖七十，徒一年半；私宰自己马牛，杖一百；耕牛伤病死亡，不报官府私自开剥，笞四十。”不仅如此，“若病死而不申官开剥者，笞四十。筋角皮张入官”。① 所以，屯堡人不仅不吃牛肉，还将每年农历十月初一定为“牛王会”，即牛王菩萨的生日，这一天是不能让牛干活出力的，这一传统也是屯堡和周边少数民族的区别之一。

2. 食物加工方式

屯堡传统饮食最重要的特点是服务行军征战。由于当时运输补给体系落后，为了便于保存携带，在饮食上通常采取以下几种方法。

---

① 怀效锋：《大明律·户律》，法律出版社，1999，第9页。

一是熏烤。据安顺屯堡张氏（天龙）介绍，屯堡人每年腊月，家家户户忙于熏烤，最常见的就是腊味老三样——香肠、腊肉、血豆腐。这种方法过去主要是服务行军，解决了肉类食品的保质和储存难题。时至今日，腊肉、香肠、血豆腐已与保存保质没有直接联系，而是以其独特的风味和工艺，成了备受欢迎的常规菜肴，也是屯堡文化旅游中独特的亮点。

二是腌制。腌制是保存蔬菜一种非常有效的方法，主要是利用食盐的杀菌抑菌原理，将新鲜蔬菜用盐腌制，以达到防止食品腐败变质并延长食品保质期的目的。屯堡最有代表性的腌制食品是盐菜（以青菜作为原材料）、糟辣椒（以辣椒作为原材料）、霉豆腐（有的地方叫腐乳，以豆腐作为原材料）。这三样食品也成为屯堡文化旅游的代表性旅游商品。

三是晒制。晒制是将新鲜蔬菜进行初步处理，然后在烈日下暴晒，既通过紫外线杀菌，又使食物干燥以达到长期保存的目的，食用的时候只需要用热水浸泡软化后即可烹饪。这种方法直至今日都是备受推崇的最健康的保存方式之一，因其未经化学处理，可确保食品结构不受破坏，食物的营养价值得以最大化保留。在晒制食品中，最有代表性的是干豇豆、干瓜片和干茄子。

四是蒸。据安顺屯堡田氏（石板房）介绍，屯堡的蒸菜是极其讲究的，除了前述的糕粑外，八宝饭也是屯堡人家青睐的节庆美食。其食材挑选精细、制作工艺讲究、色美味佳有营养，也是江南甜食的重要类别之一。

五是油炸。通过油炸延长食品保质期是一种很普遍的方法，屯堡饮食中的一种炒豆，俗称马尿豆，深受屯堡人家喜爱。这种饮食不同于其他油炸食品，其独特之处在于，先将食物炸至焦黄酥脆，然后以青椒、西红柿、肉沫等烹制汤汁浇淋于炒豆之上，这样的加工方式，既保留了炒豆的酥脆口感，又增加了汤汁的滋润和鲜香。类似的还有炸小鱼。

以上食物和烹饪方法，除了在安顺屯堡还保留传承之外，在贵州青岩、隆里、镇远等具有军屯历史的古镇也同样流传，并深受屯堡汉族群众的青睐。当然，随着科技的发展，食物的保存保鲜已经不是难题了，当年的保存手段如今已转为独特的食品加工工艺。

3. 饮食礼仪规矩

汉族自古是儒家文化的践行者，礼仪是儒家文化的重要部分。屯堡汉族饮食礼仪首先体现为就餐时的规矩。直至今日，安顺屯堡人家有重要客人的时候，家里的女性和小孩都不可与男性同桌共餐。笔者走访了当地的很多女性，她们都习以为常，并不认为这是受歧视或者世俗偏见。相反，她们认为这是一种懂规矩、有教养的表现。这与军屯文化有一定关联，因为男性要随时征战，作为后勤保障的女性和没有征战任务的小孩，理应让成年男性先行就餐备战，这是一种务实，也是一种尊重，当然在现代社会，还是值得讨论的。屯堡人家的守礼还体现在祭祀活动中。每逢重大节日，先行供奉家神（神龛排位），然后供奉祖先。祭祀对菜品名称、数量都有比较严格的要求，礼毕之后才开始进餐。其中，清明节是屯堡人的重大节日，其举办规模及受重视程度胜过春节。用屯堡人的话来说，平常的节日是家庭的节日，但清明节则是家族的节日。因此在这个重大的节日，方方面面的礼仪和规矩都要讲究。特别是在饮食上，菜式的定夺、就餐的形式、席位的安排等，都一丝不苟。

其次是对食物加工精细度的要求。"食不厌精，脍不厌细"是屯堡人对饮食文化的追求。虽然屯堡人为了平乱出征而离开江南故土，但他们依然保留着对食物的态度——讲究。夸赞屯堡妇女的能干，除了要有一手"好锅灶"（好厨艺）之外，还要"会打算"。所谓的"会打算"，不是一般意义上的计算和节约，而是如何利用有限的条件实现尽量精致的生活。只要不是特别困难，屯堡人家都会对餐具有一定的要求，通常情况不会出现有缺口或者大小花色差异太大的餐具。在进行田野调查时，一位年逾八旬的鲁氏老奶奶（石板房，民国旧州鲁氏名人之女）在谈起屯堡饮食的时候，神采飞扬、如数家珍，核心就是两个词，精致和讲究。如一种以糯米为原材料、被称为"粑果"的点心，用材之考究、挑剔，程序之复杂、严谨，简直令人叹为观止。遗憾的是现在会做这道点心的人寥寥无几。

最后是屯堡人的待客之道。在准备不充分的情况下，屯堡人家一般不会宴请客人，这么做不是为了炫耀或因为虚荣，而是为了表达一种对客人的尊重。若是客人突然造访，没有预备上档次的酒菜，他们会觉得"不便于"

（过意不去、难为情）。前文提到，用于行军的腊肉、香肠和一些易于储藏的干菜，是屯堡人家常备的菜品，其中一个重要作用就是用于招待不期而至的客人，尽量确保菜式的丰盛。当遇到婚丧嫁娶、建房乔迁等重大事件时，无论经济如何困难，屯堡人都会遵循"省嘴待客"的传统，把酒席办得风风光光，让宾客满意。屯堡人的酒席除了菜品讲究之外，数量也会选择吉祥的数字，菜数或是十八或是十六，以图吉利。

三　屯堡饮食文化的变迁

（一）屯堡饮食文化的历史变迁

所有的文化都历时而变迁，适应的过程也是变迁的过程。[①] 屯堡文化具有典型的历史移民属性，屯堡饮食文化的发展和变迁与屯堡历史进程同步，不同历史阶段，屯堡饮食文化受到不同因素的影响，并呈现出不同状态（见表1）。

表1　屯堡饮食文化发展阶段及特征

阶段	时期	关键要素	呈现状态
第一阶段： 文化兴起与定型	明代	江南文化 行军需求 贵州物产	屯堡饮食文化诞生并定型
第二阶段： 文化衰弱及延续	清代	被边缘化 受歧视 未受打击	夹缝中求生存
第三阶段： 文化复苏与活跃	民国	区位优势 交通枢纽 财货两旺	屯堡饮食文化理念得以充分发挥
第四阶段： 文化重创与中断	1949～1979 年	经济困难 社会动荡	屯堡饮食文化被迫中断，很多烹饪手艺在这个阶段基本失传

① 周大鸣：《文化人类学概论》，中山大学出版社，2009，第75页。

续表

阶段	时期	关键要素	呈现状态
第五阶段： 文化冷遇与停滞	1980～1999 年	改革开放 重经济 轻文化	屯堡饮食文化备受冷落，处于停滞状态
第六阶段： 文化迷失与偏离	2000 年至今	旅游带动 市场浮躁	屯堡饮食文化缺乏系统化打造

1. 第一阶段：文化兴起与定型

明代洪武十四年（1381）平定贵州后，在贵州境内设立卫所进行统治，贵州境内所设卫所数量超过云南。为了保障驻守贵州各卫所的粮食供应，明朝政府在贵州境内实行开中制度，对内地客商实行纳米中盐。此时，军屯、民屯、商屯汇聚于屯堡地区。因为屯军制度，土地成为刚性需求，地势平坦、水源充沛、土地肥沃的区域（也就是"坝子"）成为首选。因为规模空前，屯堡汉族拥有了主导地位。因为技术先进，贵州农耕文明得以提升，农业生产力得以大幅提高。可以说，这次迁移代表了帝王意志，有着绝对的权威性和合法性，让尚在半原始状态的贵州实现了跨越式的发展。屯堡饮食文化雏形也应运而生。

首先，江南饮食文化是基底，包括食材、烹饪手法、饮食习惯、饮食礼仪等方方面面。其次，行军文化是轮廓。屯堡的建立是为了戍边镇守，其第一特性是军事性，所以饮食方面必须充分考虑行军征战的需求，在菜式选择和加工手法上需做适当调整。再次，贵州地域特征作渲染。屯守贵州后，由于当时交通极度不发达，要解决庞大数量人口的吃饭问题，必须发挥主观能动性。一是保留，比如饮食礼仪、饮食习惯等；二是改变，比如江南先进的农耕技术和物种的引进；三是适应，只能"靠山吃山靠水吃水"，比如贵州的物产和山地农业的特性决定了屯堡食材的品种和处理方式。最后，社会安定作稳固。明朝强势的朝廷军事力量带来了相当长一段时期的社会稳定，使这种既不同于江南故土又有别于贵州本土的独特的屯堡饮食文化雏形得以孕育，并逐步稳固和定型。

2. 第二阶段：文化衰弱及延续

清代时，贵州发生了两次规模较大的战乱，一是明末清初平定吴三桂叛乱；二是康熙三年（1664），贵州西部的水西、乌撒二土司叛乱。到雍正时期，贵州境内基本上已经不存在足以对中央政权构成威胁的军事力量。在清代废除卫所屯戍制度之后，这些明代军人的后裔成了典型的前朝遗民，虽然最终被视为"另类"，归为"凤头苗"，排斥在主流社会之外。① 屯堡人在一种不被认同的环境中，未遭遇致命打击，最终得以在夹缝中艰难生存和悄然延续。虽然屯堡人在清代饱受歧视，但屯堡饮食文化在明朝优势环境中得到了稳定和发展，已经具备了较强的生命力和稳定性，因此维系生存的饮食文化一直在延续，只是在形式、规格等各方面受到主动或者被动的压制，已没有了明代皇家屯军曾有的气势。

3. 第三阶段：文化复苏与活跃

民国16年（1927）10月，贵州修建第一条汽车公路——贵阳至安顺公路穿越石板房村，上安顺、下贵阳、往乐平、去旧州的行商大多经过石板房村，在石板房村住店。石板房村形成集镇，定名为"永兴坊"，又被誉为"小荆州"。民国21年（1932），安顺县第十区区公所设在石板房村，称永兴乡，乡驻地俨然一座小城，一度成为屯堡地区的政治、经济、文化、交通中心。因交通发达、经济繁荣、信息灵通，石板房村居民从商者多，或开设商店，或开设旅馆马店。一时间财货两旺，商贾云集。由于过往客商都走南闯北、见多识广，而且口味挑剔、出手阔绰，因此，在清代式微的屯堡饮食文化找到了合适的土壤，瞬间活跃起来，"食不厌精，脍不厌细"的屯堡饮食文化理念被表现得淋漓尽致。

4. 第四阶段：文化重创与中断

这一时期经济社会发展缓慢、物资极度匮乏，又是大集体大食堂，屯堡饮食文化赖以生存的土壤荡然无存，而且掌握了屯堡饮食文化精髓的大户人家基本上是批斗对象，屯堡饮食文化被迫中断，很多烹饪手艺在这个阶段基

---

① 杨友维等：《大明屯堡第一屯——鲍家屯》，巴蜀书社，2007，第12页。

本失传。

5. 第五阶段：文化冷遇与停滞

1980~1999 年这一阶段，屯堡迎来了两项国际学术活动：一是法国驻中国的一位领事官员邀请安顺地戏到法国参加民俗节活动，二是日本学术界鸟居龙藏的拥趸不断进入屯堡进行考察。两个事件引起了贵州省民俗、民族学者们的关注，贵州学术界掀起了一场屯堡研究热。但这一阶段的研究焦点主要是地戏和屯堡妇女的服饰。事实上，改革开放和土地联产承包之后，勤劳而精明的屯堡人利用环境优势，充分发挥自身才能，投入致富大潮：农忙时是辛勤劳动、精心耕种的农民；农闲时是走村串寨、买进卖出的生意人。一时间屯堡声名鹊起：一是餐桌上都有平坝大米，① 二是随处都可以遇见做小生意的精明的"二堡人"。② 富起来的屯堡人一方面拆掉了老房子，盖起了小洋楼，另一方面，餐桌也丰盛起来。而这个时期下馆子成了彰显时髦和实力的行为，亲朋聚会下馆子，逢年过节下馆子，若谁家把结婚喜宴安排到酒楼"包席"，这绝对是很有面子的大事。人们对菜品也有要求，所谓"乌龟王八爬上桌，鸡鸭鱼肉滚下桌"，屯堡的传统饮食都被认为"土"和不够档次，只在一些传统节日和仪式上或者经济条件不宽裕的人家出现，传统的屯堡饮食备受冷落，屯堡饮食文化的发展仍然处于停滞状态。

6. 第六阶段：文化迷失与偏离

2000 年至今，突如其来的旅游浪潮，裹挟着旅游配套产业跟风而动。头脑精明的屯堡人，直接套用其他旅游景点的餐饮经营模式，纷纷挂牌经营，开门迎客。这一时期对饮食经营的评价指标也仅限于卫生情况、服务质量等通用指标，至于什么是屯堡饮食文化，当地政府、屯堡百姓、屯堡旅游经营者来不及也未深入挖掘。在看似红红火火的餐饮经营背后，屯堡饮食文化在浮躁的市场氛围里继续迷失，虽然近些年政府倡导"充分展示地方特色"，但由于缺乏系统规划和规范有序运营，屯堡饮食文化的发展主线依然偏离正轨。

---

① 安顺市平坝区，安顺有较多数量的屯堡村寨在平坝区行政辖区之内。

② 二堡为屯堡地区的一个村寨，安顺城里人及屯堡地区之外的人以"二堡人"来指代所有做生意的屯堡人，谐音也称"二普人"。

（二）文化旅游情境下屯堡饮食文化的发展变迁

2001 年，国务院将至今保存最为完整的屯堡村落云山屯、本寨古建筑群批准为第五批全国重点文物保护单位，同年这里又被安顺市人民政府批准为市级屯堡文化风景名胜区。同年，当地第一家民营旅游公司成立。2002年，安顺市七眼桥镇"规模最大的保存最完整的明初文化村落群——屯堡"被列为大世界吉尼斯之最。

1. 文化旅游发展前饮食构成的多元化与文化形成的常态化

贵州是多民族省份，大杂居与小聚居并存。屯堡汉族移民也不例外，他们与布依族、苗族杂居，同时聚集在自己的坝子里，形成小聚居现象。屯堡饮食是什么，屯堡人自己也说不清楚，很多饮食习惯无法分清所属民族。多民族的交融，使屯堡饮食掺杂了周边民族的部分元素。同时，江南与西南的地域差别、物种植被的差异，构成了屯堡饮食的多元性特征。这种多元性丰富了屯堡人家的餐桌，调节了屯堡乡民的口味，然而，屯堡人的饮食习惯与习俗始终没变。菜式的多样与食材的丰富，并没有改变屯堡人"食不厌精，脍不厌细"的饮食文化，他们的烹饪技艺，制作工序，就餐礼节，族群信念，永恒、固有的文化传承，区别于周边少数民族。没有刻意加工、包装、传承，环境中的因地制宜，生活中的自然流传，家族中的言传身教，屯堡饮食文化的自然形成，时刻保持常态化。

2. 文化旅游发展后饮食呈现的同质化与产业发展的商业化

随着文化旅游的兴起，屯堡古镇搭上了旅游发展的快车，四面八方的游客蜂拥而至，"吃"作为旅游六要素之首，鼓动着各式各样的餐馆酒楼如雨后春笋，争相登场。古镇酒楼、农家乐大多由本地屯堡村民自行经营，而对于经营何种菜式，屯堡村民心里并没有清晰的想法，他们认为屯堡地区的家常菜即为屯堡饮食。屯堡人家没有过多关注，旅游经营商也没有用心挖掘。虽然学术界的屯堡研究热继续升温，范围也从地戏、妇女服饰拓展到建筑、景点、节庆、非遗等，但屯堡饮食始终"上不了桌面"。因此，文化旅游发展中的屯堡饮食产业与贵州其他古镇高度趋同，表现出强烈的同质性，"百味杂陈"，缺乏代表性菜品或菜式。

随着旅游发展、乡村振兴、学术挖掘、信息宣传，屯堡古镇文化旅游、乡村旅游的影响力日益增大，屯堡人家及旅游经营商开始琢磨屯堡菜品和屯堡菜式。笔者在安顺旧州——一个具有历史意义的屯堡古镇，看到了屯堡菜的招牌，以及少量屯堡特产。遗憾的是，大多就餐环境优越的餐厅，老板并不是屯堡当地人，而且无论是食品还是工艺，完全没有突显出屯堡村民口中的精致和讲究，笔者也没有发现屯堡老人回忆的精美糕点。旅游产业的发展、乡村经济的振兴、屯堡文化的推广，是屯堡古镇发展的核心所在，而经济的发展离不开商业，屯堡文化产业的发展也和大多古镇一样，外在形象过度改造、内在文化快速演变，而原本就基底薄弱的屯堡饮食文化，在古镇商业化浪潮的冲击下，更加"弱不经风"，仅有的记忆也将"荡然无存"。

四　屯堡饮食文化的传承

（一）屯堡饮食文化的传承方式

无论是衰落还是阶段性的中断，终究没有消亡，这就是文化的力量，屯堡饮食文化具有独特而又普通的传承方式。

1. 饮食文化的姻亲传承

贵州屯堡人经历了各个历史时期的跌宕和变迁，无论是出于自尊的优越感还是自卑的自我保护，他们都有意识或无意识地排斥了与异文化和其他社会族群的交往互动。而对外封闭与对内开放形成一种反馈机制，越是对外封闭，越要加强内部的交往认同。作为承载族群生存繁衍的重要关系，黔中屯堡人向来就有严格的通婚圈，实行族群内通婚，不与少数民族和非屯堡人通婚，是其婚姻制度的核心。[①] 这是屯堡人之间在高度族群认同的基础上锁定的婚姻边界。清晰的族群边界，使屯堡人在文化、情感、宗教、习俗等诸多

---

① 孙兆霞等：《屯堡乡民社会》，社会科学文献出版社，2005，第156页。

方面具有了高度的稳定性。媳妇作为厨房掌勺的主角，从母亲那里学到的东西和婆婆的日常做法也不会有太大的区别，屯堡人世世代代的食物结构、加工手艺、饮食习惯并不会因为家庭增加了新成员而受到较大的冲击和影响，屯堡的饮食文化就是在这样的社会关系中鲜活地存在和传承的。

2. 饮食文化的家族传承

屯堡饮食文化的家族传承主要体现在生活和生计两个方面。家族关系是屯堡人最重要的社会关系，屯堡人对宗族或者家族活动都会特别地重视，比如清明祭祖，还有就是家族内部的婚丧嫁娶、起房造屋等，都是一个家族的头等大事。在这些重要的活动中，"伙房"（为了重大事件临时搭建的厨房）都是由家族中厨艺高超的"大师傅"掌勺，能干的妇女帮厨，同时"大师傅"们还会把家族中的一些年轻人"带出来"（传授手艺）。这类年轻人有两种特征，一是自己对厨艺感兴趣，想学习；另一种是"大师傅"们觉得有潜力，值得培养。于是，在这样一种家族关系中，饮食文化得到了传承。

农耕是屯堡主要的传统生计方式，所以屯堡人在饮食文化方面都是自给自足，比如日常主食副食，都是以家庭为单位自己加工。但对于部分做工复杂、个体消耗量较小的食物，比如米酒、点心等副食品，大多屯堡村民不愿花过多的精力去生产加工。同时，安顺屯堡地区在解放之前属于重要的交通枢纽，往来客商对饮食具有一定的刚性需求。部分村民看准了这一商机，使饮食经营成了家族或家庭的重要生计，手艺因而得以保留与传承，这类手艺具有相对的独特性和保密性。另外，近些年旅游发展拉动饮食产业的发展，为了适应市场需求，饮食经营者会主动地、自发地对屯堡饮食文化进行研究，这对屯堡饮食文化的传承也起到了积极的推动作用。

（二）屯堡饮食文化传承存在的问题

1. 内部缺失问题

一是意识缺失。经历了一些特殊历史时期后，屯堡饮食技艺与文化出现断代，有的甚至已经失传。屯堡鲁氏老奶奶提到的粑果，解放之后她能回忆到的制作经历仅有一次，且是偶然在亲戚家里碰见的。笔者在屯堡村寨田野调查中走访了很多人，有些人听说过这种点心，但没有吃过也没有见过，更不知道怎么做，更多的人甚至没有听过。很多饮食的礼仪也被逐步简化、淡化，然后被遗忘。

二是要素缺失。什么是屯堡饮食文化？有哪些菜品或菜式？分属何种菜系？从饮食的基本要素看，技艺、菜品、口感、菜式、菜系等，都存在概念模糊、信息缺失的现象。

三是动力缺失。由于屯堡饮食文化中断时间过长，内生动力不足，加上旅游商业化的利益驱动，屯堡旅游餐饮的参与者和经营者，关注更多的是直接的经济效益，这种过度利益化的驱动限制了屯堡饮食文化研究和践行。

四是机制缺失。到目前为止，当地行业管理部门对餐饮的管理仍停留在卫生等市场经营层面，文化管理相关部门关注更多的是屯堡服饰、建筑等非遗方面，暂时还缺乏对屯堡饮食文化的挖掘，相关的保护机制与措施严重缺失。

2. 外部冲击问题

一是社会发展冲击。在以互联网为基础、信息流和物流高度发达的今天，区域边界、市场边界、商业边界、文化边界都在淡化甚至消失，一体化将成为必然，具有明显区域特征的文化的传播和传承就会面临极大的挑战。

二是异质文化冲击。随着旅游业的发展，越来越多的外来投资者和经营者进入屯堡地区，异质文化和异地风味的引入，冲击着基底不够稳固、界限不够清晰的屯堡饮食文化，势必导致屯堡饮食文化大范围、深层次的演变。

（三）屯堡饮食文化传承与发展的建议

1. 屯堡饮食文化系统的构建

一直以来，屯堡饮食文化处于一种无意识和自发性的传承之中，至于屯堡饮食文化的核心是什么，屯堡饮食文化的内容是什么，屯堡饮食文化的表现形式是什么，屯堡饮食文化的理念和精神又是什么，针对这些问题至今没有明确的回答。对此，屯堡饮食文化传承的首要任务是构建屯堡饮食文化系统。

一是抢救。很多菜品和手艺面临失传的危机，所以当务之急是集中一些年事较高且精通屯堡传统饮食的老人，对一些濒临失传的手艺进行讲述和演示，同时以文字和影像进行记录、整理。要强化档案管理，对收集整理的资料如文本记录、图片资料、录音录像等要建立电子信息数据库，做到及时、有效的保存，便于查阅利用。

二是收集。对屯堡当前的饮食情况进行收集整理。一方面是屯堡内部，主要收集屯堡人的饮食习惯、饮食礼仪、屯堡人推崇的菜式、屯堡在重大节日节庆等隆重场合必备的地道菜式，甚至具体到哪家哪户哪一道菜等。另一方面是收集游客到屯堡旅游就餐时比较喜欢的菜式和比较感兴趣的仪式、礼仪等。然后，对两方面进行深入分析和研究，初步选定既有屯堡饮食特征又被市场接受的饮食类别。

三是激活。当完成全方位资料收集整理后，将其整理成相对统一的屯堡饮食文化标准体系，对内进行普及，对外进行推广，在尊重历史、尊重文化、尊重市场的原则下，让消失的屯堡饮食文化复活，让休眠的屯堡饮食文化苏醒，先"活起来"，再"活跃起来"，构建出能够融入社会、融入生活、融入时代的贵州屯堡饮食文化系统，在日常生活中和旅游发展中传承下去。

2. 传承机制的完善

一是保障扶持机制。当地政府和相关管理部门要为屯堡饮食文化的复苏创造有利条件与环境，加大对屯堡饮食文化的挖掘整理、技艺培育、宣传推广等方面的资金投入，及时推广成功的做法和经验。同时联合社会和民间力量、市场等其他要素，为屯堡饮食文化的传承创造良好的条件，营造出适应屯堡饮食文化生存与传承的土壤和空间。

二是管理引导机制。随着生产方式的不断进步、生存环境的快速改善、文化需求的日益增加、传播手段的逐渐丰富，生产与制作技术也在逐步更新，更重要的是整个文化生态在悄然改变，因此，要建立以政府为主导的完善的管理机制，引导屯堡饮食文化在适宜的社会、人文生态环境中更好地传承与发展。同时，为屯堡饮食文化传承与发展创造稳定和谐的文化生态环境，使屯堡饮食文化焕发生机与活力，更好地融入现代生活，更加科学、有序地向前发展。

五 结语

文化总是在传承中变迁，在变迁中传承。从人类社会发展的总体趋势来看，文化的传承和变迁总是正向和趋优的。文化是附着于群体思想之上的，适用于进化论，文化会在其拥有者或群体所处的环境，包括社会环境、自然环境的作用下发生变化，以增强文化自身的适应能力，确保能够传承。

在文化旅游情景下，贵州屯堡饮食文化的传承是必然的，因为没有传承就失去了屯堡文化赖以成长的根基，屯堡文化就成了无本之木。

在文化旅游情景下，贵州屯堡饮食文化的变迁也是必然的，因为市场在资源配置中起着决定作用，不以人的意志为转移，没有变迁就没有生命力，也就无从传承。因此，面对屯堡文化的传承与变迁，最优的做法是接受、包容，同时科学合理地干预和引导。

文化安全视域下屯堡文化自足性的启示[*]

刘　宸　马发亮[**]

摘　要： 屯堡是明朝屯军在贵州安顺地区形成的汉族移民区域。从空间上看，屯堡文化地处大西南腹地，处于多样的文化环境中，却保持了明确的文化身份；从时间上看，自明代以来600余年历经人世沧桑而较好地传承了文化传统。原因在于，屯堡在较强的文化身份意识、超越宗族血缘的文化认同、良好的文化生态等因素的作用下，较好地维持了自身文化的自足性。当前西方文化在全球的强势传播，对中国文化安全形成了巨大压力。这一背景下，屯堡的文化现象对于探讨中国文化安全问题有着特殊的研究价值。

关键词： 屯堡文化　自足性　文化安全

一　引言

目前国内关于文化安全的研究非常丰富，一般认为，文化安全是一个国家的总体观念形态，如民族精神、政治价值理念、信仰追求等存继和发展不受内外部威胁的客观状态。胡惠林认为，国家文化安全是一个包括意识形态在内的，

* 本文系国家社会科学基金重大项目"屯堡文化综合数据库建设"（项目编号：17ZDA164）研究成果。

** 刘宸，华中师范大学国家文化产业研究中心博士研究生，贵州民族大学人文科技学院教师，研究方向为民间文学；马发亮，贵州师范大学校办副主任，研究方向为民族文化资源。

广泛涉及一个国家文明传承、国家发展和文化认同的安全状态。[①] 可见，国家文化安全包含的内容十分广泛，而文化安全状态的关键则在于文化的存继和传承不受内外部威胁的打断和扭曲。因此，文化的相对自足性应当是一个国家文化安全的重要维度。江泽民同志指出，历史和现实都告诉我们，国家要独立，不仅政治上、经济上要独立，思想文化上也要独立。[②] 习近平总书记也一再强调，文化自信是关乎民族精神独立的大问题。文化独立并不是文化孤立，而是要在全球化浪潮中主动应对挑战，在广泛吸收优秀人类精神文明成果的过程中，保持对中华民族优秀的价值观念、话语体系、审美风格等文化要素的心理认同，坚守中华民族勤劳勇敢的精神风貌，使得文化具有一定的自足能力。因此，文化自足性是一种对民族文化精神内核的发展性传承。

贵州安顺的屯堡地区，自明代以来，当地人坚持对传统文化进行继承与发展，保留了大量的优秀传统文化资源，成为重要的文化遗产聚集地。本报告通过对屯堡文化自足性的观察，尝试获得一些对当下中国国家文化安全问题的启示。

（一）文化自足性的重要性

文化安全的保障离不开经济、政治力量的依托，西方文化的强势扩张正是在其强大的国家经济、政治实力的保驾护航下完成的。具有悠久历史文化传统的发展中国家无一例外面临着西方强势文化入侵的威胁。西方文明与世界其他文明之间的地位是平等的，但是经济、政治力量的不平等让西方文明获得了事实上的主导地位，掌握了对其他文明评价的话语权。

中华文明积淀厚重，中国的综合国力也得到了空前的提高，但是西方国家长期把持世界文化交流中的话语权，将西方价值体系标榜为普世价值四处宣扬，并不惜利用政治、经济手段，甚至战争手段向发展中国家强行植入其文化理念。世界银行和国际货币基金组织在为发展中国家提供贷款和援助时

---

① 胡惠林：《非传统安全与中国国家文化安全研究新范式——兼论第三种安全》，《新疆师范大学学报》（哲学社会科学版）2017 年第 4 期，第 1~6 页。

② 江泽民：《论中国特色社会主义》，中央文献出版社，2002，第 388 页。

往往包含大量的附带条件，在经济援助的过程中向受援国大量输入西方政治、文化理念和制度。此外，凭借西方国家强势的文化产业，西方文化以文化产品和服务贸易形式大量流入发展中国家，对这些国家的本土文化造成侵害。目前，发达国家在世界文化市场占有绝对的优势位置，美国文化产业占据了世界文化市场总份额的43%，欧洲占34%，日本、韩国占15%。[①] 世界文化贸易的极端不平衡导致了世界文化交流中的不平等，发达国家占据了信息传播的主导地位，发展中国家则陷于文化交流中的"失语"状态。而社会经济方面的差别更使得发展中国家文化传承和保护面临着更为严峻的考验。截至2017年，世界濒危文化遗产名录收录的55处濒危文化遗产中，发达国家的濒危文化遗产仅有两处，占比不到4%，超过96%的濒危文化遗产分布在发展中国家。[②] 这表明多数发展中国家尚未实现让人满意的文化安全，特别是对中国而言，面临的压力更为明显。对此，中国必须积极应对这一形势，坚定地保持中国文化的自足性。要坚定中国特色社会主义道路自信、理论自信、制度自信，说到底是要坚定文化自信，文化自信是更基本、更深沉、更持久的力量。[③]

（二）中国文化安全问题的由来——外部压力激发文化安全意识

外部文化的压力在一定程度上会对文化自觉和文化保护意识形成刺激。人们总是在与他人的比较中确认自己的身份，在"他者"的映射中感受"自己"的存在。当本土文化感受到外部文化的直接威胁时，对文化安全的感知就会被激发出来。从鸦片战争到五四运动，中华民族意识的觉醒是在近代帝国主义入侵的危机下产生的。胡惠林指出，没有鸦片战争以来国家与民族危亡的考量，中华民族的现代觉醒也许还会晚很多，救亡的民族诉求直接

---

① 《2017年全球文化创意产业分布格局解析》，中国信息产业网，2016年11月3日，http://www.chyxx.com/industry/201611/472842.html。
② 依据联合国教科文组织公布的《濒危世界遗产名录》（List of World Heritage in Danger）整理得到，http://whc.unesco.org/en/sessions/42com/。
③ 习近平：《在哲学社会科学工作座谈会上的讲话》，《人民日报》2016年5月19日。

推动了启蒙的民意。① 不同文明之间碰撞产生的张力激发了各民族的危机感，这种危机带来的文化安全意识的觉醒促成了中华民族对自己的文化身份深思，为文化安全的心理机制产生提供了基础。

新中国的建立使国家获得了独立自主的政治地位，近 40 年的改革开放让国家综合实力获得了空前的增强，但国家文化软实力仍在积累过程之中，面对西方文化和价值观的世界性强势传播，中国社会主义制度的道路自信和中华文明的文化自信面临着巨大挑战，这些使得中国文化安全问题变得突出。一方面，西方价值观随着经济全球化进入亚洲各国，西方商业哲学、政治信仰和文化观念早已深深渗透中国的周边国家。这在一定程度上，使得中华文明陷入西方文化的包围之中。从意识形态的角度来看，中国面临着四处扩张的西方文化的直接压力。"苏联这个庞然大物的轰然倒塌，一下子把中国这个世界上最大的社会暴露在资本主义思想意识形态的世界里面。"② 另一方面，中国在吸收世界文明先进成果的过程中，无法完全排除西方价值的进入，因而面临着在现代化进程中保持独立文化身份和社会发展道路坚持不变的问题。因此，如何在西方价值泛滥的外部条件下追求自身文化安全，进而实现本国文化的茁壮发展成为中国文化安全面临的一个现实问题。

二　历史变迁中屯堡文化的自足性及其成因

（一）屯堡文化的由来

贵州屯堡③是由屯堡村寨群落组成的文化区域，包括安顺市西秀区、平坝区、镇宁县等多个行政区约 1000 平方公里的区域，人口约 30 万。屯堡人

---

① 胡惠林：《论 20 世纪中国国家文化安全问题的形成与演变》，《社会科学》2006 年第 11 期，第 11 页。
② 胡惠林：《国家文化安全学》，清华大学出版社，2016，第 87 页。
③ 位于贵州省内的屯堡，学界称其为安顺屯堡、黔中屯堡、贵州屯堡等，目前没有统一的称谓。

原为江南地区的汉族，明洪武年间，为守疆固土、保境安民迁徙到贵州安顺一代驻扎。由于较好地保留了明代以来的江南汉族文化传统，屯堡被称为大西南的"江南文化岛"。

明代建立之初以卫所制为主要军事制度，屯堡正是这一制度的直接产物。1381～1384 年，朱元璋解除了北元的威胁之后，转而清除盘踞在云南的元朝残余势力，统一了西南地区，史称"调北征南"。为确保明朝对西南地区的控制，朱元璋将"调北征南"的 30 万大军留驻在云贵地区，并通过建立卫所制度，以及为留守的将士安排婚配等手段安定军心，以达到长期镇守的目的。此后，又采取"调北填南"的移民政策，将江南地区的大量人口迁徙到云贵地区，发展社会经济，巩固明朝在西南地区的统治。在一系列军事、经济政策的刺激下，明代贵州形成大量的军屯、民屯、商屯等移民聚居区域，这些移民聚居区成为今天屯堡的前身。在明、清两代封建政权更迭的历史过程中，卫所制度随明朝的灭亡而消失，但是在贵州安顺地区，这些因卫所制度产生的汉族聚居区保留了下来。数百年间，当地居民较好地传承了其历史文化传统，形成了今天的屯堡。

（二）屯堡文化自足性的表现

在历史变迁中，屯堡人的社会地位从明代到清代，由优势群体变成了边缘群体，经济上的优势地位也随着工业经济对农业经济的替代而丧失殆尽。但是屯堡人的文化自信和身份认同始终如一，屯堡文化也保持着完好的文化生态，体现出屯堡文化明显的自足性特征。从空间上看，屯堡文化地处大西南腹地，虽被少数民族文化环绕，但是保持了明确的文化身份。从时间上看，自明代以来 600 余年历经人世沧桑而保存了其文化精髓和精神气质。强烈的文化身份观念在屯堡超越时空的文化传承中产生了巨大影响。在屯堡的文化生活中，表现出明显的文化自足性特征。

1. 对外来文化具有明显的抵御力

屯堡社会形成了比较突出的文化自觉意识，对差异化的文化要素感知比较敏锐。例如，屯堡周边地区少数民族同胞中广泛流行的山歌难以进入屯堡主流社会。少数民族山歌热情奔放，朗朗上口，利于情感宣泄，更符合人的自然本性。事实上，这些山歌也得到了屯堡妇女和青年人的青睐。但是因为少数民族山歌的风格和内容比较自然开放，与传统汉族文化含蓄、内敛的评价标准存在差异，因而这些动听的民族山歌在屯堡没有成为主流文化。屯堡的长者往往对山歌持有谨慎态度，甚至将唱山歌视为轻浮表现。因此，爱唱山歌的青年人只能在没有长辈和相对私密的场合演唱。山歌这种在贵州民间社会十分流行的艺术形式在屯堡只是一种半公开的文化活动。

2. 敏锐的文化身份意识

对屯堡村落身份的认可需要确切的历史渊源作为支撑。事实上，并非所有坐落在安顺地区的屯堡村落都能获得"屯堡"的身份。屯堡人对于屯堡文化的认同与明朝"正统"政权的合法身份是紧密联系在一起的。对于传统的屯堡人来说，只有在明代形成、以军屯①形式建立的屯堡村寨才是严格意义上的屯堡村寨。明代以后出现、没有卫所制度身份来源的村寨，即使在建筑风格上与其他屯堡村寨一致，也很难获得其他村寨的普遍认可。比如，在清代晚期因太平天国战争而修建的云峰屯就不被一些传统观念比较深的屯堡人接纳，他们认为云峰屯并非完全意义上的屯堡。② 这表明，屯堡人并不认为屯堡的文化身份是地方化的，而把自身看作中原文化和中央政府在时间上的延续和空间上的扩展。可以说，在文化认同上，屯堡十分重视自身作为传统文化传承者的身份，表现出一种明显的文化自尊和文化自信。

3. 较强的文化反渗透能力

在殖民势力入侵时期，屯堡文化表现出强大的反渗透力量。鸦片战争以后，西方传教士深入中国内陆进行传教活动，在贵州民族地区培养传教势力。英国传教士在贵州清镇的要岩、普定等地发展了3000多名教众；法国传教士在贵州布依族生活的地区也发展了数千名教徒，仅在镇宁地区法国传教士就修建过11座天主教堂。但是直到新中国成立，屯堡村寨都没有修建

---

① 由明代卫所制度中的军事单位转变而来的屯堡，屯堡很多村寨就以屯、哨、堡等命名。
② 朱伟华：《构建与生成——屯堡文化及地戏形态研究》，贵州人民出版社，2008，第53页。

一处天主教堂，相关地方史籍也没有关于屯堡人信仰天主教的记录。[1] 由于在屯堡地区难以发展教徒，只能在周边的民族村寨才有一些进展，最后传教士几乎放弃对屯堡的传教活动，而把传教活动集中于屯堡周边地区。至今，屯堡还保留着江南地区独特的民间信仰文化，中原汉族普遍接受的儒、释、道三教仍然是屯堡民间信仰的核心成分。例如，吉昌屯、鲍家屯等屯堡村寨盛行的汪公信仰就是安徽歙县一带的特色地方文化，来自安徽的屯堡军人把"抬汪公"[2] 习俗带入屯堡地区后，保留至今。2014 年，屯堡"抬汪公"习俗入选国家非物质文化遗产名录（扩展名录）。

4. 对祖源地文化的坚持与向往

屯堡文化较为独立传承的另一个明显特征就是对于文化祖源地的向往和对固有文化传统的坚守。例如，青丝腰带是屯堡女性重要的饰物，明代江南地区的女性普遍以腰带为衣服装饰，这是明代江南文化的重要象征。屯堡人把青丝腰带视为屯堡女性珍贵的服饰构成。清代以前，屯堡人并不掌握生产青丝腰带的技术，腰带只能从外地贩卖到贵州，因此价格高昂。在清朝雍正年间，屯堡地区的鲍家屯鲍氏十一世祖鲍大千克服艰难险阻，回到老家安徽歙县学习了青丝腰带的制作工艺，将其带回鲍家堡，开始自行生产、制作青丝腰带，并将此技术传承至今。[3] 屯堡青丝腰带由江南传入贵州是无疑的，而屯堡人也将青丝腰带作为重要的身份象征和文化标志。在交通不便的明清两代，地处西南腹地的屯堡为保持对于自身文化的记忆，十分珍视载有家乡文化印记的器物，因而像青丝腰带这样在明代江南地区十分常见的物件在屯堡却有了独特的文化身份意义。

（三）屯堡文化自足性的成因

屯堡文化表现出的自足性是屯堡文化自身的特点与其所处的外部环境共同作用的结果，具体可以从以下几个方面解读。

---

① 郑正强：《大山深处的屯堡》，河北教育出版社，2003，第 134 页。
② 在屯堡，"抬汪公"又称"抬亭子"或"抬阁"。
③ 杨有维：《大明屯堡第一屯——鲍家屯》，巴蜀书社，2008，第 52 页。

1. 外部压力激发出文化危机意识

在明代，并不存在"屯堡"这一概念。因为在文化上，屯堡军民并不把自身看作民族地区的一部分，也不是独立的文化群体，而是将自身看作江南文化和中原王朝在民族地区的代表。钱理群认为："屯堡人"的观念出现在清朝中后期，这正是屯堡文化成型的一个标志。① 尽管屯堡人世居贵州，且明朝的军户世袭制度使得屯堡人一生不可能离开贵州，甚至不能离开安顺，但是明代的屯堡人始终以"老汉人"和国家军人的身份自居，屯堡对于他们而言只是一个地名。封建王朝更迭的历史巨变带来了屯堡人的身份迷失和文化危机。明朝灭亡后，卫所制度的终结消解了屯堡人的特殊身份，屯堡人的"正统"地位丧失了。法律身份的根本变化，让屯堡人从镇守一方的世袭军户变成了与一般人无异的居民，清朝对卫所制度的放弃消除了屯堡身份的优越性，政治优势地位的丧失带来了屯堡人的身份危机。原先依靠的明朝政权被消灭，使得屯堡人心系的中央成了前朝历史，身份地位的衰落与屯堡群体的边缘化反而促成了心理上自我保护意识的增强，对江南文化的固守成为身份自我确认的一种选择。因此，这种外部因素产生的身份危机促使屯堡人更加重视对自己的文化认同与文化坚守。没有外在的身份确认机制，就必须依靠更强大的文化自觉去保护原有的文化自尊，历史变迁带来的危机使得屯堡成为文化传统和文化认同的物质依附。这时的屯堡人才愿使用"屯堡"一词来代表他们从江南水乡带来的、从祖先那里继承的、在生活当中创造的这些文明成果。因此，保留着军人身份记忆的地戏内容就锁定了忠君爱国剧目，江南民俗代表的集体记忆和明朝服饰代表的文化认同就记在了"屯堡"这个地理概念的名下，变成了一个文化聚合体的代称。

2. 强烈的文化身份意识

屯堡人保持了较为强烈的文化身份意识，原因有两个方面。一方面，明朝在贵州屯军之初，贵州的汉族人口并不多，带着中原文化迁徙而来的江南

---

① 钱理群：《屯堡文化研究与乡村文化重建》，《贵州日报》2008 年 12 月 12 日。

屯军和家属移民的聚居区域散落于西南民族文化的大环境之中。在这种不同文化交织重叠的外部环境下，屯堡人非常珍视自己的文化归属，将自己视为江南文化在西南地区的传承者。另一方面，由于历史上封建王朝对于民族地区的剥削、压榨，明清时期的贵州反对封建统治的斗争非常频繁。整个明代276年的历史中，屯堡发生大小战事的年份有145年。完全和平的时期不到一半。清朝时期，贵州发生的军事冲突更为频繁，在清朝268年的历史中，贵州发生大小战事的年份达227年，占到了85%。[①] 在战争频发的环境下，生活在这里的人们需要强大的凝聚力维系群体的团结一致，以求得生存。正是在这一背景下，文化身份意识进一步得到强化，进而形成较为明确的"自我"和"他者"的意识。

基于上述两个方面的原因，世世代代的屯堡人对江南故土保留了浓厚的思乡情结，并坚守忠君爱国的正统思想，这种归属心理逐渐形成了屯堡的一种集体心理特征。当面对差异化的文化现象时，这种文化身份意识就变成了一道心理上的文化门槛，任何附带着文化意味的物品只有经过这道关卡的检验才能进入屯堡的文化场域，"舶来品"与屯堡文化的近似程度决定了这种"舶来品"在屯堡社会地位的高低，文化上的奇花异朵在屯堡并不是被珍视的特质。就像丰富多彩的民族山歌一样，尽管赢得了屯堡青年男女们的青睐，却进入不了屯堡的主流社会。

3. 文化认同产生强大的群体凝聚力

不同于中国其他传统农村地区，屯堡社会的凝聚力并不主要依赖传统汉族社会的血缘关系网络，而是更多地以群体的文化认同作为凝聚力的基础。从历史维度来看，屯堡不是一般意义上的传统社会，因为屯堡社会的大家族比较少，家庭单位的规模相对不大，缺少形成传统血缘社会的条件，其原因有二。

其一，屯堡人的祖先多是明朝迁徙到贵州驻扎的军人，无法将整个家族搬到贵州，为了保障屯军的长期稳定性，当时规定了屯军必须带个人家眷一

---

① 刘学洙：《贵州开发史话》，贵州人民出版社，2001，第55页。

同入黔，没有妻室的，予以配婚。这就使得早期屯堡的屯军家庭多是夫妻构成的小家庭，而非传统的大家族。因此，屯堡这种军人的小家庭结构失去了以血缘关系作为社会纽带的条件，这样屯堡只能更多地依靠共同的民间信仰和共享的文化。

其二，屯堡的人口构成发生过多次重大变化。今天的屯堡人除了屯军后裔，也包括各时期外来移民与本地屯堡人融合的群体。自明代在贵州设立卫所之后，屯堡几经重大历史变故，人口构成一直在发生重大的变化。明初，因为军屯制度的纳粮比例不合理和军户世袭制度造成阶层固化，屯军频频发生军人逃亡的现象。《明史》记载："屯田之法久废，徒存虚名。良田为官豪所占，籽粒所收百不及一，贫穷军士无寸地可更，妻子冻馁，人不聊生。"[①] 到明末清初，战事不断，流亡人口迁入，以及本地人口因战争死亡和出逃造成了屯堡人口结构的巨大调整。这些重大历史变迁也在一定程度上限制了屯堡大姓家族的发展。

综上所述，因为屯堡的小家庭单位构成，宗族比较少，所以屯堡社区文化产生的联系功能部分替代了传统宗族组织对社会的凝聚作用。朱伟华的研究指出，屯堡核心家庭力量单薄，不足以处理大的社会事务，如婚丧嫁娶，加之屯堡宗族势力比较小，必须依赖屯堡社区强大的社会功能。[②] 因此，屯堡社区间的互助与联系将一个个相对独立的家庭联结在了一起，不同血缘的家庭通过社区的活动而结成超越血缘的集合体，并在长期的社会互助与文化共享活动中，形成了屯堡社会的文化认同。这种文化认同超越了农业社会血缘关系的掣肘，成为凝聚屯堡人的精神纽带，为屯堡社会提供了一种精神黏合剂，促进了屯堡社会的紧密团结。

4. 文化实践与社会环境的良性互动促进文化活态传承

屯堡文化600多年的承袭并不是一成不变的代际复制，而是在生活中不断发展变化的，是屯堡社会文化环境整体存续的结果。例如，屯堡还保留着

---

① 《明英宗实录》卷八十，史语所校印本，1963，第1594~1595页。

② 朱伟华：《构建与生成——屯堡文化及地戏形态研究》，贵州人民出版社，2008，第90页。

流行于元、明、清时期，目前已几近消失的藏式歇后语——言旨话。这些目前大多只能在元代杂剧和明清小说中才能看到的藏式歇后语能够在屯堡生存下来的原因就在于屯堡人坚持使用，并将其作为一种娱乐。屯堡人使用言旨话的规律始终如一，但是会随着社会环境变化而增添新的内容，有很多言旨话是近年创造出来的，包含了国家政策和新兴社会现象等内容。"展几个言旨话"（自创一些新的言旨话）是屯堡人的日常娱乐活动之一。任何一种传统文化活动的存续都依赖于社会文化环境的支撑，而一旦丧失了原有的社会文化语境，其所依附的文化意义也就随之丧失了，从而进入濒危状态。

再如屯堡地戏，多数学者认为，屯堡地戏是傩戏的戏剧化，是傩戏娱神转为娱人的一种戏剧化发展。但屯堡地戏并非完全属于戏剧，宗教性和仪式性在地戏中保留得非常明显。与一般戏剧不同的是，屯堡地戏的剧目只包括历史、政治题材，忠君爱国是屯堡地戏的唯一主旨价值，才子佳人和水浒故事是上不了地戏剧目的。模式化、程式化的屯堡地戏不仅是屯堡人的一种娱乐选择，更是传统文化价值代际传承的载体。如果地戏表演脱离了屯堡的文化场域，纯粹从戏剧的角度加以看待的话，其可能是相对简单的艺术形式。而屯堡地戏能通过结构化的表演形式，让观众抽离于具体的、被限制的现实世界，进入一种连接古今、通晓鬼神的特殊空间，让人置身于一个意义与符号所构建的世界。当观众与演员的互动形成一个文化场域的时候，国家民族、忠孝仁义这些精神世界的创造物在现实世界中就得到了映射，并在民间演绎中构建着观看者的历史认知与文化身份，而这一过程本身又塑造着社会文化环境本身。因此就其自身来看，屯堡文化的强大生命力就在于屯堡社会的文化环境与屯堡文化传统形成了良好的共生关系。

屯堡文化在较为复杂的文化环境和动荡的历史变革中保持了惊人的文化自足性。在目前的文化安全形势下，这一现象对于我国文化安全问题的研究具有参考研究价值。

三 屯堡文化自足性对当代中国文化安全的启示

屯堡文化在漫长的历史进程中传承发展的经验对于当下有着较为独特的启示意义，今天中国作为一个蒸蒸日上的世界大国面临现实的文化挑战，对屯堡文化传承发展的研究，对于理解当下国家文化安全问题有一些比较现实的意义。

（一）文化创新性发展与创造性转化是文化安全的关键问题

屯堡文化良好传承的事实表明，文化传承不是封闭的保护和机械的自我复制，而是伴随着文化创造和文化创新的一个生长过程。只有在文化活态发展的基础上才有可能建立较为强大的文化自信和文化身份认同，这是屯堡文化完整和相对自足的重要原因。中华民族文化自信的建设同样需要中华优秀传统文化的活态传承与创新发展。习近平总书记在十九大报告中指出，要推动中华优秀传统文化创造性转化、创新性发展，……深入挖掘中华优秀传统文化蕴含的思想观念、人文精神、道德规范，结合时代要求继承创新。[1] 从这个角度来看，文化创新、创造是中国当下文化安全问题中的关键环节。

具体而言，市场化和产业化是当下对文化塑造影响最强的物质力量，文化传统的传承和中华文明的传播都不能完全离开这二者来谈。但是，目前，作为文化传播和文化创新重要载体的文化产业过度依赖文化资源的历史积累，而当代创造、创新不足，文化资源开发、增值能力有限，使得中国文化处于资源丰富但开发不足、生存堪忧的状态。决定一个国家文化力量强弱的主要不是电影、电视、出版、网络等大规模的机械复制、无限复制结构和平台数量的多少，而是内在于所有这些形态之中的文化创新含量的高低以及满足人们新的文化消费需求的程度。[2] 文化的生产不是文化产品的简单再生产，文化产品生产也不能

---

① 习近平：《决胜全面建成小康社会夺取新时代中国特色社会主义伟大胜利——在中国共产党第十九次全国代表大会上的报告》，《人民日报》2017 年 10 月 19 日。

② 胡惠林：《非传统安全与中国国家文化安全研究新范式——兼论第三种安全》，《新疆师范大学学报》（哲学社会科学版）2012 年第 4 期，第 5 页。

仅仅停留在迎合消费需求的高度上，简单的文化商品不等同于文化生产，遑论文化安全。具体来说，中国文化创新、创造面临的问题有两个主要方面。一方面，本身并不具备普适性的西方文化产品被大众传媒宣扬为先进文明的样本，成为社会追捧和模仿的参照物，进而通过文化产品的消费渗透到社会群体的内心，参与塑造了文化消费者的认知，造成社会公众在文化认同上的迷茫，成为本土文化安全的重大隐患。另一方面，商业传媒的逐利本能为迎合消费者的潜在心理期望，不加选择地对传统文化进行肢解式的利用和传播，或肆意曲解、误读传统文化；或将传统文化中的糟粕（如封建门第观念、君权崇拜观念、宿命论等）一并灌注到粗制滥造的文化产品之中，换取商业回报。这些问题严重制约了中国文化的创新、创造能力。因此，如何实现中国优秀传统文化的创新发展和创造性转化是关乎中国文化安全的关键问题。

（二）文化安全须立足于中国文化传统的现实

从屯堡文化的传承中，可以看到屯堡文化的自足性并不完全是地理位置封闭和经济滞后的结果。其核心信仰体系的稳定性在屯堡文化的演进中，为屯堡文化的传承争取到了足够的生存空间，这是屯堡文化保持其自足性的前提。在历史长河中，文化的形式和艺术的风格发生了些许变化，但是忠孝仁义的文化内核与中华精神气质并未改变，反而在调整后的文化形式中获得了新的生命力。抽象的文化精神内核在具体的文化形式中找到物质依托，在特定的历史社会环境当中得到相应的文化形式。因此，文化的传承是文化精神内核的传承，在文化形式不断适应时代环境的变化中，获得精神内核的稳定与不变。

屯堡文化现象对于中国文化安全的启发在于，中国的文化安全必须建立在中国优秀传统文化价值体系的基础之上，这是中国历史文化禀赋所决定的。习近平总书记指出，中国特色社会主义文化源自中华民族五千多年文明历史所孕育的中华优秀传统文化。[①] 中国是一个后传统文明国家，不是工业

---

① 习近平：《决胜全面建成小康社会——夺取新时代中国特色社会主义伟大胜利》，《人民日报》2017 年 10 月 28 日。

文明国家，也不会成为工业文明国家。五千年的华夏文明没有中断，也不会因工业文明而中断。相反，工业文明以农业文明的方式被重构了，是农业的工业文明方式，即后农业文明，亦即后传统文明。……工业文明消融于农业文明之中，而不是取而代之。[①] 弗雷德·W. 里格斯也将被动进入工业文明体系的传统国家看作一种农业文明的延续，里格斯将其称为棱柱型社会，即表面上是工业文明社会，在实际影响社会运作的文化层面却保留了农业文明的本质特征。因此，中国的文化安全不能脱离对中国文化传统的考量，传统文化不仅没有退出中国文化的当代演进过程，而且恰恰是与工业文明、信息文明一道塑造着中国文化未来走向的重要力量。

总之，中国优秀传统文化不是纯粹的历史遗产，而是当代社会主义中国的有机构成，全方位地影响着中国社会的文化生态。习总书记指出，对待传统文化要坚持古为今用、以古鉴今，善于把弘扬优秀传统文化和发展现实文化有机统一起来、紧密结合起来，在继承中发展，在发展中继承，坚持有鉴别的对待、有扬弃的继承，努力实现传统文化的创造性转化、创新性发展。[②] 维系文化安全的前提不仅在于传统文化如何参与了当代中国文化的形成，更在于传统文化以何种方式参与塑造着中国文化的未来走向。信息革命的世界浪潮加速了社会的演进，传统文化生存环境变化的不可预测性在增加，文化创造、文化创新与文化传承成为一个统一的过程。具体来看，文化传承的是民族的文明内核与精神气质，而文化创造、创新的是文化具体形态和当代表达形式，使古老文明获得符合现实环境的当代形态。例如，在中国优秀传统文化中，个人对国家的责任表现为"忠"，子女对父母的责任表现为"孝"，父母对子女的责任表现为"慈"，社会优势群体对社会劣势群体的责任表现为"仁"，个体对同伴的责任表现为"义"，等等。在今天，这些优秀传统文化价值仍然是工业化、信息化进程中中国文化的重要构成部

---

① 胡惠林：《国家文化安全学》，清华大学出版社，2016，第 65～66 页。

② 习近平：《从延续民族文化血脉中开拓前进，推进各种文明交流交融互学互鉴——在纪念孔子 2565 周年诞辰国际学术研讨会暨国际儒学联合会第五届会员大会开幕会上的讲话》，《党建》2014 年第 10 期，第 7 页。

分，是区别于西方的明显特征。因此，保证中国的文化安全必须立足于中国文化传统的现实情况。

（三）应对挑战，正确把握文化安全形势

中国面临着世界范围内的文化安全挑战，我们必须形成正确的文化安全意识，把握中国文化安全的形势，认清高度伪装的西方入侵文化，识别西方自由主义、文化多元主义和普世价值的假象。

目前，以西方价值观为核心的强势文化正随着全球化的潮流在全世界传播，特别是近年来，西方国家宣扬的社会价值多元化，社会生活去宗教化、非种族化等概念，使得西方文化入侵变得更具隐蔽性。但是这些并没有从本质上改变西方国家在文化上的本位主义，及其通过文化、经济手段推行殖民主义的本质诉求。例如，2017年初，美国总统特朗普针对穆斯林的"禁令"中，明确表示优先接纳基督徒难民，而非穆斯林难民。这表明，西方国家在面临重大利益问题时，仍然是以文化身份作为识别"他者"的标准的，并不是他们自身所标榜的文化多元主义。文化认同是通过对身份的构建来实现的，身份的歧视是因为文化歧视。①

因此，要正确把握中国文化安全的形势，必须意识到全球化的发展潮流没有消除中国文化安全的隐患，反而对高速发展的中国提出了文化维度的挑战。尽管外部强势文化产生的压力可能会促进本国公众文化危机意识的产生，为公众的文化安全意识的形成提供一定的心理条件，但是正确、全面的文化安全意识观念不是自然生产的，必须引导公众正确把握世界文化安全的形势。我们必须认识到，近代中国的苦难探索历程激发了中华民族意识的觉醒，这是中国文化安全意识产生的重要基石。中华人民共和国成立后，经过数十年的探索、总结，今天中国已经形成了毛泽东思想、邓小平理论、"三个代表"重要思想、科学发展观、习近平新时代中国特色社会主义思想等一系列马克思主义理论中国化的重要成果，这是当代中国发展走向的基本依

① 胡惠林：《国家文化安全学》，清华大学出版社，2016，第65页。

据和不能动摇的指导思想。只有深刻了解中国文化安全的态势，坚持中国社会主义核心价值观的要求，才能在纷繁复杂的现实环境中识别文化威胁，发现文化隐患，坚持文化身份，获得稳定的文化安全环境。

四 结语

中国经济社会的高速发展带来了国力的强盛，但是西方文化的世界性传播给中国带来了巨大的文化挑战。在不断向中华民族伟大复兴目标迈进的过程中，国家的全面现代化是必经路径。尽管现代化并不等同于西方化，但是率先完成现代化的西方国家借助其政治、经济领域的优势地位大肆传播西方价值，把西方文化包装成世界文化，把西方价值打扮成普世价值，用西方标准衡量其他国家，以多元主义和自由主义装扮推行文化帝国主义，造成世界文化多样性的破坏和世界价值体系的西方化。在这一背景下，中华民族的伟大复兴不仅需要强大国力的支撑，更需要保持中华民族文化身份的独立。

黔中地区屯堡地戏文化变迁浅析

吕林珊[*]

摘　要： 屯堡地戏是贵州安顺最具代表性的文化资源，但是在近几年旅游资源的开发过程中，遇到了商业化带来的不良影响，经济利益结构的调整改变了当地的社会文化环境。为迎合游客的观赏需要，地戏的演出形式和内容有所改变，当地人原有的崇神心态也随之发生变化，原本具有社会仪式性质的屯堡地戏变成了演出性质的民俗表演。在这种背景下，必须认真思考如何平衡文化资源保护与旅游产业发展，确保地方经济发展与文化资源的保护有机结合，协同推进。

关键词： 屯堡地戏　文化变迁　可持续发展

20 世纪 80 年代以来，随着中国市场经济体制改革的不断深入，旅游产业发展迅速，现已成为国民经济的支柱型产业之一。而地域性的民俗文化作为旅游业的重要资源，更是旅游业发展壮大的重要依托。贵州省自然环境优美，文化资源极为丰富，除少数民族文化外，安顺地区的屯堡文化作为明代汉族移民文化的代表性内容，长期受到学术界的广泛关注，早已成为贵州省的特色文化资源之一。

目前，贵州省正在推动实施"大数据＋大旅游"融合发展战略，特色民俗文化旅游成为发展的重要任务和战略目标之一。在这一背景下，屯堡文

---

* 吕林珊，硕士，贵州民族大学人文科技学院专职教师，研究方向为旅游人类学。

化资源保护利用的进程日益加快。地戏作为屯堡文化的代表性内容，较早进行了旅游开发。但是在资源利用过程中，地戏的生存环境也被商业化措施所改变，文化生态遭到一定程度的破坏。对此，有必要对旅游开发进程中的地戏文化资源现状进行审视和考察。

一 屯堡的历史渊源

屯堡的地理分布以安顺为中心，包括平坝、长顺、紫云、广顺、花溪等诸多地区，约 1400 平方公里。"屯"字的原本意义是"包起来""卷起来""围起来"等，又有戍守、驻扎的意思；"堡"，通常是指军事上用以防守的建筑物，例如，城堡、堡垒、地堡等。

"屯堡"意指军队戍守的堡垒，据史料记载，屯堡始建于明洪武年间（1368～1398）。洪武十四年，明朝政府实施了"调北征南"和"调北填南"的移民政策。从江浙、安徽一带调集军队、军属、工匠商贾、犯刑之人等至黔地，以军队为主，借以消灭元朝的残余势力，并把军队留戍至云贵，又将留戍者的家眷送至戍地。

当时军队的居住地以"屯"和"堡"为单位来建制，在贵州的各驿道沿线广设卫所、遍列屯堡，后来形成了一个个星罗棋布、穿插定居的村落。而屯堡人作为明朝屯军后裔，是西南地区众多民族里有着独特文化的汉族，从其诞生繁衍至今，历时 600 余年，人口多达 30 余万。由于贵州山高路远，与世隔绝，生存空间相对封闭，屯堡人在其自我繁衍生息的进程中，逐渐形成了独有的民俗文化——屯堡文化。

二 屯堡地戏概况

屯堡地戏文化在贵州境内源远流长，是屯堡文化的重要构成部分。"地戏"一词源于 20 世纪 90 年代，是学术界的称呼。在当地，这一神圣的文化活动被称为"跳神"，即地戏表演者戴上"开过光"的面具来演绎神化了的历史人物，借此表达屯堡人对神灵的虔诚膜拜，祈求神灵保佑他们繁衍生息、六畜兴旺、五谷丰登、福泽子孙、幸福长寿的社会性仪式活动。

地戏文化的演绎形态以塑造金戈铁马、沙场征战的英雄故事为主，以中国传统封建王朝时期的汉文化要素来提倡忠君爱国、礼仪治邦。对于屯堡人而言，背离故土、长年戍边、征伐报国，对故土的眷恋和对文化的继承的精神需求尤为重要，为了将文化一代代传承和发扬下去，他们便通过地戏这一别样的艺术表演形式来实现。通过对地戏的亲临表演或在旁观看能够使屯堡民众和他们子孙后代增长历史知识，了解自己的祖先和家国历史，让他们得以继承祖先的荣誉。传统的地戏文化着重体现中国传统儒家的忠、孝、仁、义、礼、智、信等文化价值观，传递正统、教化万民。

在上述文化价值观中，忠为首位。屯堡人世代通过地戏表演教化民众，且由始至终以忠、孝、仁、义、礼、智、信作为其日常的行为准则和道德评价标准。惩恶扬善、育子教人，所有的言行举止通过地戏的演绎，一次次地唤起屯堡人对历史的自豪感，达到身份认同的效果。

在历史的长河中，地戏文化绵延 600 余年，其与屯堡的民俗文化相互融合，互为依托。屯堡人创立并传承了地戏，地戏承载了屯堡人的精神情感和生活需求，某种意义上说，地戏是屯堡人寻根性的一种体现和表达，这种寻根性也是另外一种身份认同。屯堡人将地戏文化一代一代传承和发扬下来，经久不衰。从另外一个角度来讲，地戏也是屯堡人继承当年汉族文化的一个缩影。

三　屯堡地戏文化及生存空间

独特的地理位置和自然风貌造就了安顺独有的民俗文化，屯堡人总是给人一种"似汉非汉、似苗非苗"的特别印象。屯堡民居的建筑风格式样、服饰款式色调、饮食起居、娱乐行为方式、宗教信仰、民间艺术等，均沿袭了部分明代的文化特色和生活习俗。

由于屯堡社区中盛行着大量古俗、旧惯，这些风俗便被人们认为是一种古代汉文化的重要"历史遗存"，反映着贵州汉人乃至明代江南地区民俗文化的风貌。但与此同时，由于贵州少数民族（特别是苗族、侗族等）众多，文化形态多姿多彩、错综复杂，很多国外学者如日本人类学家鸟居龙藏及伊东忠太等人都将屯堡人误认为少数民族——苗族，将其称为"凤头苗"。地戏文化便成为区分屯堡人和非屯堡人的标志之一。

一种地域文化是否具备标志性，通常要进行多方面的论证，如：生活于此的民众是否对人类、国家、民族文化做出了较为特殊或另类的贡献；是否具备独有的民众性格和文化气质，具备从内至外的顽强生命力；是否具备深刻联系地域民众生活方式与当地其他外延多元文化现象的纽带。

按照上述论述的界定标准，地戏文化恰是屯堡人地域文化的重要表征和体现，准确地说，地戏文化是屯堡人真实的军屯文化生活写照和艺术提炼。

四　屯堡地戏文化的变迁

伴随着市场经济体制改革的巨浪，在西部大开发政策的大力推动下，弘扬地域民俗文化、促进民族地区经济发展势在必行。安顺市乃至贵州省均将屯堡地区作为省、市旅游的重要规划景点和文化旅游发展的核心节点。在党和国家良好政策的扶持下，屯堡地区的旅游基础设施建设、文化宣传等日新月异，民俗文化旅游发展蒸蒸日上，当地民众生活水平日益提升。但与此同时，由于旅游大开发的作用力，当地居民开始迎合游客，传统的民俗文化也逐步以游客喜好的表演和展示方式，取代原有的内敛的继承和发扬形式。

屯堡村寨逐步被构建成一种以文化表演展示为主导的现代示范性旅游"景区"，而"景区"里有关物质和精神、社会和人文等各种传统的民俗行为事项和生活形态均发生了大幅度甚至是颠覆性的变化。

以贵州安顺的天龙屯堡为分析主体，该村寨是屯堡文化旅游的典型代表景区，在旅游开发的具体经营运作中，创立了"政府＋公司＋协会＋旅行社"模式。这种模式为了推动旅游产业和经济的良性发展，在不破坏当地原始文化和生态环境的基础上，结合市场经济发展规律，紧扣当地文化产业的良性发掘，兼顾旅游市场的现实需要，成为贵州省民族村寨旅游的有益尝试。

在该地区未进行旅游开发时，受交通不便、经济落后、人文教化未达、地理空间相对封闭等诸多因素的影响，居住于此的村民日出而作、日落而息，形成了自己相对固定的生活习惯和独特的传统民俗文化。

当其被构建成一个民俗文化旅游景区之后，大量的外地游客涌入，虽为当地带来了可观的经济效益，但也带来了大量的外来文化。外来文化正逐步影响和改变着屯堡当地居民的精神生活和物质生活，使屯堡传统文化发生变迁。

通过对传统与现代屯堡文化的对比分析发现，屯堡文化自从屯堡这一地域成为旅游目的地之后，诸如以地戏文化为代表的民俗文化具象表演形态，包括内容、形式、服饰、样式等都产生了一定的现代舞台化现象，当地社区居民对地戏的崇神心态也与传统的地戏演出有所不同。

（一）地戏演出的舞台化

在上述旅游发展和经营模式逐步完善的情境下，屯堡的地戏文化也随之发生变迁，具体表现在以下几个方面。

1. 商业演出改变地戏空间场域

地戏，原义指表演时不需要戏台，在地面或场坝上演出的戏剧，即传统地戏对于屯堡当地村民来讲，只需在村落的平坦地带（公共空间）演出。伴随屯堡旅游景区的逐步构建，其蕴含的各种民俗文化资源也一步步被挖掘，同时唤醒了屯堡当地民众的文化自觉，即由原本的自我文化传承演变为既自我文化传承又向外人展示（并予以文化创新及传播交流）两者并行的发展模式。

如今，为了满足外来游客的感官体验，屯堡设置了专门的地戏表演场所——演武堂。演出地点从公共空间挪至固定的表演场所，表演场所被构建成了旅游的固定"景点"。

2. 商业演出违背地戏仪式传统

地戏文化对于屯堡人而言，如同祭祀祖先的活动，神圣不可侵犯，仪式感尤为重要。传统地戏的演出时日分为春节和中元节两个时期，且每逢演出，必参拜神灵、祭祀祖先，举行一系列虔诚恭敬的请神、送神等活动。活动主要分为仪式和演出两个大的部分，如图1所示。

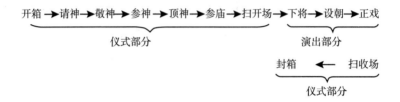

图 1　传统地戏演出程序

如今，为了配合旅游的发展，应外来游客观赏所需，地戏的表演变成了随传随演、安排非常灵活自由的一种文化展示形式（一般为每半点一场或每整点一场，每一场的演出时间在 15 分钟左右），屯堡居民传统内敛的敬神祈福的心灵诉求和祖先文化传承逐步淡化，屯堡地戏变成了以追求经济利益为主要目的旅游商品。

传统的供养模式（居民集体出资出力供养地戏队）演变为由旅游开发企业承担一切开销，地戏中的跳神者成为职业演员。为了迎合旅游市场和满足利益导向，地戏表演者在商演时追求多快好省，简化了很多考究和重要的仪式。旅游开发企业对地戏演员和地戏演绎节目重新进行了包装和商业组合，缩短了地戏的正戏份时间，只呈现演出部分的打戏片段。这么做一来可尽量避免游客的语言障碍；二来可以吸引眼球，使地戏变得"热闹、好看"。所有这些变化导致地戏文化变得支离破碎，所谓的新一代继承人也学艺不精，不能融会贯通，严重影响了地戏文化的完整性和可持续发展。

3. 商业演出破坏地戏时节传统

传统的地戏演出有着严格的时间规定。对于传统文化而言，时辰的限定非常讲究。如今，为满足利益最大化，地戏表演可随时进行，风土人情和民俗文化演变成为可以消费的旅游商品，地戏表演遵循的原汁原味和艺术演绎程序被肆意包装、修改，甚至指鹿为马、张冠李戴。

对外地游客而言，他们参与体验的并非最传统的地戏文化，而是在市场经济刺激下产生的重组、变异的肤浅地戏表象。旅游开发带动区域文化发展和经济增长，出发点是好的，但是过度开发、拔苗助长、本末倒置，盲目地适应外来游客的需要或臆想，使得地戏传统文化逐渐丧失了稳定的发展传承因素。

4. 外来文化的介入改变屯堡文化的原有构成

外来游客在游览天龙屯堡景区、欣赏当地村民的地戏表演时，两种文化或多种文化之间自然而然地发生了相互渗透和改变，导致"'游客'与'旅游开发者'处于施动者地位，而'旅游地的居民'则扮演受动者的角色。权力两极之间的这种施受将后者置于一个不断承受冲击和震撼的场域中，外来的压力破坏了原有的社区生活秩序与当地文化的自然状态，旅游地居民对外来强势文化的盲目仿效与追随势必淡化原生文化的特点与韵味"。①

综上所述，在"大数据 + 大旅游"融合发展的大环境下，民俗文化旅游的确提高了屯堡社区的文化知名度和社区村民的经济收入，促进了屯堡社区的繁荣。但凡事有利必有弊，外来文化的过度介入会对当地的传统文化造成一定程度的负面影响，产生一定的文化同质性、同化性、变异性。在"游客凝视"的作用力下，为了迎合当下的现代旅游业发展趋势，传统的地戏文化发生了变迁，例如地戏的内容、礼俗、面具、服饰和道具等都被舞台化和商品化。

（二）屯堡社区居民地戏崇神心态的变化

传统地戏表演不仅是演绎金戈铁马、塑造英雄的娱乐艺术，更是屯

---

① 周宵：《人类学视野——论旅游的本质及其社会文化影响》，《湖北大学学报》2003 年第 5 期，第 115 页。

堡社区居民追求心理安慰或心灵诉说一种精神需要。通过地戏的演绎和在地戏中扮演角色，民众们会深信其所扮演的王侯将相、才子佳人并非普通人，而是世之骄子、人中龙凤。他们相信角色的扮演过程即是他们与神灵、心灵对话的过程，利用神力可以保佑村民福寿延绵、恩泽子孙、大吉大利。

传统地戏表演宣扬的忠、孝、仁、义等能唤起村民对神化人物的崇拜，不敬神就是最大的不忠，对跳神的程序和内容任意改动都是大逆不道和被道德禁止的。地戏自制作面具而始，直到演出结束，都贯穿了崇拜神灵的内容。屯堡人认为地戏中演绎的诸多人物是天上星宿转世，可以护佑村民。

传统的地戏表演本身源于浓厚的宗教文化，仪式感非常重要。典型的地戏表演要经过开箱、请神、敬神、参神、顶神、参庙、扫开场、下将、设朝、正戏、扫收场和封箱等诸多程序。例如，开始前要请神庙的守护者或存放装有"脸子"木箱的人家将"脸子"请出来举行庄严的开箱祭祀仪式（焚香烧纸、作揖磕头等）。"在扫收场结束以后，演员将各自所跳角色面具放在跳戏场地用木板搭成的祭台或存放面具的寺庙神完前，再由'神头'和执事人员将所有面具一一排放在祭祀台上，正方人物面具在上方，反方人物面具在下方，不能乱了规矩。"[1]

然而，随着当今民俗旅游的开发，屯堡人传统的神灵观逐渐被当代高速发展的物质社会带来的功利性所颠覆。从地戏表演无时间规定、演出地点多变、演出服饰和剧目的多样性及随机性即可看出这种颠覆性。地戏文化正日益被当今的物质经济社会侵蚀，如地戏表演的重要道具——面具，其代表的文化信仰已经逐渐淡化，面具本身蕴含的神灵化身和传统精神文化载体的重要意义已荡然无存，其逐渐成为一种商业经济利益驱动下的旅游纪念品或工艺品，人们不再相信面具具备通神的意义，从而抽去了传统面具的精神文化内涵。

---

[1]　慕笛：《新农村建设下屯堡地戏的重塑》，硕士学位论文，中央民族大学，2011，第10页。

五　关于屯堡地戏文化变迁的思考

　　"当民族风情被纳入现代意义的旅游活动中时，则被赋予了新的功能与意义，难免不产生文化变异。"[①] 在经济改革发展浪潮的推动下，贵州境内的屯堡地戏文化同中华大地的其他民俗文化一样，无法避免地成为一种有巨大价值的民俗旅游文化资源，在旅游开发和社会经济发展中，被作为一种资本与地方的经济发展相结合。一方面，这种结合促使外界对本地文化的认知和传播，同时对地方的经济发展起到了一定的促进作用，促使地戏文化等传统文化与现代文明接轨，打开了原住居民的视野，丰富了他们的文化生活。另一方面，这种结合实则民俗文化的一种变迁，这种变迁需要合理的良性发展模式和科学的运作方法，如果方法不当或过激，则会蚕食和分裂传统民俗文化，使得传统民俗文化深陷现代发展与传统保护相冲突的泥潭。外界文化载体与屯堡当地文化载体的碰撞和相互交融势必对促进文化多元化起到积极的作用，毕竟现代社会文化发展需要多元化。但与此同时，不可忽视每一个民俗文化的独有特性，文化保存和经济发展必须保持一定的平衡，否则传统民俗文化的精髓将会湮没于现代社会的浪潮中。

　　发展与变迁中的文化通常遵循着一定的规律，传统是相对于现代而言的，文化的存在和继承尤其如此。文化在某种意义上讲，是在传统社会一定的生产力背景下的生产生活方式的折射和体现，随着生产力的发展以及生产生活方式的不断发展演变，文化变迁成为必然，否则裹足不前，只会束缚自我。随着历史条件的变迁，文化的架构和发展会随着时间的推移发生改变，任何一种民族文化都不例外。地戏也会发生既具延续性又具创新性的改变，地戏传统的发明和创新，使其以新的活态方式得以存续。对于屯堡居民而言，地戏文化是一种在传统生产力和历史背景下诞生的文化，在旅游开发下

[①]　龚妮丽：《贵州"民族风情"旅游开发的文化思考》，《贵州文化丛刊》2001 年第 1 期，第 82 页。

其无疑是拉动当地经济增长的一个关键点，对屯堡当地、安顺地区乃至贵州省的经济开发和文化发展都起到不可小视的作用。

总而言之，现代社会在逐步发展，地戏文化也随之发生了变化，时代环境的变化和人们生活方式的变革要求屯堡人根据时代需要来构建属于他们的地戏文化。在这种背景下，必须认真思考如何平衡文化资源保护与旅游产业发展之间的关系，确保地方经济发展与文化资源的保护有机结合，协同推进。在现代生活方式不断演变的过程中，传统民俗文化本身必然面对来自各方的压力和种种困难，但变革势在必行，在不抛弃传统民俗文化原汁原味的前提下，如何有机地、生态地融合传统民俗文化与当代文化，如何实现民俗文化在新时代下吸纳更多优秀的外来文化因子，如何实现民俗文化平稳健康可持续发展，无疑是值得进一步深思和探索的问题。

全域旅游背景下非物质文化
遗产传承保护研究

——以贵州省安顺市为例

李光明*

摘　要： 非物质文化遗产是重要的文化资源，随着全域旅游全国示范
点的全面建设，非物质文化遗产的传承与保护面临新的机遇
和问题。本报告以贵州省安顺市为例，通过对安顺市开展全
域旅游的优势进行梳理，归纳总结安顺市非物质文化遗产项
目在全域旅游中存在的问题，进而提出在全域旅游政策的推
动下，安顺市非物质文化遗产如何以生产性保护、法律保护
等措施更有效地实施传承与保护。

关键词： 全域旅游　非物质文化遗产　安顺市

导　言

　　全域旅游是我国新时期旅游发展的全新战略。这一总体战略是一种以旅
游业带动和促进经济社会协调发展的新型旅游模式，与以往的文化旅游的区
别在于其具有以下几个特点。第一，旅游空间不再是一景一物，而是一定区

* 李光明，彝族，硕士研究生，贵州民族大学民族文化产业发展研究中心讲师，研究方向为民
间文学、民族学、非物质文化遗产学。

域内。第二，产业的丰富性。全域旅游的开发不以旅游这一单一产业为全部，而是以其为核心，以其为优势产业，通过融合特定区域内的所有有利资源，包括生态环境、公共服务、体制机制、文明素质等，促使区域内资源全面系统化优化，区域内资源有机融合，从而达到产业融合发展，社会共建共享，以旅游业为带头产业，带动并促进经济社会协调发展。[1] 第三，全域旅游所要达到的目的不只是使旅游的效果停留在物质观赏的层面，而是让游客通过物质观赏而领略人文精神，从而达到文化传播、共享、传承的目的。全域旅游的实质体现为更加注重旅游质量的提升与展现，而不是像以往单纯靠旅游人次增长拉动旅游消费。旅游宗旨是提高人们的生活品质，使人们在旅游过程中不仅欣赏景色，还获得不同的人文精神，从而提高自己的文化素养，从而达到文化传播、文化传承、文化保护、文化建设的高度。[2]

目前在国内，已有不少城市根据自身独特文化及发展定位，全力开启了全域旅游的全新模式。全国各大城市一一推出以突出特色景观或文化为中心的全域旅游规划，在凸显自身文化特质的同时，加快自身文化的重建。全域旅游从一种概念快速地转变为一种实体的经济模式，全国的传统景观旅游迎来了全面的转变。

非物质文化遗产是城市全域旅游开发的重要对象。非物质文化是我国当今城市文化的重要组成部分，也是我国民间传统文化主要传承模式。非物质文化集中表现了先民的智慧与能力，是一个民族古老文化的整体再现，是各民族间相互区别的文化特征，也是人类文化传承发展的重要体现。非物质文化遗产的传承与保护，是民族文化传承与传播的必要途径。无论是政府、研究机构还是民间传承人等，对非物质文化遗产的保护从未中止过，并且提出了很多有意义的保护途径。如今全域旅游的开发，无疑为非物质文化遗产的保护与传承工作提供了新的模式与机制。随着对非物质文化遗产的挖掘、经济增长模式的改变，形成了非物质文

---

① 李金早：《全域旅游的价值和途径》，《人民日报》2016 年 3 月 4 日。
② 国务院：《关于加快发展旅游业的意见》（国发〔2009〕41 号），2009。

化遗产依托经济发展、传承保护的新形式。这种模式的转变促使非物质文化遗产在经济高速发展的洪流中快速转变以适应市场经济的迅猛发展。非物质文化遗产在全域旅游的经济洪流中该如何利用、如何保护、如何传承成为新型模式下旅游发展的新问题，也是非物质文化遗产生存过程中需要面对的新问题。

贵州有着丰富的少数民族文化，具有多样的少数民族非物质文化遗产。民族文化是贵州近年来区域旅游规划中重要的组成部分，涵盖民族技艺、民族传统曲艺等近三十种非物质文化遗产，突出了贵州民族文化旅游的特色，在贵州旅游产业中越显重要地位。贵州西江苗寨和肇兴侗寨都是最具民族特色、富有多样非物质文化遗产的旅游胜地，历年吸引了不少游客前往，是贵州旅游经济中重要的构成部分。2017 年，文化部批准的贵州十三个全域旅游城市中，安顺市是其中之一。安顺不仅有着独特的喀斯特地貌世界级物质文化遗产——黄果树瀑布，还有着多样的民族文化风情、丰富的非物质文化遗产，在该地的全域旅游开发中，非物质文化遗产是重要的规划部分。

一　安顺市发展全域旅游的优势

（一）区位优势

安顺市紧邻省会贵阳，地处黔中腹地，至 2017 年所管辖区域包括三个自治县，分别是镇宁布依族苗族自治县、关岭布依族苗族自治县、紫云苗族布依族自治县，一个经济技术开发区及黄果树旅游区、西秀区、平坝区和普定县。在所辖区域内聚居着苗族、回族、布依族、仡佬族、侗族、彝族等20 多个少数民族，占总人口数量的 39%。[①] 各少数民族都拥有独特的民族文化，有普定的穿洞古人类文化遗址、关岭布依族苗族自治县的"红崖天

① 安顺市政府数据开放平台，http：//www.anshun.gov.cn/。

书"、"中国戏剧活化石"——安顺地戏，还有屯堡村落明代文化等丰富的文化资源。安顺市地处珠江水系北盘江流域与长江水系乌江流域的分水岭地带，拥有典型的喀斯特地貌，因其高低位置落差，在黄果树旅游景区形成了大大小小近20个瀑布，有着"中国瀑乡"之称，闻名于世的黄果树大瀑布就是其中之一。安顺市拥有丰富的民族文化和独特的地貌特征，为打造生态旅游、山地特色旅游、民族文化旅游等多种形态旅游提供了丰富的文化与实体空间。

（二）政策优势

在第一批国家级非物质文化遗产名录中，贵州省共获批31项，其中安顺市获批2项。[①] 2016年，文化部开展了"国家全域旅游示范区"创建工作，2016年2月5日，国家旅游局推出了"首批全域旅游示范区"名单，名单中提及的首批创建单位共包括262个市县单位，安顺市是其中示范单位之一。[②] 安顺市成为示范区之后，优先得到中央及地方预算内投资支持，全市大力着手建设旅游基础设施，加强旅游外交、旅游人才培训以及重点活动等方面的优先扶持和打造，全力推动安顺市旅游业由"景区旅游"向"全域旅游"发展模式的转变。

（三）非物质文化遗产项目优势

安顺市目前有9项国家级非物质文化遗产保护项目，涉及民间文学、传统音乐、传统舞蹈等多个类型，包括《亚鲁王》、布依族勒尤、铜鼓十二调、苗族芦笙舞、安顺地戏、安顺蜡染、苗族跳花节、关岭苗族服饰、西秀区苗族服饰。有38项46处省级非物质文化遗产保护项目（见表1）；95项166处市级非物质文化遗产保护项目。[③]

---

① 国务院第一批国家级非物质文化遗产名录（国发〔2006〕18号），2006年5月20日。
② 《国家旅游局关于公布首批创建"国家全域旅游示范区"名单的通知》，http://www.cnta.gov.cn/zwgk/tzggnew/gztz/201602/t20160205_759900.shtml。
③ 数据来源于安顺市政府数据开放平台，http://www.anshun.gov.cn/。

表1 安顺市省级非物质文化遗产

序号	项目类别	数量(项)	项目名称
1	民间文学	3	《亚鲁王》、布依族摩经、布依竹筒歌
2	传统音乐	7	盘江小调、苗族阿江、铜鼓十二调、姊妹箫、屯堡山歌、布依族勒尤、花山布依古歌
3	传统舞蹈	3	苗族芦笙舞、苗族夫妻舞、布依族铜鼓舞
4	传统戏剧	2	安顺地戏、花灯戏
5	传统曲艺	1	安顺唱书
6	传统体育、游艺与杂技	3	仡佬族打篾鸡蛋、苗族射弩、抵杠
7	传统美术	1	布依族织锦
8	传统技艺	4	蜡染技艺、屯堡石头建筑技艺、布依族土布制作技艺、安顺木雕
9	传统医药	1	罗氏瘰疬疗法
10	民俗	12	苗族跳花节、苗族服饰、屯堡抬亭子、迎城隍、布依族服饰、苗族命名习俗、布依族"六月六"、仡佬族吃新节、屯堡服饰、苗族跳花节、竹王崇拜、铁水冲龙、
11	文化空间	1	安顺屯堡文化

二 非物质文化遗产在安顺市全域旅游中的现状及存在的问题

国家旅游局2016年2月5日推出全国首批263个全域旅游示范点。[①] 贵州省的贵阳市花溪区、遵义市和安顺市等共11个地区入选，被优先纳入国家旅游改革创新试点示范领域。同年，由中国社会科学院舆情实验室联手中国旅游大数据联盟机构共同发布的"全域旅游国家发展指数"测评结果显示，贵州省全域旅游发展程度及水平排在省域第九位，[②] 2016年8月，贵州省安顺市将黄果树旅游景区、龙宫景区、屯堡文化旅游区三大景区进行资源整合，

[①] 《国家旅游局关于公布首批创建"国家全域旅游示范区"名单的通知》，http://www.cnta.gov.cn/zwgk/tzggnew/gztz/201602/t20160205_759900.shtml。
[②] 徐国敏、何菲菲：《"全域旅游国家发展指数"首次发布 贵州在省域中排位第九》，《贵州日报》2016年12月11日。

推进安顺全域抱团发展。① 安顺市依托独特的喀斯特地貌结构和丰富的民族文化遗产，近年来，旅游业井喷式发展，截至 2017 年上半年，全市旅游经济收入 337.08 亿元，同比增长 42.08%。② 非物质文化遗产项目在该地区分布广泛，且涵盖多个民族，是安顺市各地旅游项目的重要组成部分。

非物质文化遗产为安顺的特色旅游注入了浓浓的传统文化，在吸引不少前来体验的游人的同时，展示了非物质文化遗产的独特魅力，例如屯堡文化旅游项目的山歌表演、美食文化节、鲍家屯明代瓮城旅游、九溪河灯、地戏面具展示等重要文化展演。但在该地区的全域旅游开发中，非物质文化遗产项目的发展存在一些难点，最为突出的问题体现在三个方面：一是单一的传承人模式，二是单线的传承现状，三是非遗项目间缺乏交叉、抱团发展，其发展力量单一。第一，单一的传承人模式，限制了非物质文化遗产广泛传播。例如非遗项目民间文学类型中的《亚鲁王》的传唱，因其传唱场合的特殊性及社会功能的专属性，《亚鲁王》的传唱地点及时间都有着特殊性，其并不像传统舞蹈、传统技艺类在一定条件下可以选择自由的时间安排展演活动。另外，根据非物质文化遗产的独特性，只能对其进行保存式保护，很难进行开发式保护。第二，非物质文化遗产的单线式再生模式，限制了非物质文化遗产产业化的发展。所谓的"单线式再生"模式，即非物质文化遗产的生存方式并不是整合化的、流水式的、成批量的，而是从始至终由较为单薄的操作力量在独立空间内完成。例如传统技艺类的木雕制作、传统服饰制作等非遗项目，皆具有单线式再生的特点。第三，非遗项目间缺乏交叉、抱团发展，其发展力量单一。如果作为产业发展的话，在宣传、营销等环节，非遗项目的商品化会带来一定的经济效益，也能达到以己养己的发展方式。

---

① 杨光振、李婧：《贵州黄果树旅游区挂牌三景区抱团发展全域旅游》，2016 年 8 月 13 日，http：//www. gz. stats. gov. cn/tjsj_35719/tjgb_35730/tjgb_35732/201703/t20170322_2015353. html。

② 《安顺：2017 年上半年旅游收入 337.08 亿元 同比增长 42.08%》，人民网贵州频道地方联，2017 年 07 月 19 日，http：//gz. people. com. cn/n2/2017/0719/c194849－30495762. html。

针对目前全域旅游背景下安顺市非物质文化遗产保护与传承情况，安顺市全域旅游呈现出以下几个特点。第一，安顺市的全域旅游发展主要还是依托实景实物，例如黄果树、龙宫等12个景区。2018年9月，安顺市针对全域旅游的开发专门办理"安顺市全域旅游惠民卡"，以优惠的政策来带动当地的旅游。第二，开展行政区划调整，打造旅游新产品。以组建旅游新镇的形式打开全域旅游的新局面。第三，只注重非物质文化遗产项目在旅游过程中的形式展演，往往很难将非物质文化遗产所具有的独特的文化内涵传播出去。第四，开发景区新产品、新业态，着重强调精神消费、休闲旅游。提升旅游产品文化内涵，既要求彰显本土特色，又要具有对高端消费群体的吸引力。着力打造多元的、个性的、深度的旅游模式，但是目前安顺地区的非遗项目旅游很难达到既要体现"本土特色"，又要完成"高端的旅游消费"的双重目标，使非遗项目在旅游规划中既体现不出"产业"，也很难达到完全"精神文化交流"。

安顺市非物质文化遗产项目的传承与保护仍具有传统的"自给"状态。例如传统医药的罗氏瘰疬疗法，其影响范围仍较小。另外单一的展演形式仍广泛存在，如非物质文化遗产项目传统曲艺中的安顺唱书，传统体育、游艺与杂技中的仡佬族打篾鸡蛋、苗族射弩、抵杠等项目。

基于安顺市开展全域旅游的整体规划，从经济收益的量及速度等方面的考量，安顺市非物质文化遗产项目在全域旅游中的地位略显尴尬，一方面，遵循全域旅游文化传播的最高宗旨，非物质文化遗产应该是全域旅游中的重要组成部分。而另一方面，政府追求短时间内实现较高的经济收益与非物质文化遗产自身传承与发展的传统特点，限制了非遗项目在短时间内吸引到更多的旅游资源，进而创造更大的财富。

三 非物质文化遗产在全域旅游中的传承保护途径研究

针对安顺市全域旅游开展过程中非物质文化遗产的作用及其自身特色，关于非物质文化遗产的传承与保护工作建议从以下三个方面进行改进提升。

（一）利用性保护是非物质文化遗产传承保护的可持续途径

对非物质文化遗产进行利用性保护，有利于其长久有效的传播和科学的传承。在政策导向上，2016 年，针对非物质文化遗产的传承与保护，文化部也提出了加强文物和非物质文化遗产保护利用的要求。[①] 非物质文化遗产的利用有着重要的意义。非物质文化遗产能合理地利用，可使宝贵的文化资源在利用中促进人类的发展，也能促进文明传承。

非物质文化遗产的价值通过合理的利用可得以体现，尤其是活态的非物质文化遗产。首先，非物质文化遗产有着宝贵的价值，而这种价值只有在利用中才能得以体现和再现。非物质文化遗产的活态性，决定了其保护需在展演、观赏、传承、参与等环节中进行。在以上这些环节中需要传承人与被传播者之间的相互作用，于传承人而言传播过程本身就是一种利用，于接受者而言则是通过这种利用的形式获得非物质文化遗产的精神及其他文化价值。如若非物质文化遗产仅仅是通过数据采集、文字保存，将一切信息都封存于档案馆，则失去了非物质文化遗产作为活态文化的生存本真，于非物质文化遗产而言，其保护便没有了意义。例如安顺市蜡染技艺，通过再现蜡染的流程、蜡染的材料、蜡染的手工艺，以手工艺的方式展现少数民族独特的生活生产进程史，进而推广传播独特的民族民间文化。从蜡染到民俗、从民俗到民族历史，再从民族历史到丰富的民族民间文化的展示过程，本身就是非物质文化遗产传播与传承的过程。其展示的不仅是蜡染技艺，更多的是少数民族朴实的生活及聪明智慧，反映少数民族的审美感知、审美理想，同时，为他者提供了了解少数民族的直观感受，为文化的融合与认同感提供了更直接的媒介。通过对不同文化的传播与认同，为构建和谐社会、发展"一带一路"文化新道路打开了新篇章。其次，非物质文化遗产的价值，还能在利用中实现增值。非物质文化遗产是人类文化重要资源，而资源只有利用才能促进人类发展。人们

---

① 国务院：《国务院关于落实〈政府工作报告〉重点工作部门分工的意见》（国发〔2016〕20号），2016 年 3 月 25 日印。

对非物质文化遗产价值的认定不是一成不变的，随着非物质文化遗产的利用、挖掘、传播及研究的不断深入，其本身的价值将超出最初既定的价值。例如关岭苗族布依族自治县的罗氏癞疱疗法。区别于观赏性的非物质文化遗产，罗氏癞疱疗法的利用更具有现实性，其本身就可以以合理经营的模式取得相应的经济收入，从而增强文化遗产的生存力，在加强民族传统医药业发展的同时能提高少数民族优秀传统医药文化的推广及利用。在增加少数民族地区人民经济收入的同时，能推广民族医药业的发展，构筑中医药疗法的完整体系。

但是，非物质文化遗产的保护性利用必须遵循保护为主、合理开发、传承发展、持久利用的原则。在全域旅游中，非物质文化遗产的价值，会以多样的形式进行挖掘，在不断挖掘的过程中难免会出现过度利用、不合理利用等情况。例如为迎合经济的发展模式、为满足地方政府的旅游项目规划从而改变非物质文化遗产的内在本质等。因此，在非物质文化遗产的利用过程中应规避商业化带来的随意改造，应保护非遗的原真性和完整性。

（二）生产性保护，增强非物质文化遗产的自生能力

生产性保护，增强非遗自生能力，遵循非遗项目的文化特征，不以实现经济效益为最终保护目标。随着非物质文化遗产保护工作的开展，学界提出了非物质文化遗产生产性保护的概念。非物质文化遗产的生产性保护，其形式主要是对非物质文化遗产及资源进行转换，目的是将非物质文化遗产资源转换为生产力和产品，以流通、销售等方式转换为经济实体。[1] 同时，2017年国务院就非物质文化遗产的生产性保护，正式提出了要依托当地民族特色文化、红色文化、乡土文化和非物质文化遗产，开展非物质文化遗产生产性保护，鼓励民族传统工艺传承发展和产品生产销售的要求。[2]

非物质文化遗产生产性保护概念提出以后，引起了社会各界的共识，并

---

[1] 陈华文：《论非物质文化遗产生产性保护的几个问题》，《广西民族大学学报》（哲学社会科学版）2010年第5期。

[2] 《国务院关于印发"十三五"脱贫攻坚规划的通知》（国发〔2016〕64号），2017年11月23日印。

将其实施于非物质文化遗产保护工作。其作为一种制度化的保护方式，至今经历了三个阶段。第一阶段为 2006 年至 2010 年 10 月，提出了非遗生产性保护，具体名称由王文章先生在《非物质文化遗产概论》（第一版）中提出，称为"生产性方式保护"。第二阶段为 2010 年 11 月至 2012 年 2 月，这一阶段确立了非物质文化遗产生产性保护制度。2010 年 11 月，文化部在全国范围内启动了非物质文化遗产生产性保护示范基地建设工作，标志着非物质文化遗产生产性保护制度的建立。2012 年 2 月以来，即非物质文化遗产生产性保护第三阶段，学术界开展了多项科学研究，民族学、民俗学、人类学等相关学科通过学术讲座、学术会议等形式对非物质文化遗产生产性保护开展了深入的研究。

对于非物质文化遗产的生产性保护，应注意几个方面的问题。第一，政府机构及相关非遗保护组织应在生产性保护过程中严格落实非物质文化遗产核心要素的保护。第二，政府及相关组织机构应积极做出引导，在提升文化遗产传播度的同时，将其生产的专业水平作为首要考虑的因素，应以高度的专业化来适应多变的市场杠杆。第三，在开展生产性保护过程中应规避"重效益、轻保护"的现象。例如安顺市的蜡染技艺、安顺木雕、布依族服饰等多项可生产非物质文化遗产项目。

另外，加强少数民族非物质文化遗产保护示范区的建设。2017 年 12 月 24 日，《国务院关于印发"十三五"促进民族地区和人口较少民族发展规划的通知》（国发〔2016〕79 号）中指出："加强少数民族非物质文化遗产集聚区整体性保护，支持民族地区设立文化生态保护实验区。积极推进少数民族非物质文化遗产生产性保护，命名一批国家级少数民族非物质文化遗产生产性保护示范基地。加大对少数民族非物质文化遗产濒危项目传承人抢救性保护力度。支持少数民族文化申报世界文化遗产名录。"例如安顺市非物质文化遗产项目空间文化类的屯堡文化，应加强屯堡地区的空间保护，从而达到对所属空间的文化保护。

安顺全域旅游，全民参与，可提高非遗传承人的就业率，拓宽传承范围，达到文化共享、文化共同传承的目的，形成非物质文化传播型文化全域。

（三）法律法规保护是对非物质文化遗产保护传承的有力保障

随着非物质文化遗产的提出及进一步的挖掘，文化遗产的损坏、缺失不断发生，这一现象也引起了国际社会、国内社会的广泛关注。2003 年 10 月 17 日，联合国教科文组织第 32 届大会通过了《保护非物质文化遗产公约》对非物质文化遗产正式提出了法规性保护。对此，各个国家根据本国的实际情况也纷纷采取了相应的措施。我国各地也开始建立非物质文化遗产的保护性法规。2000 年，云南省颁布的《云南省民族民间传统文化保护条例》是我国第一部对非物质文化遗产进行保护的规范性法律文件，这也是我国境内以法律形式对非物质文化遗产进行保护的尝试和探索。

第十一届全国人民代表大会常务委员会第十九次会议 2011 年 2 月 25 日通过，于 2011 年 6 月 1 日起实施的《中华人民共和国非物质文化遗产法》，从非物质文化遗产的调查、代表性项目名录、遗产的传承传播及法律责任等多方面提出了对非物质文化遗产的保护。《非物质文化遗产法》明确了"保护非物质文化遗产，应当注重真实性、整体性，有利于增强中华民族的文化认同，有利于维护国家统一和民族团结，有利于促进社会和谐和可持续发展；利用非物质文化遗产，应当尊重其形式和内涵"。

非物质文化遗产保护的相关法律法规的建立，对非遗的保护及传承工作起到了积极的作用，也是全民非物质文化遗产保护意识的加强。从国家层面而言，非遗法律法规的实施使保护举措更有效、更实际。于相关的保护组织而言，对非物质文化遗产的保护与传承也有规可循，其能更合理合法地开展非遗相关工作。而对于人民群众而言，使其认识到保护非遗的重要性，使非遗保护工作广泛开展。

结　语

2018 年 3 月，国务院办公厅印发了《关于促进全域旅游发展的指导意见》，对加快推动旅游业转型升级、提高旅游质量、发展旅游经济，全面优化旅游发展环境，走全域旅游发展的新路子做出了部署。① 人类社会是在继承前人创造的历史文化遗产的基础之上发展起来的，因此，保护既有的文化遗产是人类文化继往开来的保证。非物质文化遗产是人类文化的智慧体现，优秀的文化传统标志着各个民族的独特性。非物质文化遗产的保护有利于全面、准确和深刻地认识民族的历史，联结民族感情，增进民族团结。在弘扬优秀传统的同时，建设先进文化，以此促进科学研究，利于人类社会文明的发展。

非物质文化遗产是人类社会十分宝贵的资源。非物质文化遗产旅游是文化产业经济的重要组成之一，同时，非物质文化遗产带动了相关产业的发展，因此有效保护非物质文化遗产是巩固国民经济健康有序发展的基础。在文化旅游大发展的今天，在全国助推全域旅游的背景下，利用好非物质文化遗产带给人类的文化财富，科学地保护非物质文化遗产不缺失、不损坏，是文化研究的重要课题，也是迫在眉睫的问题。无论经济建设的走向，对于非物质文化遗产应提高保护水平，让非遗走进现代生活，从而达到见人见物见生活的生态保护。

---

① 国务院办公厅：《关于促进全域旅游发展的指导意见》，新华网，2018 年 3 月 2 日，http：//www. xinhuanet. com/。

土司文化篇

Culture of Tusi

乡村旅游视域下的符号升华

——以恩施土司城为例*

高　旸**

摘　要： 地域性文化资源既是所属民族的共同记忆，也是进行民族文化识别和区分的显性要素。文化资源在市场机制运作下，以文化资本的形态进行着生产和再生产。地处恩施州的土司城是土家族土司文化的再造物，将建筑文化与民族文化相结合，成为当前恩施州乡村旅游经济发展中体量较大、资质较好的文化资源之一。本报告以恩施土司城为研究对象，从乡村旅游经济发展的视角切入，思考在文化资源向文化资本转化的过程中，恩施土司城这一文化景观的文化识别和符号升华问题。

---

* 本文为国家社会科学基金项目"屯堡文化综合数据库建设"（项目号：17ZDA164）阶段性成果。

** 高旸，吉林大学哲学社会学院博士研究生，研究方向为少数民族生态文化、文化遗产保护。

关键词： 旅游视域　土司城　符号

土司城是土家族土司文化的产物，在土家族历史生活中产生了深刻的影响。土司制度结束后，当地社会生产生活发生变化，恩施土司城的建筑功能已然发生了深刻的转变。在今天的土家族社会生活中，土司城更多发挥着文化识别与区隔的作用。对于居住于恩施州的土家族而言，土司城与恩施女儿会等文化遗留成为其进行族群民族性、文化性自我识别的文化要素。而就与外部社会交流联系而言，土司城则成为恩施土家族进行文化区隔的显性标识。土司城是土家族民族文化的凝缩，在乡村旅游经济发展的背景下，借助土司城的修缮和对外开放，可以在乡村旅游经济发展过程中进行本地人与游客"自我—他者"的区分，强化地域的文化特殊性从而满足游客的文化猎奇心理。由此可见，当前恩施土司城更多的是一种文化符号，以一种景观符号的形式活跃于恩施土家族的社会经济生活之中。

一　恩施土司城的景观符号功能转化与再塑

建筑景观不仅是区域单一的存在元素，更是以建筑景观为基点形成的一种复杂活跃的社会网络空间。尤其是民族地区的历史建筑景观，往往蕴含着深刻的区域文化价值，并成为地区民族社会空间构建的基点甚至是核心。朱凌飞等认为："将人、社会和文化与景观相融合，在景观中嵌入历史记忆、社会网络、身份认同以及地方性知识等要素，能够使景观体现出一种生态—文化多样性的特征，也有助于对区域民族的了解和认识。"[1] 恩施土司城正是此类建筑景观之一，以恩施土司城为研究主体，分析其在符号再造过程中蕴藏的历史记忆、社会网络和身份认同等文化要素演变，有一定的研究意义。

---

[1] 朱凌飞、曹瑀：《景观格局：一个重新想象乡村社会文化空间的维度——对布朗族村寨芒景的人类学研究》，《思想战线》2016 年第 3 期，第 24～30 页。

（一）外部社会制度变迁与政治性符号意义丧失

恩施土司城主要指位于恩施土家族苗族自治州唐崖镇的唐崖土司城，该城始建于元朝至正六年并经不断扩建，使用至清代雍正十三年。在此期间，唐崖土司城是覃氏土司进行地方统治的核心，是土司权威的象征。清代雍正年间，中央政府为强化中央集权，对恩施地区采取"改土归流"政策，唐崖土司城也随之逐渐废弃。① 在此之后至新中国成立之前的一段历史时期中，唐崖土司城虽并未完全废弃使用，但其承载的政治功能不断衰弱，直至中华人民共和国成立后完全丧失。自 20 世纪 80 年代开始，地方文物保护单位开始对唐崖土司城开展文保登记和修缮等工作，使唐崖土司城建筑群景观得到了较好的保存。经过多方努力，2015 年唐崖土司城被列入《世界遗产名录》，并以"恩施土司城"这一文化名片被外界所认知。外部社会制度环境变化移除了恩施土司城的政治文化根基，推动其从封建等级制度的象征变为地域民族文化的符号，并逐渐将其拓展为开放的社会公共生活空间。从族群精英生活居住空间演化为社会民众娱乐狂欢场域，恩施土司城的政治符号功能已然消失殆尽。

（二）文化遗产保护与文化性符号意义强化

恩施土家族苗族自治州是我国中部地区主要的少数民族聚居地，也是我国国内土司制度文化传承延续较长的地区。因此恩施州一直以来便是国内外相关研究的热点区域。随着恩施土司城政治功能意义的丧失，作为历史遗留的土司城得到了更多的研究和关注。尤其是当前开放供游客游览的土司城景区，是地方政府 20 世纪 90 年代在"文化兴州"提议的基础上再建的景区式建筑群，在此过程中土司城的政治性符号已然淡化而文化性意义符号正逐渐强化。② 尤其是 2015 年列入《世界遗产名录》后，土司城在文化遗产保

---

① 黄竹：《文化创意产业发展如何体现地域与传统性——恩施土家族文化创意产业研究》，《大众文艺》2016 年第 10 期，第 265 页。

② 姜爱：《旅游开发场域中"文化景观再造"的省思——以恩施土司城为个案》，《青海民族研究》2016 年第 3 期，第 202～205 页。

护的热潮下，其文化符号功能价值得到了前所未有的增强。恩施土司城的文化性意义符号强化现象，是在地方政府、研究者和民众三方合力推动下产生的。尤其是作为文化持有者的土家民众的文保意识增强，民众开始主动参与土司文化的保护和宣传，这使土司城的文化性符号意义得到了强化。随着所处宏观社会经济环境的变化，聚居于恩施州的土家族民族传统社会生产生活模式已然发生明显的演变。交通条件的改善使越来越多的土家族民众走出恩施州，以往相对闭塞的地域环境被打破，地域内人口流动日趋频繁使恩施土家族族群生活出现了一定程度的离散现象。土司城的修缮和对外开放使其成为恩施地区较为显著的文化符号之一，在土司城这一空间场景中，恩施土家族文化以重复性的方式呈现在民众眼前，这使恩施土家族文化得到了积极的传播和推广，在提升恩施土家族民众对自身文化认同的同时强化了土司城的社会文化符号意义。

（三）旅游经济发展与资源性符号意义提升

2011年恩施火车站开始试运营，进一步联通了恩施州与外部旅游市场，在此之后恩施州旅游经济规模呈现出快速扩大的态势，土司城以独特的资源禀赋和区位优势成为地区旅游市场中的重要产品服务供给区域。在发展旅游经济的过程中围绕着土司城这一主题，地方政府、企业和民众共同建构起恩施旅游经济的场域结构。在场域结构博弈和利益诉求的背景下，恩施土司城的资本性符号意义开始不断提升。地方政府是恩施土司城的主要注资和监管者，土司城项目的开发和发展可成为地方政府财政收入增长的助力。企业能够以土司城项目为平台进行资本的再生产，从而实现企业资本的有效增值。地区民众的资本参与则不仅是土家族，也包含周边的汉、侗等其他民族。在旅游市场的"主—客"身份构建中，恩施州的土家、汉、侗等民族统一被游客识别为东道主群体。在参与土司城旅游产品服务的供给中，地区民众共同实现了经济利益的获取，因而在很多民众的眼中土司城更具有一种经济性的符号意义，意味着更为可观的经济收入。当地从事服务行业的民众成为最先享受到土司城旅游经济发展好处的人，政府"文化兴州"的理念不再只是信息宣传，大量游客的涌入对恩施州的服务行业产生了明显的刺激作用，民众的社会生产生活与土司城景区经济发展之间的伴生关系也日趋牢固。

随着地区旅游市场的日益成熟，恩施土司城以地域性特色资源为定位进行开发。近年来恩施土司城已然成为恩施旅游经济发展的增长极之一，越来越多的民众在恩施土司城旅游资源运营中实现了经济收益的增加，因此在民众视野中，恩施土司城不再只是历史文化遗留，也成为可以进行市场开发、转化的旅游文化资源。区域旅游市场规模的不断扩大，使恩施土司城在旅游经济中的资源性价值进一步凸显，进而提升了其资本性的符号功能意义。

二　恩施土司城符号功能识别的量化分析

为了更好地了解当前民众对恩施土司城符号功能认知识别的现状，本报告在对恩施土司城进行定性研究的基础上开展了一定规模的定量分析，采用的是问卷调查和人物访谈的研究方法。问卷调查借助网络平台进行数据收集以便增强数据获取的广泛性，并采用 SPSS13 软件进行数据分析。人物访谈则在调研过程中随机选择访谈者进行相关问题的访谈和记录。经过实际调查和问卷数据分析，具体形成关于恩施土司城的符号功能识别的结论。

（一）人口统计学资料分析

通过对收集数据进行分析，得出受访者人口统计学基本资料（见表1）。从年龄分布上看，21~45 岁的受访者共有 92 位，占比为 52.2%，中青年受访者占总受访者的半数以上。从性别层面上看，男女受访者比例基本相当，受访者性别分布较为均衡。从学历层面看，本（专）科及以上学历的受访者共有 107 位，占受访者的 60% 以上。

表1 受访者人口统计学样本资料

项目		样本量(人)	占比(%)
年龄	20 岁及以下	56	31.8
	21~45 岁	92	52.2
	46 岁及以上	28	15.9
性别	男	94	53.4
	女	82	46.6
学历	初中及以下	16	9.1
	高中	53	30.1
	本(专)科及以上	107	60.7

（二）受访者对土司城符号感知情况分析

1. 受访者对土司城形象识别较为显著

数据分析所得资料显示，受访者对土司城的形象识别较为显著。共有104 位受访者表示在日常生活中对土司城熟悉，占受访者比重的59.1%。另有30.1%的受访者表示在日常生活中对土司城的形象感知一般（见表2）。由此可见，民众在日常生活中对土司城较为熟悉，土司城这一文化形象在恩施州本地民众的生活中存在一定的影响力。

表2 受访者对土司城基本情况感知分析

项目	样本量(人)	占比(%)
熟悉	104	59.1
一般	53	30.1
不熟悉	19	10.8

但在调研过程中发现，恩施州的本地居民对土司城的形象感知存在着混淆的情况。在进行土司城资源保护开发的同时，与之位于同一地域的女儿城也成为恩施州一处以土司文化为主的旅游景区。土司城与女儿城同为当地政府建设的文化旅游景区项目，二者在产品服务的结构上存在着较大的同质

性，因此在当地民众和游客的意识中，土司城和女儿城较易被混淆，而女儿城区位因为更为便利而更多地被提及。

2. 受访者对土司城功能价值认知集中

就土司城的功能价值向民众进行调研时发现，受访者对土司城的功能价值认知评价表现得较为集中。共有 98 位受访者认为土司城的主要功能价值为文化功能，占受访者比例的 55.7%。另有 54 位受访者提出土司城当前的主要功能价值为经济功能，这意味着 30.7% 的受访者认为借助土司城的开发和利用可以创造一定的经济价值。最后共有 24 位受访者表示他们认为土司城的主要价值功能是居住功能，占受访者比例的 13.6%（见表 3）。

表 3   受访者对土司城价值功能感知分析

项目	样本量(人)	占比(%)
文化功能	98	55.7
经济功能	54	30.7
居住功能	24	13.6

调查发现很多民众对于土司城的文化和经济功能价值的认知评价是结合在一起的，也就是说民众认为土司城既具备文化功能也具备经济功能。这主要是因为随着当地文化自信的不断提升，很多民众已然认识到了土司城的开发可以带来可观的经济收入，但必须确保以土司城为核心的土家族土司文化具有积极的文化影响力和传播能力。文化的差异性及其对游客猎奇心理的满足，使恩施成为游客异文化体验的旅游目的地之一，也使民众认识到了恩施土司文化的价值和意义。

然而本地居民不是没有意识到土司城文化价值和经济价值的关系，而是找不到保护、传承和传播的有效方法。以同样位于恩施州内的三家台蒙古族村为例，该村是湖北省内唯一一处蒙古族村，在 2009 年前后该村开始尝试发展旅游经济，但自身蒙古族文化并不明显。根据众多学者的规划建议及当地村民的自主协商，自 2011 年起三家台蒙古族村的村民每年都会选派人员前往内蒙古自治区参加那达慕节庆活动，学习蒙古族语言、恢复蒙古族风俗，逐渐培育三家台蒙古族村的蒙古族文化氛围，使其在旅游经济参与中形成自身的特色。该经验对于恩施土家族的族群文化塑造有着积极的借鉴价值，因此恩施土家族在传承本民族文化时，应该以土家族的土司文化为核心收集整理本民族的文献资料，并同居住于其他地区的土家族族群分支加强联系，共同保护、传承和传播土家族文化。

3. 土司城符号形象传播能力欠缺

虽然近年来越来越多的游客前往恩施州旅游，但土司城的符号形象传播并不理想。很多游客在前往恩施州旅游之前并未听说过土司城，更多的人在资料收集时接触的信息是土司制度和女儿城。游客在进行相关信息收集时面临着旅游信息驳杂的问题，在旅行社等旅游服务机构的信息引导下，女儿城成了恩施土司文化体验游的突出代表，土司城的相关信息却多被掩盖难以被挖掘。这种信息获取的障碍性问题，导致很多游客只有在前往土司城进行旅游消费体验后才能了解恩施土司城，也导致了土司城符号形象传播能力的欠缺问题。

笔者就土司城文化符号传播的情况进行问卷调查，数据分析表示很多受访者认为进行土司城文化符号传播的最优途径是网络电视媒介；其次，占35.8%的受访者表示手机移动终端是进行土司城文化符号传播的最优途径。相较于前两者，仅有19.3%的受访者认为采用传单等纸媒进行土司城的文化符号传播是最佳方式（见表4）。民众基本认识到了与纸质媒介相比，现代网络媒介在信息传播中的优势，但在现实的传播实践中缺少必要的设备技术基础和使用技能，是当前恩施州土家族民众进行包括土司城在内的本民族文化传播的障碍所在。研究中发现的另一问题是很多受访者在土司城文化符号传播中存在着权责认知不足的情况，认为进行土司城文化传播的主体是政府部门，政府部门占有主导性的地位，自身处于一种被动接受和服从的状态。虽然在民族文化传播中需要政府的权力在场和积极引导，但也需要充分发挥民众的主观能动性，在土家族文化传播中扮演更为积极主动的参与角色。

表4　受访者对土司城文化符号传播的途径选择分析

项目	样本量(人)	占比(%)
传单等纸媒	34	19.3
网络电视媒介	79	44.9
手机移动终端	63	35.8

三　旅游经济视域下恩施土司城符号塑造的思考

基于数据资料分析可以发现，土司城作为一种文化符号，在恩施州的旅游经济发展中有着不可替代的资源意义，但目前在旅游经济场域中的恩施土司城资源开发以及符号塑造还需进一步引导和完善。如何改善土司城与女儿城的同质化发展现象，如何强化和推广恩施土司城的文化符号现象，是在乡村旅游经济视域下盘活土司城文化资源、实现乡村经济振兴和民族文化自信强化必须思考的问题。

（一）突出土家族地域文化元素，增强土司城文化识别

土司城现有的景观虽是20世纪90年代中期由当地政府再建的，其中修缮复原的建筑物多为重建和仿制的，但其中仍蕴藏着丰富的土家族文化元素，尤其是后期移植的以《巴风古韵》为代表的一些展演性、仪式性的元素，使土司城内的土家族文化呈现动态传播。随着交通条件的改善，当地的游客量快速增长，越来越多游客的到来，不仅拉动了地方服务业经济的增长，也逐渐消磨着恩施土家族与外界社会的文化壁垒。在游客与东道主的互动之中，土家族文化与其他文化不断进行着碰撞和融合。

在乡村旅游视域下进行民族符号的再造，首先要突出土家族地域文化特色，增强土家族文化的文化生命力和活力。在旅游经济利益的刺激下，土家族民众大多已然认识到自身民族文化的意义和价值，也成为积极保护和传播土家族文化的主要力量。因此，可以把旅游经济的利益相关者当作土家族文

化保护传承的基础，逐步扩大当地族群文化的影响力，引导原住居民由文化持有者变为文化保护者，由群体性的文化自信向文化自觉发展。作为历史建筑的恩施土司城以实体形态存在于地区民众的社会生活之中，与非物质文化相比，历史建筑文化更易被他者识别，也更易被利用起来开展与外界进行文化交流和互动。

（二）引导产品项目的差异化发展，构建全域旅游基点

虽然目前在恩施州的旅游经济发展中，土司城与女儿城由不同的企业参与运营，但其主要的资本控制者和监管者仍然是州政府的主管部门。研究发现，土司城与女儿城的产品服务供给存在较强的同质化现象，与政府部门的引导不足有着一定的关联性。因此，当前政府部门应更加积极地参与土司城和女儿城这两个项目的运营，引导产品项目差异化发展。推动全域旅游发展，成为我国旅游行业"十三五"期间进行供给侧改革的重要举措。从空间层面上看，恩施州旅游市场的空间规模较大，若要发展全域旅游需选择若干项目基点进行串联。土司城是区域内文化识别度高且体量较大的一处，因此可将其打造成为全域旅游的一处基点。

对于景区经济发展而言，游客停留时间越长，产生的经济贡献也就越大。学者孙九霞等便在研究中提出："以旅游经济的食、宿、行、游、购、娱六特征为例，每一环节都需要游客的深度参与。游客在景区内停留时间越长、参与程度越深，在各环节中的经济贡献也就更大，景区的市场生命周期也就越长。"① 因此以全域旅游模式构建为宏观规划，将土司城与同地域其他旅游产品项目相联结，更为科学有效地实现旅游资源的优化配置，可更好地盘活恩施土司城这一地域文化资源，为区域旅游经济发展做出更为突出的贡献。

---

① 孙九霞、苏静：《旅游影响下传统社区空间变迁的理论探讨——基于空间生产理论的反思》，《旅游学刊》2014 年第 5 期，第 78~86 页。

（三）充分利用移动传播技术，降低信息传播障碍

值得注意的是传统的民族文化传播以口口相传为主，然而在当前的社会经济文化环境中，口口相传的传播方式已然无法满足民族文化传播的要求。若将恩施土司城比作一个土司文化的空间，那土家族文化局限于空间内传播则是远远不够的，还需借助现代传媒向外界延伸，使外界更多地接触包括土司文化在内的土家族文化。现代信息传媒技术的快速发展虽然打破了人类社会信息传播的时空界限，但造成人类社会信息传播内容驳杂的现象。若仅依靠口口相传的方式推动土司文化的传播，显然无法在驳杂的社会信息流中获取受众的关注。因此还需借助现代传媒技术传播恩施土司文化，如充分利用移动传播，以本地居民为基础打造土司文化传播的虚拟社群网络，实现土司文化的社群式传播和推广。

托夫勒在20世纪60年代提出的数字鸿沟理论指出，同一国家内的不同阶层、民族和地区，受技术等因素的影响，在信息资源的获取和传播上存在着明显的差异。这一理论在恩施土家族的民族文化传播中同样存在，恩施州社会经济发展相对滞后，本地民众尤其是土家族民众大多受教育有限，在移动通信技术设备的使用方面存在着能力不足的问题。结合现代社会文化传播的特征，需要鼓励恩施州土家族民众更多借助微博、微信等传播平台进行本民族文化的传播，在减少信息传播障碍的同时，提升恩施土家族的文化影响力。

四 结论

土司城作为土司制度的物质性遗留物，虽然存在着空间上的固定性和时间上的难以延续性，但其承载的土司文化直到今日依然具有较强的文化生命力。饮食、服饰、文字、仪式等要素共同形成的土司文化，以符号的形式被他者识别和传播。本报告在乡村旅游视域下对土司文化的符号功能意义转变进行思考，并对土司城符号功能转变过程中的利益相关者感知评价进行量化

分析，形成研究结论如下。当前以恩施土司城为基点进行符号再造，首先需要突出恩施土司城的地域文化特色；其次要基于全域旅游的宏观背景，盘活地域内的旅游资源，形成差异化的旅游产品服务供给，以提升土司文化的影响力；最后，在土司文化传播过程中，恩施州的原住居民存在着传播技术资源弱势的情况，需充分利用移动传播技术减少土司文化的传播障碍，使恩施州以土司城为代表的土司文化更为广泛有效地向外界传播。

体验经济视角下土司文化旅游发展研究

——以贵州遵义为例*

王亚辉　吴晓琳**

摘　要： 土司文化作为西南地区独特的政治文化内容，具有丰富的文化内涵和较强的旅游开发价值。本报告在对土司文化深入分析的基础上，诠释土司文化在知识教育、消遣娱乐、逃逸放松和审美猎奇四个方面的体验价值，基于体验经济理念，提出了挖掘土司文化内涵、构建多元化文化展示方式、完善以土司文化为核心的产业链体系、营造特色旅游文化社区、整合打造统一的文化旅游形象的发展路径。本报告旨在为土司文化旅游的研究提供理论积累，为遵义土司文化旅游发展提供实践路径，为遵义的"大旅游"发展提供参考。

关键词： 体验经济　土司文化旅游　遵义

随着经济、社会的发展，人们生活水平的不断提升，旅游活动呈现大众

* 基金项目：2017年江苏高校哲学社会科学研究项目"供给侧改革下旅游服务供应链优化及实证研究"（项目编号：2017SJB1600）；2018年四川省哲学社会科学重点研究基地彝族文化研究中心资助项目"彝族文化价值观对区域发展影响研究"（项目编号：YZWH1816）的阶段性研究成果；2018年四川省哲学社会科学重点研究基地彝族文化研究中心资助项目"彝族民间文学中女性观的建构与表达"（项目编号：YZWH1819）的阶段性研究成果。

** 王亚辉，华中师范大学国家文化产业研究中心在读博士，淮阴师范学院讲师，研究方向为文化旅游研究；吴晓琳，中国矿业大学行政管理专业在读博士，助理研究员，研究方向为文化社会学。

化、品质化的趋势，现代的旅游消费者越来越注重丰富多彩的精神享受，在旅游活动中，游客追求的不仅仅是感官体验，还希望旅游产品能够帮助他们满足对新生活的情感、成就、精神等更为全面的体验。

一　体验经济与文化旅游

21 世纪，人类进入体验经济时代，体验消费成为未来趋势。"体验经济"是美国未来学家阿尔文·托夫勒于 1970 年首次提出的概念，近年来逐渐成为一种继农业经济、工业经济和服务经济之后新的经济形态：一种以商品为道具，以服务为舞台，通过满足人们的体验而产生的经济形态。[1] 体验经济与以往的经济形态最大的区别是，在注重结果的同时更在乎过程，伴随功能消费更注重体验，更大程度上以体验本身作为消费对象。体验经济中，消费者实际上是在有意识地购买时间、消费时间，对于商家而言，不是他们给予了消费者什么，而是消费者记住了什么，谁能够在单位时间内让消费者得到更高的精神上的满足，谁就能赢得竞争。[2]

文化旅游作为旅游的一种综合性模式，以文化过程或文化性作为旅游吸引点，以其情感性、差异性、参与性、本真性为产品操作模式，用文化表征方法揭示旅游资源的文化内涵，提高旅游产品和旅游活动的文化含量，使游客通过旅游活动获得开阔眼界、增长知识、增强文化精神等各种体验。[3]

文化是文化旅游的核心吸引力，文化旅游需要设计丰富的体验来展示产品的深层文化内涵，然而，目前多数文化旅游产品的文化内容和表达方式较为粗浅，难以在消费者心中形成印记。在体验经济时代，游客对旅游产品的需求向高层次、深度化、品质化方向发展，强调旅游产品的文化情趣，追求

---

[1] 〔美〕B. 约瑟夫·派恩、詹姆斯·H. 吉尔摩：《体验经济》，夏亚良等译，机械工业出版社，2002，第 129～141 页。

[2] 王珊：《体验经济视角下的文化产业发展——以济宁文化产业为例》，《管理观察》2017 年第 25 期，第 102 页。

[3] 黄平芳、胡明文：《体验经济时代的文化旅游及其开发取向——以稻作文化的旅游开发为例》，《农村经济》2008 年第 1 期，第 68～69 页。

特色的旅游经历以及更深层次的旅游体验。那么,什么样的旅游设计才能使消费者深刻理解旅游产品的文化内涵,对地方文化有深度的解读?什么样的文化旅游产品才能为游客提供多样化、深层次、持久性的文化体验,形成难以忘怀的旅游经历呢?如何在这种丰富的文化体验过程中引发消费行为,形成经济增长点?这些都成为对于当前文化旅游发展值得思考的重要问题。

二　文化与旅游的关系分析

文化是旅游的源泉,更是旅游的归宿,旅游是文化的展示平台,更是文化发展的重要推动方式。厘清文化与旅游的关系,把握文化旅游的发展脉搏,更利于文化与旅游互动发展,打造特色文化旅游产品。

文化是旅游产生的原动力。人们的旅游动机源自对于未知的探究、对于好奇心的满足。区域文化差异成为多数旅游活动的起点,人们不断创造条件,满足因为文化差异而产生的旅游需求。在人们到达旅游目的地后,地域文化资源成为文化差异的重要体现,成为旅游产品打造的依托,只有围绕地区核心文化打造的旅游产品才能真正成为旅游目的地的吸引力所在。文化需求更是旅游活动的归宿。人们在旅游目的地通过购买、体验旅游产品,感受旅游产品传达的文化信息,同时一定程度上融入地方社会生活,接触更为全面的文化内容,满足人们的文化需求,成为旅游的归宿。具备丰富文化内容的文化之城、蕴含深厚人文情怀的人文之地,应以自身文化要素增加城市魅力,推动地方旅游发展。

旅游活动是一种经济活动,更是社会文化活动。旅游活动架起了一座旅游客源地与目的地之间的文化桥梁,成为旅游目的地对外交流的重要平台,成为游客深入感受目的地文化的重要途径。加强目的地城市的文化影响力,可以进一步提升目的地的旅游吸引力。旅游活动成为目的地社会生活的重要内容之后,当地人不仅会获取旅游活动带来的经济效益,更能体会到旅游活动带来的社会效益,感受到地方文化的巨大魅力,以地方文化为荣,地方居民的文化认同和文化自信得以逐渐提升,人们以更强的责任心守护地方文化,自觉地推广地方文化,最终实现文化与旅游的良性互动发展。

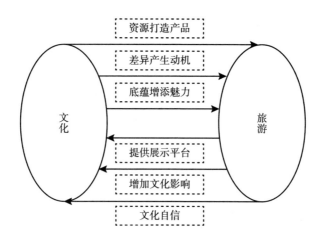

图 1　文化和旅游关系分析

三　土司文化旅游

（一）土司文化概述

土司文化依托元明清时期创设实践的土司制度和西南边远少数民族地区建立推行的土司政治，是由国家政治精英、少数民族上层分子及世代民众共同创造的物质与精神财富总和。[①] 土司文化由土司制度而生，依托于多样的物质文化，以制度文化、精神文化、民俗文化为核心吸引力。

独树一帜的制度文化。制度文化因土司制度而始，更是土司文化的代表。土司制度的核心是历朝羁縻制度，伴随周围的宗法制度，以及土司政权的衙署及运行机制，展现的是一组独特的民族地区自治的繁荣场景，亦是优越政治制度的体现，是土司文化的源泉。

神秘幽远的精神文化。精神层面的土司文化是土司制度实施的精神基

[①]　彭福荣、李娟：《也论"土司文化"内涵》，《遵义师范学院学报》2016 年第 8 期，第23 ～ 24 页。

础，长期以来逐步形成的相对稳固的文化内容，在相当长的时间内影响地方居民的社会心理和价值取向，成为土司文化地区人们的精神支撑，对人们的生活、生产方面产生很大的影响，成为土司文化的精神内涵所在，成为文化旅游的内核资源。土司文治教化的活动、土司及其族裔的宗教信仰、构筑的宗祠寺庙、长期形成的宗教典籍，成为精神文化的集中体现，是土司文化的精神，更为土司文化旅游增加了神秘色彩。

丰富多彩的民俗文化。民俗文化是土司制度在区域内的延展，极具地域特色。多彩的风俗民情、丰富的生活经验、独特的审美情趣和社会理想无不展现着中原文化与西南地域文化的融合。在此基础上形成的生活习俗、岁令节庆、方言土语、传奇故事、民族歌舞、礼仪规制等文化内容，成为文化旅游发展的重要元素，成为土司文化的重要载体。

从总体上说，土司文化既有物质的、具象的内容，也有社会心理和精神文化方向的内容，未来内容将不断丰富。在历史长河中，土司制度处于不断的变化和调整之中，因此，土司文化涵盖的上述内容也都处于不断的变化之中。[1] 随着认识不断扩展、研究不断深入，更多内容的土司文化资源会进入人们的视野，成为土司文化旅游发展的动力来源。

（二）土司文化旅游体验化释义

旅游体验是一种通过旅游活动为人们呈现非惯常环境的综合体验过程，此体验过程给游客带来从感官到情感、从成就到心灵的多重体验。土司制度和土司政治拥有的时间跨越性、空间变迁性为土司文化打上神秘和独特的标签，同时不利于人们对土司文化的理解。体验旅游的模式为土司文化的发展打开思路，而游客在旅游过程中，面对内涵丰富、形式多样的土司文化，会去感知探索，这一过程，触动游客内在情感和情绪。根据游客认知深度与参与程度，本报告将土司文化体验旅游划分成四种类型。

---

[1] 李世愉：《试论"土司文化"的定义与内涵》，《遵义师范学院学报》2016年第4期，第19~20页。

1. 知识教育

基于人们日常生活空间的熟悉和厌烦，在条件成熟时，人们更乐意通过空间或方式的转换来接触更多的新鲜事物、开阔视野。而土司文化作为一种独特的区域文化，拥有清晰的历史背景、完善的文化体系、深远的区域影响力、丰富的文化内容，其中包含民族事务自我治理的制度和经验、少数民族地区类型多样的文化资源，这些都会让游客在游览过程中感受知识的熏陶、体会土司文化。土司文化拥有独特的旅游知识信息，使游客了解大量的少数民族物质文化、精神文化、制度文化，是游客深度体验西南少数民族文化、扩充少数民族历史知识、理解各地文化联系的重要途径。

2. 消遣娱乐

遵义拥有优越的气候条件、良好的生态环境，适合发展旅游度假、娱乐休闲等旅游活动。土司文化中的花灯、高矮人舞等民间表演都与现代元素相融合，引导游客参与融入其中，娱乐身心，体验地域文化。品类繁多、取材丰富、口味独特的"播州土司菜"给人们带来的不仅是味觉盛宴，更是一场文化大餐。将土司文化发展成群众喜闻乐见的通俗民间艺术并流传下来，能让游客在游览过程中充分体验土司文化的独特和神秘，在消遣娱乐中领略土司文化的博大精深。

3. 逃逸放松

现代社会，人们每天过着重复的生活，极易产生疲惫感，人们对生活开始感到麻木、厌倦，渴望一种新的生活能够调节这样的心态。而土司文化所在区域山高林深，周围遍布高山峡谷、溪流泉瀑，田园风光与古堡建筑相映成趣，构成了自然与历史相互交融的独特风貌，能够让游客与大自然亲密接触，开展异于惯常环境的活动与体验，获得身体的放松和精神的愉悦，更能让游客体验土司文化寄情山水的异样情怀，成为身体和心灵休憩的港湾。

4. 审美猎奇

土司文化不仅给人以知识启迪，更带给人美的享受，使游客流连忘返。海龙屯所在的龙岩山山势陡峭，而山顶却平整开阔、易守难攻，成为构筑军事堡垒的理想场所。海龙屯虽然历经了平播之战的摧毁和近半个世纪的风雨洗礼，东西九大关隘、环城约六公里的城垣屹立不倒。九大关攀爬不得不手脚并用，足以窥见海龙屯山地建筑之雄姿、军事防御体系之精妙、军事防御理念之深邃。有"地下宫殿"之称的杨粲墓，体量较小，周围环境幽雅宁静，更以精湛的石刻艺术作品闻名于世，尤其以技法纯熟的人物肖像著称，在远离政治中心的西南地区拥有如此雕刻珍品实属难能可贵。在游览土司文化遗迹的过程中，游客能够融入一种历史的、情感的、艺术的体验中，来寻找感悟土司文化独特之美、神秘之美，以此获得情景交融、身心愉悦的旅游体验。

四种体验类型从不同视角赋予了土司文化旅游产品独具特色的价值内容，从认知和参与两个维度来看，认知程度很大程度上取决于游客自身的知识层次和认知水平，而参与度更多来自旅游产品设计的趣味性和挑战性。体验的标准理论——"畅"，是由心理学家克珍特米哈依提出的最佳体验标准，即"具有适当的挑战性而能让一个人深深沉浸于其中，以至于忘记了时间的流逝，意识不到自己的存在"①。因此，四种体验交叉形成的"畅爽体验"，是游客追求的完美旅游体验。注重一种体验旅游产品是标准化要求，兼顾多种体验的旅游产品才是品质化追求。

四　体验经济视角下土司文化旅游发展路径

近年来，旅游业成为西南地区的主导产业，遵义海龙屯土司遗址更是跻身于世界非物质文化遗产行列，这些都为地方土司文化旅游的发展创造了机遇。从遵义地方旅游资源结构来看，遵义文化旅游发展始终绕不开土司文化这一核心；从体验经济的视角来看，发展文化旅游不能只关注为游客提供了什么产品，更要关注使游客记住了什么，土司文化旅游就是要使游客游后产生难以忘怀的印象。试想，游客进入土司遗址面对的仅仅是一个文化遗址，

---

① 邹统钎、吴丽云：《旅游体验的本质、类型与塑造原则》，《旅游科学》2003 年第 4 期，第 7~8 页。

以及偶尔穿插其中的民族舞蹈，无论是它们的建筑功能分区还是民族文化展示，始终与土司文化与产品体系处于割裂状态，难以形成完整的文化体验。基于此，土司文化旅游发展应遵循挖掘土司文化内涵、拓展土司文化表现形式、延伸产业链条、打造服务旅游的文化社区、整合统一的文化形象这一发展路径，实现土司文化的立体化展现。

（一）深度挖掘土司文化内涵

挖掘文化内涵、为游客塑造高峰旅游体验[①]成为一种必然趋势。土司文化种类多样、内容丰富，选择合适文化要素作为重点深入挖掘，成为首要任务。要塑造高峰旅游体验，涉及主客体双方，应从主体（体验设计者）、客体（消费者）双方的角度分析。从主体的视角看，传播土司文化、发展地方经济，需要从地方最具特色的文化元素入手，海龙屯土司文化遗址、土司制度可以列为首选；从客体视角看，要获得异文化的旅游体验，获得身心放松、情感升华的感受，适合选择最能满足游客体验需求的文化内容进行设计打造，按照从物质文化、民俗文化、制度文化到精神文化步步深入的理念来打造旅游产品。遵义土司文化中，可以先选择贴近生活、易于理解的衣冠服饰、土司菜品、地域建筑，而后不断引入礼仪礼俗、宗族礼制、羁縻制度，最后才加入土司精神文化体验，这也是土司文化内容中体验产品设计的难点。从土司文化到旅游产品，从旅游产品到旅游消费，消费体验才是最终检验产品水平的唯一标准，选取既彰显地域特色又易于满足游客体验的文化内容也就成为土司文化开发中的重要任务。

（二）拓展土司文化表现形式，实现文旅融合发展

伴随着我国旅游活动发展的不断深入、游客不断成熟，旅游表现为消费的自主化、个性化、深入化，这就要求旅游产品的设计在兼顾标准化服务理

---

① Yaniv Poria, Richard Butler, David Airey, "Clarifying Heritage Tourism", *Annals of Tourism Research* (2001): 1047～1049.

念的同时，要设计文化内涵丰富、高参与度的旅游产品，打造个性化的优质产品，提供高品质的旅游服务。基于文化与旅游共融共生的特性，依托文化资源，借助创意魅力，打造"文化产业打造产品＋旅游产业提供推广平台"的文旅融合发展模式。土司文化旅游中，文化产品是核心吸引力，文化消费是关键，文化体验是归宿，旅游产业发挥重要的文化产品与文化消费的桥梁作用，要促进文化创意产品设计、文艺作品创作、文化剧目展演、土司文化IP打造、文艺人才培养，走旅游与文化融合发展之路。

土司文化与文创产品结合。文化创意旅游产品，文化是基础，创意是核心，产品是结果。土司文化创意旅游产品的发展思路是基于土司文化元素，开拓创意思路，转换文化的依托形式，丰富文化的展现手法，增添文化产品情趣，以文创旅游产品的消费最终实现对地方文化的消费。要借助多样、独特的土司文化要素，结合游客的消费需求，创造出既体现土司文化时代印记又具备时代气息的文创旅游产品。

土司文化与文化IP同行。就饮食文化而言，它既贴近人民大众日常，又是丰富文化的浓缩精华，更是文化最为直接的传播媒介。据播州土司文化权威"代言人"、遵义市历史研究会副会长葛镇亚介绍，在播州土司统治世代，人们掌握了酿酒、制茶、盐酸菜等食品的制作工艺，以凯里酸汤鱼、仡佬族灰豆腐、务川油茶等为代表的传统菜品，是播州土司菜品的传承，更是土司文化的展示。基于播州土司菜品，围绕土司政治、土司民俗等文化元素，准确定位土司文化IP，打造"播州土司文化主题餐厅"，打造具有异域特色的文化盛宴，以味为媒、以文化人，实现"美味品尝—文化体验—旅游活动—文化传播"的土司文化发展模式。

土司文化与文艺作品联盟。现代娱乐消费时代，高品质的文艺作品成为人们文化消费的追求。为了对播州土司文化中的历史故事、民间传说、民间歌舞等文化资源进行有效保护和开发，可对遵义土司文化元素进行抽取和艺术加工，打造特有的土司文化艺术产品。通过书籍、音乐、电影、舞台剧等形式向消费者展示土司文化的神秘和神奇，实现从一般消费者到土司文化游客、从土司文化游客到土司文化消费者的升级转变。例如，以播州杨氏家族

725 年波澜起伏的历史为轴线，打造土司文化剧目。历史是不变的历史，作品是变换的展示，讲好土司文化故事，传播土司文化内容。

（三）延伸产业链条，实现多产业融合发展

旅游产业是关联度高、带动性强度的产业，涉及产业内容广泛，产业融合发展是现代旅游产业不可逆转的趋势。以旅游产业为主，结合工业、农业、创意等产业，对产业要素进行重新整合，优化资源配置，实现产业融合，提高文化旅游产业的综合效能。与此同时，由于旅游产业与相关产业的联动发展，旅游供给内容得以进一步丰富。在土司文化旅游发展中，旅游发挥了承上启下的作用，旅游需要发展上游创意产业，实现对土司文化内涵和形象的深度挖掘和打造，同时对下游农业、工业等产业实现延伸，形成产业联动效应。

发展上游创意产业，打造、突出文化旅游形象。文化旅游的文化特殊性对于产品的文化展示有较高的要求，土司文化不仅需要挖掘内涵，也需要创意产业的包装打造，将文化元素以物态的形式展示。可以将土司制度以具象的形式表现，将土司遗址造型抽象处理，形成土司文化旅游的统一标识；将民族歌舞的动作艺术处理，形成旅游纪念品的原型；对民间传说和历史故事进行艺术加工、编排形成文化剧目，形成以土司文化旅游为消费端口、以文创产业为产品源头、逆向带动地方创意产业发展的路径。

延伸下游文化农业，提升农业发展品质。抽取典型的土司文化元素，将土司文化元素转化为品牌符号，形成拥有独特文化内涵的品牌寓意和产品形象，通过旅游活动加以强化和推广。将图案、故事、形象等土司文化元素赋能于茶叶、药材等遵义特色农副产品，既提升农产品的文化内涵，又更好地宣传播州土司文化。农副产品为旅游活动的开展提供丰富的产品，旅游活动为农副产品的产销提供升级，实现旅游产业与农业的良性互动发展。

（四）打造服务旅游的文化社区

从根本上讲，旅游活动是一种社会文化活动，是人们暂时离开惯常环境

的某种生活经历，换一种方式生活。转换空间成为旅游活动的必要条件，物理空间转换固然重要，而文化空间转换才是根本。随着旅游消费的不断升级，文化空间消费的比重不断攀升，旅游目的地文化空间成为旅游消费的重点。旅游地文化空间的打造不仅仅依赖一个个旅游景区，需要一个个地方原住居民，更需要由这些群体构成的文化社区。利用丰富的土司文化打造乡村民俗文化广场、民俗文化博物馆，努力让土司文化走进城市公共区域、乡村公共空间，让地方民俗、歌舞等土司文化内容不只展现于舞台，更流行于人们日常生活，落在每个居民心底，从文化自知到文化自觉，从文化自觉到文化自信，使其成为东道主独特的文化符号标识。文化自信的社区展示城市文化魅力，也是一种原汁原味的文化旅游资源，播州土司文化区域的社区与海龙屯遗址、播州土司城等文化旅游景点融为一体，为游客带来完整、统一的土司文化体验和文化旅游形象。

（五）统一土司文化旅游形象，强化政府统筹协调功能

对于高联动的旅游产业的发展，政府部门的统筹协调作用自然不可或缺。在打造土司文化统一的旅游形象的过程中，地方旅游企业是旅游活动开展的主体，但由于旅游企业"搭便车"现象的存在，政府不可避免就要担任旅游发展的主导角色。要想塑造旅游目的地统一的土司文化旅游形象，政府要从旅游市场、生态环境、公共服务、地区文化等方面入手，强化政府部门从宏观角度对土司文化旅游发展的协调管理能力，促使政府部门对土司文化旅游发展做出全面、及时的指导；同时要发挥行业协会的市场引导作用，推动交通、服务和文化等相关部门行业各尽所能，全方位提升文化旅游体验水平，推动地方文化旅游发展。

从播州土司文化看民族地区文化融合

赵钧懿*

摘　要： 海龙屯遗址是播州土司文化的重要载体，通过对海龙屯出土文物、建筑特色、墓葬文化三个方面的分析发现，在杨氏土司统治下的播州地区，中原文化得到传播发展，促进了民族文化的融合。而这一时期的文化融合对于西南地区的民族融合起到了重要作用，在促进民族地区文化发展、推进民族认同形成的过程中，也保留下了地方性的独特民族文化，进而形成了播州地区独特的历史文化现象。

关键词： 土司文化　民族融合　文化发展

历史上，播州属地曾为古夜郎国的一部分，唐代划归治下，遂改名播州。《明史》记载："秦为夜郎且兰地。汉属牂牁。唐贞观中，改播州"。[①]唐朝时期，边境屡被侵犯，杨端率兵收复播州，后被封为播州侯，世袭播州领地，辖内自理政务军务，开始割据一方，统辖播州。杨家共传二十九代，历经唐朝到明朝几百多年的岁月，逐步发展为贵州地区最大的土司之一，最后于"万历三大征"之一的平播战役后结束统治。杨氏统治播州期间，注重推广中原地区的儒家思想与文化，促进了少数民族与汉族的交流融合，而播州土司文化则是在文化融合的背景下由土司统治而形成的一种文化现象。土

---

* 赵钧懿，贵州民族大学广播电视专业硕士研究生。
① （清）张廷玉：《明史》卷 312～314，中华书局，1974，第 21～28 页。

司虽然最后湮灭在历史的长河中，但其绵延数百年的文化底蕴没有消失，在今天许多地方也依旧留存着许多的遗址遗迹。其中不仅有世界文化遗产海龙屯遗址，还有杨粲墓、杨氏家族墓葬群等，并且至今仍广泛流传的民间传说、典籍记载也不胜枚举。更为重要的是，几百年来汉族文化与少数民族文化交融而形成的独特的土司文化影响着播州如今的发展，使黔北文化一直以来都兼收并蓄、多元发展。因此，播州土司文化既展现出播州地区历史发展过程中的文化传播，也反映了播州土司统治下的社会状况、生产力水平，且蕴含了丰富的历史价值、文化价值。

一　以海龙屯出土文物观民族文化融合

海龙屯在第39届世界遗产委员会上申遗成功，其因平播战役成名，不仅见证了杨家数百年兴衰的历史，更是一个军事史上的奇迹。

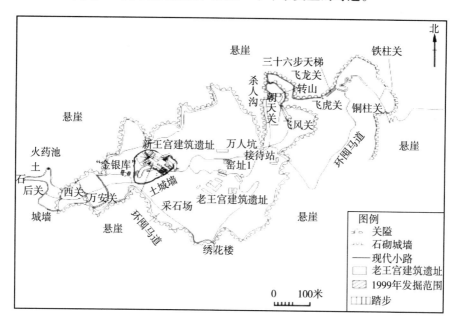

图1　海龙屯遗址平面

资料来源：陈季君、裴恒涛：《跨文化视阈下的播州民族文化变迁——基于海龙屯考古及播州土司墓的考察》，《贵州民族研究》2014年第35期，第189～193页。

海龙屯始建于 1257 年，位于遵义市老城北海拔 350 米的龙岩山之上。地势极为险要，三面环水一面环山，是冷兵器时代占据天险之地，因此播州杨氏便将自己的行宫修建于此。特别是到了明代晚期，土司杨应龙又对海龙屯进行了大规模的扩建。平播战役之后，海龙屯被攻陷，随后被焚烧毁坏，与播州杨家一同湮灭在历史的洪流中。如图 1 所示，海龙屯遗址分为九个关卡和老王宫、新王宫、万人坑、采石场、绣花楼等遗址。海龙屯有一套完整的屯堡体系，民居、庙宇、仓库、兵营、水牢等一应俱全。杨家于播州山区养上万马匹，其实力可见一斑，时人称其为"杨天王"。此外，石墙相互连接，马路相互连接，城外的大门挖深沟，架设悬索桥，可谓气势磅礴、固若金汤。近年来，随着考古工作的进展、大量文物的出土，为后人展现出独特的带有民族融合特色的土司文化。

（一）海龙屯出土文物中的文化元素的交流

贵州省考古队组织开展多次考古发掘，出土大量瓷器碎片与古代钱币，其中瓷器碎片较多，大多为青花瓷、酱釉土瓷。青花瓷可以分为蓝色与灰色两种色泽，蓝色瓷器制作极为精良，为景德镇出品，后者制作较为粗糙，为本地出品。出土瓷器中可以辨别形状的有盘、碗、罐、瓶、香炉等，多为日常用品，但是出土瓷器，还是以本地的瓷器为主。由此可以看出播州地区广泛使用的还是本地所制造的生活工具，因为虽然本土制造的生活用具不太精细，但价格低廉且实用性强，适合一般百姓家庭使用，因此数量比较大。地位比较高的土司家族或者头人家族，在注重实用性的同时更加追求审美价值，因而从中原地区购入制作精良的青花瓷器。这说明，播州地区的少数民族同胞已经部分接受了中原文化的审美标准。

出土瓷器代表蓝釉瓷器造型美观、制作精良，纹饰采用人物、花鸟鱼兽居多。瓷器中的花纹也代表了当时播州地区的统治阶层已经接受了中原地区的审美规则，对于"福禄寿"、龙鱼鸟等寓意美好的图案已经有了认同感，这也进一步体现了播州统治阶层的汉化程度。儒家文化的发展也是其选择瓷器图案的一个佐证。出土文物中钱币涵盖了从明朝到清朝的古钱币，如万历通宝、永历通宝等。遗址出土文物带有大量中原文化的印记，这说明播州土司执政时期并不封闭，反而频繁与中原地区开展了物质与文化交流。比如景德镇瓷器与中原地区货币在播州的流行，都能从侧面反映出土司治下的播州与中原地区的联系比较紧密，这与同时期南诏、大理等政权有着根本区别。首先播州流通使用明朝货币代表着土司与中央王朝之间的经济联系十分紧密，在政治上，接受明朝作为中央政府的身份地位。其次播州出土的瓷器以及众多器具都显示出浓重的中原文化元素，比如八仙、龙蛇、牡丹等，这说明少数民族聚居的播州地区在土司统治时期，在文化上乐于接受中原文化的熏陶，在诸多方面与中原文化有融合的倾向，因而在文化与精神层面上能够接受中原文化在播州传播。

（二）历史文献中记载的文化融合

除出土文物之外，很多相关文献的发掘也出现了播州受中原文化影响的相关例证。比如播州杨轼崇尚儒家思想，史书记载："轼留意艺文，蜀士来依者愈众，结庐割田，使安食之。由是蛮荒子弟，多读书攻文，土俗为之大变。"[1] 可以看出当时由于播州地区杨氏家族大力推崇儒家文化，汉族的科举制度与功名思想在播州有所传播。除了播州地区的百姓主动学习儒学，还有很多蜀地的有识之士来到播州地区发展，充实了播州地区的文化人才，"蜀士南下"扩大了儒家文化在播州地区的影响力。西蜀地区的文化人才进入播州传播中原文化知识，带来了中原地区的风俗习惯，当地的少数民族群众也因此大量接触到中原地区的民间文化。此外，播州地区原有民族崇武尚武的风气有所改变，本地很多百姓转而开始接受中原风俗，着汉服、吟汉诗、作对联。可以说，在播州杨氏的统治下，中原汉文化与西南少数民族文化在相互借鉴中不断融合，为民族团结和地区稳定做出了贡献。如果没有杨家土司对儒家文化的大力推崇，播州地区接触、学习中原地区文化的难度会很大，民族融合的脚步势必放缓。从另一方面来说，也正是杨氏土司对于中

---

① 郑珍、莫友芝：《遵义府志》，遵义市志编纂委员会办公室整理，1986。

原文化的喜爱与重视，才引来大批士子入播，加速了地区文化融合的步伐。史料记载，时人以汉服为贵，读四书五经，崇尚儒家文化，且少数民族与汉族进行通婚的情况逐渐增多。在这一过程中，少数民族同胞在保留自身民族特色的同时吸收了中原地区文化的优秀成分，长期与汉族同胞一起生活。经过数百年的磨合，播州地区原先民族聚群而居、互不往来的孤立局面逐渐改变，在民族大融合的历史潮流下，终于形成了各民族和谐相处的稳定局面。

二　从播州地区建筑文化看民族文化融合

（一）建筑风格中的文化融合

建筑是一个地区文化风貌的突出标识。在中原文化流入播州地区的过程中，中原地区的建筑艺术对于播州建筑的形式也产生了影响，其民族建筑在保留民族风格的基础上，也体现出鲜明的中原文化印记。播州地区的建筑是地区民族文化的集中体现，很多播州传统民族建筑体现了其特有的民间信仰、婚丧嫁娶等社会文化的特征。杨氏入主播州之后，大量汉族同胞迁入播州地区，丰富了播州地区的民族成分，其中汉族和仡佬族同胞人数最多。因此，直到今天遵义地区还保留着很多少数民族特色建筑。例如，务川等地的仡佬族建筑还保留了很多传统建筑的设计要素。一般而言，仡佬族传统的房屋多为干栏式建筑，仡佬干栏建筑在地面上竖立高达几尺的大木之后再铺设木板，在木板之上建造房屋框架。因而，民间有"高山苗，水仲家，仡佬住在石旮旯"的说法，其中"石旮旯"说的就是仡佬族依山就势建房。播州地处山区，依据地理位置建造更适宜人类居住的房屋，汇聚了众多少数民族先民的智慧。仡佬族建造房屋也遵循坐北朝南思想，家中长辈多居住于左屋，由此形成了"以左为尊"的思想，这其实也是汉族文化在少数民族建筑意识形态上的一种体现，传统中华建筑思想中的坐北朝南思想以及以左为大思想体现在了少数民族建筑中，这也是中原文化融入的一个佐证。此外，民族特色建筑吊脚楼也是比较典型的例子。吊脚楼建筑是在干栏式建筑之后发展出来的一种建筑形式，民族传统建造方法是先在地面上按照一定的规定钉下一排木桩，随后于木桩上铺设木板，再在木板上重新立支撑柱再建造房屋。吊脚楼式房屋的第一层与第二层延续了干栏式房屋的功能，可以防止木头被腐蚀，同时能维持稳定的结构，在山区地形中可以保存更长的时间。随着民族融合逐渐加深，中原地区的农耕文化也开始影响少数民族人民，他们也开始学习汉族在家庭建筑中修建畜养牲畜的空间。但是由于吊脚楼房屋的一楼畜养牲畜之后产生的粪便气味会通过木板空隙流入二楼，这严重影响了少数民族人民的生活质量。为了提高生活水平、改善生活，播州地区的少数民族祖先取消了一层畜养牲畜的功能，房屋的一楼直接作为人们居住的空间。长此以往，少数民族同胞原本居住在地面之上的习惯也逐渐消失，开始像汉族人民一样建造平房。

（二）风水文化融入播州建筑理念

在民族文化融合的历史潮流中，中原建筑文化中最为特别的风水观念也渗入了播州地区的建筑风格之中。风水在古代又被称为堪舆、阴阳、相宅、地理等，源自道家阴阳五行的观念，是中国传统文化的重要内容，是包含人类对于居住环境的评估、研判、分析、计算、规划、选择以及处理的一门学问。风水概念讲究阴阳调和、抱阳负阴，因此建造的时候会选择背山面水的地理环境，而在播州地区的建筑中也发现了这种建筑观念的影响。海龙屯土司城作为播州地区建筑的代表也强调背山面水的风水概念。从风水观念的角度来看，海龙屯地势极佳，三面被群山环绕，另一面则依靠一条大河，可谓背山靠水，极为符合抱阳负阴的思想。这说明，海龙屯土司城的位置很可能是精心选择的结果。在考察少数民族地区建筑遗址的过程中还发现了播州地区建筑遗址有顺乘生气的风水设计。顺乘生气是我国一个重要的风水理论，讲究气是万物本源，这个理论认为季节变化、日升日落时间的变化、风向的变化使得生气的方位发生变化。而不同的月份，生气与死气的方位也会有变化，而所谓有生气之地多为依山傍水之地，而且山川草木的长势也影响着地方的生气，所谓顺乘生气便是要在生气的地方建造房屋，这样才能得到源源不断的生气，植物欣欣向荣，人居住于此也可以健健康康。建筑大多也考究采光，房屋内光明透亮谓之吉，阴暗则谓之凶。播州地区建筑多考虑顺乘生气原理，并将其作为修建房屋的一个重要考量标准，在一些无法找到有生气的地方，人们还通过自己的聪明才智，移山填海、架桥修路，人为地建造好的风水格局。这些遗迹体现出播州地区人民为了获得好的风水格局而做出的努力。

总的来说，播州地区民族建筑风格在传承自身民族特色的前提下，依据实际地理位置，采用了较多中原地区的文化建筑理念。中原地区建筑风水观念在播州地区的流行就是最好的例证，这种影响在少数民族地区人民建造房屋选址上体现明显。可以说，播州建筑中蕴含的中原文化思想说明了播州地区少数民族在生活实践活动和意识观念上都受到了中原文化的影响，这是杨氏土司大力推行儒家文化的结果，也是汉族人民与少数民族同胞和睦相处产生的文化成果。

三　由播州地区墓葬文化观民族融合

（一）墓志铭文化

除了建筑文化外，播州地区墓葬文化的发展过程同样体现了民族文化的融合趋势。墓葬文化作为人类礼仪风俗文化非常重要的一部分，可以直观地反映出当时的文化审美及文化追求。以播州土司墓葬为代表来看，目前经过考古发掘出的杨氏土司墓葬共有九座，在已发掘的各处土司墓葬中，播州土司墓葬的类型比较丰富，遗迹遗物也较多，这为进一步了解播州土司墓葬文化的空间提供了可能。中国传统丧葬文化中比较重要的就是墓志铭的撰写。通过研究播州土司墓的墓志铭内容可以看出中原儒家文化对于播州土司的影响。

墓志铭成熟于南北朝时期，通常由两块方形的绿色石头组成。汉族墓志铭内容一般叙述死者姓名、籍贯、家族，再叙述其生平事迹、官职履历。中原地区，有条件的家庭治丧时都要篆刻墓志铭。播州地区发现的古代墓志铭，大多为播州土司杨家的残缺墓志铭。贵州省博物馆现存八块，且残缺不全。虽然播州墓志铭存世的数量不多，但从仅存的残缺碑文也可看出，这些墓志铭符合我国中原地区墓志铭的格式规范，说明播州土司的丧葬文化受到了中原墓葬文化的影响。墓志铭的使用是对墓主人生平的认可，这也表现出边疆地区的土司阶层对于中原汉文化的心理认同感。

（二）墓葬器物文化

播州地区墓葬中的雕刻文化也反映出少数民族地区对于汉文化的吸收，遵义出土的杨粲墓大多有雕刻，共计190处，其中人物雕像28尊、各式动植物图案等162幅，其中发现了"半身童子启门"像，这种雕刻造型在河南宋墓出土的壁画中也发现过，属于中原文化的符号。在相隔甚远的地区中出现这种艺术造型，至少说明当时汉族文化与少数民族文化出现了互相吸收的趋势，播州民族文化在发展过程中借鉴了中原文化的优秀成分。值得注意的是，在吸收先进文化的同时，播州地区的民族特有文化在不断发展，杨氏墓葬中出土的铜鼓则彰显了播州地区民族文化的特色。铜鼓文化起源于古南越，是独属于南方的器物文化，在《溪蛮丛笑》中也有对于西南铜鼓的相关记载。铜鼓最早在青铜时代便已经出现，一直延续到了明朝时期，历经了数千年发展，广泛流传于我国西南少数民族地区。铜鼓最开始作为乐器使用，后来也被当作炊具来使用。随着生产力水平的提高，西南民族掌握瓷器制造技术之后，铜鼓便作为礼器在祭祀活动中使用，后来发展为葬器，象征墓主的社会地位。播州地区出土的铜鼓颇具代表性，为研究我国南方地区古代生活习俗文化提供了一定历史证据。遵义铜鼓是两宋时期发展出的一种形制，全身剖面分腰、胸、足三段，但腰渐短、束腰、足外撇且有纹饰，鼓面中心为十二出光芒，芒间无纹饰。遵义铜鼓目前存有35面，流传于播州地区。

通过对播州地区墓葬文化与中原墓葬文化的比较，可以看播州文化在广泛吸收中原文化的同时，保留了自身民族文化的特征。这说明各民族在文化上的互相借鉴有利于民族地区的稳定发展和民族和谐共处。

四　从土司文化看播州民族文化融合

（一）土司文学

播州土司制度自唐宋开始，到明朝结束，历经七百余年。其统治者不遗余力推行中原儒家文化，逐渐形成了以小农经济为基础、以儒家文化为内核的封建专制体制。土司制度造就的一系列土司精神文化，深刻地影响了播州地区的民族文化。在文学方面，杨氏土司始祖杨端留下过三篇文章，《罗氏忠爱堂谱序》就是其中之一。此文全文以忠孝为核心，文中有这样的内容："盖闻豪杰之诞生，莫大乎尽忠尽孝二者已。帮先民有言：'求忠臣，必先孝子之门。'又云：'事亲孝，则忠可移于君。吾于是而知君家忠孝之大也。'"这篇文章不仅赞扬了罗氏之忠孝，同时可以看出杨端作为当时播州地区的实际统治者对于中央政府的归属感和认同感。这也是中原忠孝文化在播州土司统治阶级思想观念中的体现。事实上，历代杨氏土司都非常重视文化建设。特别是土司杨粲在位的三十多年间，大力推崇儒佛道三教，兴建了为数众多的寺庙、道观等，当时社会流行读书识字之风气。杨氏土司的文化政策大大加强了播州地区的文化建设，儒家文化兴起，杨氏家族在播州的统治也因此得以稳固。

而在杨价任土司期间，则向南宋朝廷提出"岁贡士三人"的要求，获得批准，加强了播州与中原的文化联系。播州地区由于地域偏远，文教不兴。杨氏土司建立对播州的统治之后这种情况开始有所改变。例如，贵州历史上第一个进士冉从周就是杨氏土司推荐的。这在播州地区的文教领域是破天荒的一遭，因此《遵义府志》中形容此事为"天荒之破，杨氏之功也"。[①] 这证明了杨氏土司统治之下的播州，文教方面发生了翻天覆地的变化，播州地区人民也逐渐接受儒家文化，以入试科举为尊。播州地区进士的增加从侧面反映出播州当时社会已经不再呈现为偏远地区不服教化的形象，时人以读书致仕为荣，各民族之间交流越发密切，民族认同感显著增强。

---

① 郑珍、莫友芝：《遵义府志》，遵义市志编纂委员会办公室整理出版，1986。

（二）信仰文化

除了儒家文化之外，中原地区的民间信仰文化也流入了播州地区，播州是贵州、黔北土司宗教文化发展最早的地区之一。在播州地区有记载的最早的佛寺是桐梓县的金鼎山寺，此外，还有兴旺寺、玄凤寺、永安寺、蟠溪寺等。田通庵坟墓中的墓碑上雕刻的诗句有"失脚人间几十载，平生尝尽苦和甜。归去西方仍灭度，是非人我了无缘"的内容。由此可见，佛家文化的传播在当时的播州已经非常普遍。杨粲统治播州时，除了推行儒家文化、佛家文化，还重视推广道教文化，建造了包括普济庵在内的众多道观。特别是杨粲之后，杨氏统治者世代都有宗教信仰。杨家还修建了正一宫作为杨氏的宗教活动场所，之后不断地扩大规模，大殿改名为"昊天宝殿"，把昊天金阙至尊玉皇上帝作为崇奉对象。

在中原地区流行的儒释道三教文化在播州也开始广泛传播。杨氏土司统治的前期，三教文化都有传播，而后期以道教为主。另外，播州地区的宗教场所，道教玉皇大帝往往居中间主要位置，而佛像居于次要位置，也侧面证明了杨氏以信仰道教为主。除播州统治阶级笃信佛、道两教之外，播州地区人民也开始接受佛、道宗教的文化。从历史角度来看，中原地区广泛盛行的两大宗教在播州地区的传播，客观上促进了民族的融合。这些文化的影响时至今日还有遗存，今天播州地区仍然有部分群众人民信道信佛，逢年过节各寺庙道观烧香祈福的传统民俗活动热闹非凡。

在播州土司覆灭之后，播州地区民族文化融合发展速度并没有减缓，李化龙在《播地善后事宜疏》提及："播州，皆夷也，大兵之后，为贼用力者，芟夷蕴崇，已无遗种"，"平播改流，为时无几，遂入国朝。乱后儒家来填土满，宦游侨寓"。[①] 由此可见，随着各个历史时期人口的迁徙，播州地区的民族文化吸收了更多汉族文化，民族文化持续融合发展。

---

① 林建曾、肖先治：《贵州著名历史人物传》，贵州人民出版社，2001，第266页。

五　结语

　　尽管土司制度是一种封建专制统治方式，但不能完全否认其对于播州地区文化发展的历史作用。播州土司数百年的统治，对于民族地区的稳定和文化融合起到了一定的作用，周琼认为"土司制度的设立，保持了边疆、民族地区的文化传统及生存方式的稳定延续，从而使这些地区少受外来文化的冲击"。[①] 特别是杨氏土司数百年来的统治使得播州地区的政治、经济、文化都得到了极大程度的提升。播州地区早期的生产力比较落后，加之封建王朝的固有成见，将其视为化外之地，使得包括播州在内的广大西南民族地区长期被边缘化。而杨氏土司统治期间采取的很多政策改变了当地居民的生活生产方式，加速了民族地区的经济文化发展速度，这是土司制度及其文化对于促进少数民族地区及边疆地区社会进步做出的贡献。

　　另外，虽然播州土司大力推崇儒佛道等中原信仰文化，但由于土司具有极高的自治性，在一定程度上又保护了当地的民风民俗。身处少数民族地区的土司在制定政策措施时会考虑到本地区的民族文化，这也在一定程度上起到了保护当地民俗文化的作用。如前所述，杨氏土司墓葬出土的陶俑服饰以及铜鼓葬器，都体现了对地方民族特色文化的传承保留，特别是播州地区的石棺葬及婚嫁习俗等特色民族文化得以传承保留。再如，播州地区大量分布的仡佬族人服饰也还保留有穿着桶裙、用两幅横布"穿中而贯其首"的习俗，这些民族文化特色的保留与土司制度的管理密切相关。

　　总而言之，播州土司留下的众多文化遗产为后世的研究提供了丰富材料。通过上述分析，可以认为，西南地区历史上的土司制度对于我国中原地区与边远地区少数民族文化的融合发展起到了一定的正面作用，在促进民族地区经济文化发展的同时，增强了民族同胞的文化认同，保留了地方特色民族文化，形成了独特的历史文化现象。

---

　　① 周琼：《土司制度与民族生态环境之研究》，《原生态民族文化学刊》2012年第4期，第7页。

文化产业篇

Cultural Industry

藏羌彝文化产业走廊视阈下
高校文化产业人才培养*

王伟杰　杨杰**

摘　要： 藏羌彝文化产业走廊的建设急需大量的文化产业人才。经过
多年的发展，藏羌彝文化产业走廊七省区高校在文化产业相
关专业的人才培养中进行了卓有成效的探索，但也存在着人
才培养与市场需求脱节等问题。随着藏羌彝走廊建设进入中
期阶段，七省区高校应以培养多层次复合型文化产业人才为
主要目标，厘清文化产业相关专业的学科体系，加强文化产
业教材体系建设，鼓励各高校设置符合地区发展的新专业和
新方向，并构建一支结构稳定的"双师型"师资队伍，为藏

---

* 本文为国家民委人文社科重点研究基地"南方少数民族非物质文化遗产研究基地"建设项目
（项目编号：民委发〔2014〕37号）、贵州民族大学2015年度科研院（所）、基地（中心）
重点项目（项目编号：15KYGS005）的研究成果之一。

** 王伟杰，博士，贵州民族大学南方少数民族非物质文化遗产研究基地副教授，研究方向为文
化遗产与文化产业；杨杰，贵州民族大学传媒学院硕士研究生，研究方向为广播电视新闻学。

羌彝走廊的大发展大繁荣提供人才支撑。

关键词： 藏羌彝文化产业走廊　文化产业　复合型人才

2014 年 3 月，文化部、财政部联合印发《藏羌彝文化产业走廊总体规划》（以下简称《规划》），提出了"进一步促进西部地区、民族地区特色文化产业发展，把文化产业培育成为区域经济支柱性产业"[①] 的总体要求。藏羌彝文化产业走廊（以下简称"藏羌彝走廊"）地区文化产业突飞猛进的发展现实，对多样化文化产业人才的需求也更加迫切。作为培养文化产业人才的主要阵地，高校承担着为藏羌彝走廊发展建设培养所需人才的重要任务，更肩负着为西部民族地区文化大发展大繁荣提供强有力的人才支撑和智力支持的历史重任。探讨如何为藏羌彝走廊发展提供所需的文化产业人才，对于藏羌彝走廊的快速发展有着重要的现实意义和学术意义。

一　藏羌彝走廊高校培养文化产业人才的必要性和紧迫性

培养文化产业相关专业人才是继续执行《规划》方略的必然要求。2017 年是藏羌彝走廊进入中期规划的第一年，亦是进入全面建设阶段的第一年。与初期阶段相比，全面建设阶段的目标任务更加艰巨，需要"建成一批具有重要影响力的文化产业示范项目，形成完善的文化旅游产品生产体系和旺盛的文化消费市场，文化产业普遍成为区域经济支柱性产业，藏羌彝走廊成为世界级精品旅游区和我国文化产业发展新亮点"[②]，相应的对文化产业人才的渴求更为迫切。

文化产业人才的培养符合七省区文化经济融合发展的战略需要。据统

---

① 具体见《藏羌彝文化产业走廊总体规划》序言。
② 具体见《藏羌彝文化产业走廊总体规划》之"三、发展目标"。

计，2016 年我国实际经济增速最快的省（自治区、直辖市）是重庆，达到 10.7%，其次是贵州和西藏，增速分别为 10.5%、10%。① 前三位中，贵州和西藏位于藏羌彝走廊，重庆则紧邻藏羌彝走廊，并且是藏羌彝走廊的重要游客来源地和文化消费者来源地。在新的时代，比起金钱和物质，人们更需要的是精神层面的充实感，随着西部各省份经济发展步伐加快，文化消费水平将进一步提高，文化产业相关领域发展规模将更进一步扩大。七省区的文化产业近年来发展迅猛，但较多省区的文化产业仍不是支柱产业，在全面建设阶段面临着巨大的产业转型压力，更需要大量的文化旅游人才、文化营销人才、文化管理人才和文化技术人才。

充足的文化人才储备是保护与传承西部地区优秀传统文化的必要条件。藏羌彝走廊是一条文化与自然资源富集的世界遗产走廊，包括三江并流、四川大熊猫栖息地、中国南方喀斯特等世界自然遗产，布达拉宫、莫高窟、秦始皇陵及兵马俑坑、都江堰、海龙屯等世界文化遗产，还包括峨眉山、乐山大佛等世界自然与文化双遗产。同时，走廊内有极为丰富的非物质文化遗产资源，如格萨尔王传说、藏戏、西安鼓乐、甘肃花儿、青海热贡艺术、羌族庆祝习俗等被均列入世界非物质文化遗产名录。② 这些自然遗产、文化遗产、非物质文化遗产等的保护与传承，需要大量的深谙文化事业与文化产业协同发展的高层次文化人才。在中办、国办印发的《关于实施中华优秀传统文化传承发展工程的意见》中，更是明确提出"开展少数民族特色文化保护工作"的具体要求。依托七省区高校开展文化人才的培养工作，是完成藏羌彝走廊优秀传统文化传承发展具体任务的重要条件。

藏羌彝走廊新兴文化产业的发展，需要大量的创新型文化人才。以贵州为例，得益于得天独厚的自然条件和文化资源，贵州文化与科技的深度融合进程进一步加快。随着大数据产业集聚区的落户、大健康产业的强势崛起，以及以民博会、数博会、文博会为代表的会展业的迅速发展，贵州

---

① 《2016 年 GDP 排行：广东经济总量第一，重庆增速榜首》，光明网，2017 年 2 月 7 日。

② 范建华：《穿越藏羌彝文化产业走廊》，《中国文化报》2016 年 9 月 7 日。

在新兴文化产业领域即将实现"后发赶超"。贵州新兴文化产业借助大数据的技术优势、传统医药的资源优势和高铁的区位优势，发展越来越走向"快车道"。然而新兴文化产业的迅猛发展离不开强有力的文化创新人才作为后盾，贵州目前面临着严峻的大数据管理及分析人才、传统医药及其技术研发人才、会展业运营人才，以及相关的文化技术人才和文化管理人才缺乏的窘境。

二 藏羌彝走廊高校在文化产业人才培养中的努力探索

经过初期阶段的建设与发展，七省区各高校在文化产业相关人才培养中进行了初步的探索，为藏羌彝走廊相关产业的发展提供了重要的人才保障。

第一，在政府的主导下开展政产学研结合的人才培训。人才匮乏是制约藏羌彝民族地区文化产业发展的一大瓶颈。早在 2012 年，在文化部文化产业司的大力支持下，四川—香港文化产业高端人才培训平台成立，为四川培养文化产业人才提供专业保障，为推动藏羌彝文化产业走廊等特色文化产业发展探索经验。[①] 自 2015 年起，四川省文化厅开展藏羌彝文化产业走廊暨"三区"文化高端人才培训，帮助区域内文化企业与高等院校、职业教育培训机构建立产学研合作的人才培养机制。在文化产业创业创意人才扶持计划、国家西部文化产业经营管理人才培养计划等项目中，四川省将对藏羌彝区域创业创意人才和经营管理人才进行倾斜，[②] 这些措施的实施为复合型文化产业人才的培养创造了有利条件。

第二，与时俱进地增设了一些与文化产业发展息息相关的新兴专业。如较多高校开设了文化产业管理专业，西南民族大学更是在中国少数民族语言文学专业下开设了藏族文化产业管理、彝族文化产业管理两个方向，直接瞄准了走廊内部藏族与彝族文化产业发展的实际需求。贵州工程应用技术学院

---

① 常雄飞：《川港文化产业高端培训平台启动》，《四川日报》2012 年 12 月 11 日。
② 王芳：《我市参加 2016 年藏羌彝文化产业走廊暨"三区"文化高端人才培训》，巴中文化交流网，2016 年 12 月 13 日。

（原毕节学院）设置了计算机科学与技术专业（移动通信 3G/4G 方向），与北京大唐移动通信公司联合培养，为今后文化产业与大数据产业的融合创新培养人才。贵州民族大学开设了中药资源与开发、信息与计算科学（大数据挖掘方向）、会展经济与管理、产品设计（民族民间美术技能）等专业，云南民族大学开设了旅游管理与服务教育等专业。研究生阶段，云南大学开设了民族文化产业等新兴专业。

第三，形成了多点开花的文化产业人才培养阵营。七省区的高等学校都设置了文化产业相关专业，尤其是文化部文化产业司 2006 年在云南大学设立了西部唯一一家国家文化产业研究中心，四川大学、贵州大学等高校也都设置了自身的文化产业研究院所。另外，较多高校形成了学士、硕士、博士乃至博士后的一条龙人才培养体系，部分高校设置了文化产业相关的专业硕士学位，为藏羌彝走廊各行业领域的发展输送了面向市场的实用型人才。研究生培养阶段，部分高校开展了新兴交叉学科建设，在民族学、新闻学、文学、历史学等学科下设置了新的文化产业专业（方向），开设了新的硕士点和博士点。

三 藏羌彝走廊高校在文化产业人才培养中的不足

2017 年是藏羌彝走廊进入全面建设阶段的开局之年。背负着为西部七省区文化产业发展提供人才支撑的繁重任务，高校在文化产业相关专业人才培养中还面临着一些悬而未决的问题。

首先，反映最为突出的问题就是文化产业相关专业人才在数量、结构和层次等方面的供需不平衡。2014 年 7 月，教育部高等教育司整理发布了 2012 年和 2013 年两年就业率较低的专业，四川省的文化产业管理、青海省的旅游管理专业赫然在列[①]。2015 年 5 月，贵州省教育厅发布《2015 年普通高校本科专业预警的通知》，由于在全省范围内存在专业布点数过多、初

---

① 《近年来各省本科专业预警名单，填志愿这些专业慎选》，搜狐网，2017 年 2 月 8 日。

次就业率偏低等问题，文化产业管理专业（专业代码120210）成为贵州预警专业。[①] 这从侧面反映出部分省份个别高校的文化产业相关本科毕业生就业率较低，人才培养与市场吸纳的供需矛盾凸显等问题。

部分高校文化产业相关专业的人才培养脱离了市场经济的实际需要，偏离了藏羌彝走廊民族文化产业大发展背景下文化产业人才培养的正确轨道。反映在人才层次上，七省区文化产业高端人才培养较少，中低端人才培养较多。文化产业管理专业已成为七省区各个高校在本科阶段开设的必备专业，在相关硕士研究生阶段虽然也开设了较多的专业（方向），但招生名额十分有限。同样，由于博士点较少，相关博士研究生人才的培养仍属于精英人才培养行列。

专业建设未能紧扣产业发展的步伐，因而人才培养与文化市场的人才需求脱节，这带来了文化产业相关专业在人才培养中更为严重的问题，即结构性矛盾突出：实践性人才少，理论性人才多；单一型人才多，复合型人才少；文化产业上游人才少，中下游人才多。研究生教育阶段，学术型硕士和博士培养较多且不注重实践教学，专业型硕士培养较少。以文化产业专业（方向）毕业的博士人才为例，较多理论研究人才进入高校和研究院所，以及政府单位、事业单位，没有进入文化产业发展的实业层面。一些用人企业在就业市场上感叹，目前文化产业人才培养呈现出"有人而无才、有才而无用"的境遇。一位会展公司总经理在谈及会展人才的培养时提及，企业需要的是会展专业相关的设计人才，而较多高校培养的为策划和管理人才，因此较多会展企业更愿意招收艺术设计专业的学生作为公司的技术人才和储备干部。

由于文化产业高层次人才的稀缺和相关产业经济发展实践积累薄弱，文化产业相关专业人才培养出现了专业（方向）设置相同、课程体系建设重复等问题。尤其是文化产业管理等专业，主干课程雷同，培养目标雷同，专

---

① 贵州省教育厅高教处：《省教育厅关于公布2015年普通高校本科专业预警的通知》，贵州省教育厅政务网，2015年6月4日。

业方向设置雷同，并与其他传统新闻学、出版学、计算机学、历史学、民俗学、美术学、音乐学、旅游学等相关学科形成一定的竞争，加剧了本专业就业难度。部分独立学院依托母体高校师资力量设置的文化产业相关专业，更弱化了文化产业本就稀缺的教学资源。

其次，文化产业相关专业的教材体系建设严重滞后。以民族文化产业教材编写为例，文化产业概论等相关教材已经有几十种，而民族文化产业学等的相关教材凤毛麟角，与此相关的民族文化资源学、民族文化经济学、民族文化产业概论、民族文化产业发展案例分析、民族文化市场营销学等教材的体系建设举步维艰。与中东部文化产业发展不同的是，藏羌彝走廊文化产业发展有着浓厚的民族色彩，民族文化资源的开发与保护、民族文化产业自身发展规律的探索等，是藏羌彝走廊在文化产业发展中遇到的新课题，亟须进行产学研一体化的协同创新研究。然而，文化部文化产业司曾先后设立8家国家级文化产业研究中心或基地，西部国家级文化产业研究中心仅有云南大学1家，其余2家基地和5家中心均分布于中东部地区。

最后，文化产业自身也面临着学科归属不清晰等问题。就藏羌彝七省区来看，文化产业相关专业设置在文学、历史学、民族学等学科下的较多，在经济学、管理学与工程学等学科下的较少，造成了人才培养的"两张皮"现象明显，即文化技术人才缺乏相关的文化理论知识，文化管理人才又缺乏一定的文化技术能力，这与部分高校毕业生缺乏相关的实践实习经历、实践基地建设较为滞后有莫大关系。

四　新时期藏羌彝走廊高校文化产业人才培养建议

藏羌彝走廊各省区高校文化产业相关人才培养的问题，是在我国文化产业相关人才培养大背景下产生的，与我国文化产业学科归属不清晰有着多重关系，与文化产业专业设置过快过多更有关系。然而，由于民族地区文化产业发展也存在着自身的特殊性与复杂性，相关高校在人才培养中更应实事求是、因材施教。

　　首先，依托文化产业相关专业的交叉学科背景，厘清文化产业相关专业的学科体系，并加强新兴交叉学科的教材体系建设。鉴于目前文化产业相关专业分属于不同学科的现实，应在藏羌彝走廊区域内统一学科归属，建设更为科学精细的文化产业学科体系。因此建议成立藏羌彝走廊文化产业相关专业教学研究高校联盟，定期召开藏羌彝走廊文化产业相关专业教学改革发展研讨会，促进七省区内相关高校文化产业人才培养工作的科学性、合理性、长期性。如在文化产业管理专业方面，建议根据清华大学尹鸿教授的设想，在经济学下设置文化产业经济，在管理学下设文化产业管理，在艺术学下设艺术管理，在新闻传播学下设传媒经济与管理，[1] 同时结合藏羌彝走廊的具体情况，在民族学下设民族文化产业专业。同时，根据统一的新兴学科体系，加快相应的教材体系建设，保证相关教材的编写和出版能与新专业的设立和人才的培养同步。为加快文化产业教材体系建设，建议国家社科基金及国家民委专项课题能设置专门的藏羌彝文化产业走廊研究基金项目，重视藏羌彝走廊的基础研究和应用研究，以推动民族文化产业教材体系建设。

　　其次，严格控制文化产业相关学科招生规模，并鼓励各高校根据产业发展实际设置符合地区发展的新专业和新方向。在"十三五"期间，藏羌彝走廊的文化产业发展规模将进一步扩大，新兴文化行业将继续迅猛发展并逐步与高新技术产业相结合，形成西部经济发展新的增长点。因此在文化产业相关人才培养中，应根据实际发展的需要，适当扩大部分文化产业相关专业的规模，并严格控制文化产业管理等专业的招生数量，防止七省区在人才培养中出现恶性竞争。同时，部分地方性高校应积极响应国家号召，积极建设应用技术型大学，在紧跟相关新兴文化产业发展的前提下，开设技术性要求较高的新兴专业和方向，培养文化产业技术人才。尤其是基于"大学生过剩"与"技工严重缺乏"的现实，加快新专业新方向的设置步伐，并注重民族类高校和核心区高校文化产业人才培养工作的开展。

---

① 尹鸿：《当前我国文化产业学科建设的现状分析》，《解放军艺术学院学报（季刊）》2014年第 4 期，第 95～100 页。

此新专业的着力点应为三个层面。一是在区域设置上应向藏羌彝走廊的核心区倾斜，即四川的甘孜、阿坝、凉山，贵州的毕节，云南的楚雄、迪庆，西藏的拉萨、昌都、林芝，甘肃的甘南，青海的黄南等 11 个市（州、地区），以上地区的地方高校可根据产业发展开设部分新兴专业方向，并侧重应用技术型专业的设置。二是高校类型上应该向民族院校倾斜，如西南民族大学、青海民族大学、西北民族大学、西藏民族大学、贵州民族大学、云南民族大学等，应结合高校自身"大民族学"学科的优势，开设部门民族学与文化产业相关的新兴学科（专业）。三是应该向藏羌彝走廊重点发展的文化产业重点发展领域倾斜，即文化旅游、演艺娱乐、工艺美术、文化创意等领域开设相关专业方向，为相关重点行业的发展提供可用之才。

再次，结合文化产业重点领域发展实际，培养多层次的多元化的复合型文化产业人才。文化产业学科有着典型的交叉学科特征，也有着浓厚的以"问题解决"（problem-solving）为中心的色彩，藏羌彝走廊的繁荣发展需要文化产业相关专业人才，就必须注重人才培养质量。一是要注重培养文化产业人才的实用性，借助校内外实践教学基地，加强相关的应用技能和实践能力培养。校内的实践教学应当借助图书馆、美术馆、科技馆、运动捕捉实验室、数字媒体工作室、音频实验区、VR 实验室等教学资源加强对相关专业人才实用技能的培训。校外实践教学应加强校企合作，积极联系校外文化企业，积极为高校学生搭建与实践教学、暑期实践、毕业实习等相关的实习实训平台，并可联系国内外的文化产业实践项目，实现人才培养与产业实践的对接，接受文化市场的检验。二是要注重培养复合型人才的多学科背景。总体来讲，文化产业相关专业人才培养仍然要以经济学、管理学以及相关的文化创意学科等为依托，培养具有多学科背景的复合型人才，为藏羌彝走廊各个重点领域人才需要提供人力支持。同时根据培养复合型人才的需求，创新人才培养模式，在本科阶段实行"3＋1""2＋2"等培养模式。"3＋1"模式能使本科生较早地与市场对接，了解文化产业发展的基本现状，锻炼在产业实践中的操作技能和认知能力。"2＋2"模式即大一、大二在文化、艺术学院学习相关文化理论知识，大三、大四则在经贸、管理、计算机等院系学习经济管理知识，以此强化自身的学科交叉背景和提高个体文化知识水平。① 在研究生培养阶段，则需要培养理论与实践相结合的复合型人才。一方面要加快专业型硕士培养，在现行专业学位培养的体制下，设立文化创意管理专业学位硕士，招收具备两年文化行业从业经验的文化企业人才全日制攻读文化产业专业硕士，这将有助于缓解目前供需脱节的主要矛盾。同时，结合文化产业学科的现实状况，鼓励硕士、博士研究生从现实行业出发，选择以行业实践为基础的论文选题，并在相关行业进行不少于6个月的毕业实习，将此作为完成学位攻读的有效的考评手段之一，将有助于文化产业高层才人才的培养。

最后，构建一支结构稳定的"双师型"师资队伍，加快完善文化产业校内外实践基地建设步伐。文化产业人才培养高度依赖一支强有力的师资队伍。七省区各高校在制订人事招聘计划时，应做到既能引进进行特色文化产业研究的高层次人才，如博士及博士后等，又能招聘进行文化产业课程讲授的普通研究生。引进人才应当对文化产业的基础理论和基本知识熟练掌握，并具备不同学科背景，如民族学、管理学、经济学、历史学、新闻学、艺术学、社会学等，形成文化产业师资队伍的"联合军团"。既要有教授基础理论知识和基本技能的高校老师，又要有进行民族文化产业实践的知名企业家，乃至掌握熟练操作技能的文化产业工人，并鼓励高校教师进行产业实践。完善实践实习实训基地建设，实行兼职教师授课制度，邀请文化企业知名管理人员和从业者兼职担任高校的兼职教授，一方面推介公司，并开展部分公司员工的技能培训，为文化企业的发展提供毕业即上岗的后备军；另一方面解决部分高校相关专业就业率较低的现实问题，提高学生的实践能力。

---

① 殷亚丽、任丹：《文化产业管理专业的学科归属及建设》，《重庆广播电视大学学报》2015年第1期，第17~20页。

苗王城文化创意应用探析

袁洪业 刘明文*

摘　要： 在文化创意产业与旅游业互相融合的今天，文化创意设计作为丰富旅游产品和提升旅游产品档次的主要途径，在旅游业中扮演着越来越重要的角色，两者之间的融合与互动形成了产业发展的新模式。苗王城在其发展过程中结合发展实际与自身丰富的历史文化资源，进行文化创意设计，以文化创意元素的植入来提升景区文化内涵，推动文化旅游的发展。本报告主要从基础设施与软件设施两个方面来分析苗王城的文化创意，并对苗王城在文化创意应用方面的特点进行了分析、梳理与总结，提出苗王城未来在文化创意应用方面的建议。

关键词： 苗王城　文化创意　基础设施　软件设施

一　苗王城开发基础

（一）苗王城历史发展背景

苗王城位于松桃苗族自治县正大乡境内，是西南地区苗族至今唯一一座

＊ 袁洪业，贵州民族大学民族学与社会学学院讲师，文化产业管理系主任；刘明文，贵州民族大学 2016 级民族学专业硕士研究生。

保存得较为完好的集政治、经济、文化、军事和建筑于一体的古城堡。苗王城有记载的历史为 600 余年，其资源丰富，是旅游、休闲、度假、探险的胜地，被誉为"千里苗疆第一寨"，也是著名的苗歌之乡、苗鼓之乡、民间绝技之乡、中国西部影视拍摄基地。在党和国家民族政策的扶持下，于 1960 年劈山凿壁引来了官舟河水，极大地改善了当地人民的生活。经过多年的发展，苗王城景区在 2009 年正式对外开放。

（二）苗王城文化资源

1. 自然资源

苗王城境内的山、水、洞、泉、瀑、峡谷、森林、古树、茶园、原始村寨等组合形成美丽的山水田园风光，蜿蜒灵动的国滴河与官舟河，浓郁的森林植被，构成了苗王城优越的自然生态环境，为苗王城发展民族文化旅游提供了丰富的自然资源。

沿国滴河分布有秀都瀑布、羊号山、幼马山等。

沿官舟河分布有牛鼻潭、点将台、天生桥、滚马滩、消水洞、高云崖、龙门潭、女儿谷、炼硝洞等。

2. 人文资源

苗王城的人文资源主要有苗王故居、苗王墓、军事指挥旗、悬棺葬、风雨桥、吊脚楼群等。以下对部分景点做简要介绍。

苗王故居：苗王故居"望楼"，是苗王城古建筑的典型代表。

苗王墓：即苗王吴黑苗之墓。

军事指挥旗：苗族叫"旗张"，也叫"旗董"，它是传说中的苗王旗。[1]

悬棺葬：位于新寨北侧的绝壁之上。新寨在历史上属于五溪蛮地区，[2] 其悬棺葬与张鷟[3]在《朝野金事》中记载的葬俗相同，都属于二次葬，这是我国西南地区少数民族古老的葬俗。

---

[1] 吴乔清：《苗王城苗文化的结晶》，贵州民族出版社，2005，第 97 页。
[2] 苗族简史编写组：《苗族简史》，贵州民族出版社，1985，第 5 页。
[3] 张鷟（约 660~740），字文成，自号浮休子，深州陆泽（今河北深州市人），唐代小说家。

3. 特色资源

苗王城作为传统的苗族聚集地，拥有独特的巫文化以及苗族医药文化。

巫文化——苗族传统文化的精魂。不论是"旗董"的神秘传说、城内"王泉"的神奇作用，还是今天的民间绝技（上刀山下火海、秤杆提米、仙人合竹等），都体现了苗族巫文化的神秘。

苗族医药——苗文化的闪光点。在长期的战斗与艰苦的环境中迁徙、生存，苗族人民除了有坚韧不拔的精神外，还有独特的苗族医药，一推一拉、万事万物都可治病，神奇的苗医药给人以健康与希望。苗医药的存在，改变了苗王城的旅游理念，变疲惫旅游为健康旅游。

4. 周边资源

苗王城区位条件优越，地处具有"苗族花鼓艺术之乡"美誉的松桃苗族自治县正大乡境内，位于梵净山与凤凰古城之间，在两个著名景点之间起到连接、过渡、补充的作用。同时苗王城景区与著名苗疆边墙（中国南长城）相邻，对苗疆边墙的修建历史及原因起到了解释作用（见图1）。

图1　苗王城交通

二 苗王城发展现状

（一）苗王城景区发展现状

1. 经营现状

铜仁凤凰机场、渝怀铁路二线、高速公路等建设的推进，将形成有利于苗王城发展的新格局。苗王城景区于 2009 年 3 月试营业，同年 5 月正式开放，经过近几年的建设与发展，在经济收入方面取得了较大的进展。

表 1 苗王城春节期间（农历正月初一至初七）营业情况

年份	游客人数（万人次）	门票（万元）	综合收入（万元）
2009	10	200	500
2010	15	450	800
2011	20	800	1600
2012	35	1575	2880
2013	50	2000	13500

资料来源：苗王城旅游管理部门。如无特殊说明，本报告资料均来源于此，不再赘述。

从表 1 可以看出，自 2011 年以后，苗王城旅游发展迅速，不论是从游客人数还是从综合收入来看每年都有大幅度的增长。由此可见，苗王城景区已经进入了迅速发展期。

2. 苗王城客源市场现状

苗王城发展民族文化旅游符合当前旅游业发展的总趋势。苗王城发展民族文化旅游产业除了依托自身的优势之外，在客源上更多地依赖凤凰古城与梵净山的成熟旅游市场。以下是对苗王城的客源市场从旅游路线以及客源地两个方面做出的简要分析。

由图 2、图 3 可以看出，苗王城景区游客来源在很大程度上是凤凰与梵

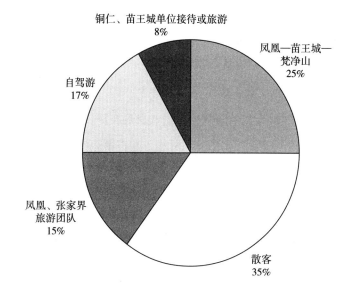

图 2 苗王城游客来源及所占游客总数比例分布

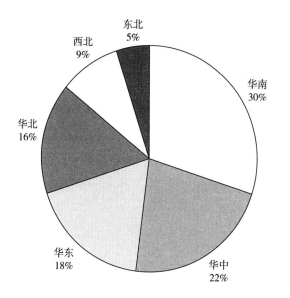

图 3 苗王城客源地区及所占游客总数比例分布

143

净山的游客及散客；大部分游客是通过华南以及华中地区周转而来，另一部分来自华东、华北、西北和东北地区。

（二）苗王城现有基础设施布局特点

1. 苗王城景区的整体布局特点

苗王城的整体布局为"一廊两片"的八卦形布局。"一廊"指山水画廊，包括古吊桥、苗王峡谷等诸多景点。"两片"指古寨旅游片区与对门河旅游片区。古寨旅游片区由苗王古寨、点将台、风雨桥等诸多景点组成；对门河旅游片区由村寨景点组成，主要是对原始村寨民族风貌、古建筑等的展示。

主要景点：接龙广场、苗族民间传统博物馆、古寨军事巷道、点将台、苗王府、苗王故居、风雨桥、古吊桥、吊脚楼群、观景台、苗王食府、表演场等。

今天的苗王城景区即新寨，曾经是个易守难攻的兵寨，是历代苗王抗衡来敌的重要依托，由东望去，像一个只有几户人家的小村落，其实这是一个大寨，"S"形的河流在视觉上欺骗了人们。"S"形的河流加上环绕的护寨城墙，使得苗王城成了一个活的太极图。高几百米的峭壁，使两岸互相独立、互相依托（见图4）。

图4　苗王城"S"形河流

2. 苗王城城内商铺的布局特点

苗王城城内的摊点、商铺在布局上整体呈现出依托交通路线及特色景点分布的特点。

表2　城内部分商铺情况

单位：个

类别	数量	功能	分布	分布特点
摊点	106	向游客提供各种各样的特色商品，如当地特色小吃、工艺品、纪念品、苗族银饰等	主要在茶园公路与迎龙大道一侧，城内也有零星分布	大集中、小分散
照相馆	5	向游客提供苗族服饰、影视剧服装等特色服饰以供游客体验民族风情与拍照留念使用	古吊桥、军事巷道附近	依托特色景点分布
农家乐	10	向游客提供当地美食	苗王食府附近	高度集中
商铺	15	向游客展示、销售各种苗族特色商品，如银饰、苗医药等	苗王食府以及古巷道附近	较为集中

三　苗王城有形产品的创意设计

如前文所述，文化创意是指以文化为元素进行创意设计，从而实现空间的再造与创新的文化现象。苗王城因其自身独特的地理区位条件，形成了别具一格的王城布局，为其文化创意设计提供了环境基础。苗王城资源丰富，发展民族文化旅游具有先天性的优势，而在创意产业与旅游业密切联系的前提下，要通过文化创意产业为旅游资源、周边产业、集聚客源、节庆活动、衍生产品等做出贡献。[①] 在苗王城的进一步发展中，其面临的发展劣势与市场威胁将是制约其发展的关键，只有转变发展方向、发展理念、发展模式，以文化创意元素的植入提升景区的文化内涵，以独特的文化创意设计吸引游客，以文化创意产业的推动力助推苗王城民族文化旅游苗王城，才能进一步

---

① 花建：《文化创意产业与相关产业融合发展的四大路径》，《上海财经大学学报》2014年第4期。

发展。

苗王城基础设施的创意设计理念、特点是艺术创作与实用性的统一，做到了艺术创作与旅游体验的统一。

（一）"文化＋实用"的大门创意设计

苗王城大门的设计元素主要来自苗族的图腾崇拜、神话故事，在设计时因地制宜，同时具备了较高的观赏性与实用性。

苗王城的 1 号大门为典型的苗家牌楼建筑，其设计元素主要来自苗族的图腾崇拜（见图 5）。1 号大门位于 201 省道正大乡境内，是一座六柱的石牌楼大门，距 2 号大门约 3 公里。在 1 号大门与 201 省道之间是 3 个呈 45 度角的浮雕图。浮雕镂刻采用的主要元素是龙，其来自苗族的图腾崇拜，龙在苗族人民心目中是全民族的保护神，也是一个村寨、一个宗族、一个家庭甚至某个具体的人的保护神。在苗族观念里，龙是与苗族生产、生活等各方面紧密相连的神秘力量的化身[1]。2 号大门为木质的苗家风雨桥式建筑，其设计与建设主要起展示、引导与分界作用，是苗王城景区现在的售票窗口以及检票处所在地。其正前方为苗王城停车场，左边是一片树林，右边连接着景区管理部门、旅游服务中心。穿过 2 号大门即为迎龙大道，迎龙大道的左侧是一排摊位，向游客提供各种商品，右侧是四月八广场，是当地居民生活、休闲以及举办节日活动的场所。在 2 号大门内放置着两架双面鼓，向来往游客展示着花鼓艺术之乡的风采。同时，2 号大门是苗王城与外界相隔离的最后一道屏障（见图 6）。

古城门是苗王城最初始的大门，是苗王城军事防御的重要依托，也是将苗王城真正与外界划分开的重要标志。其设计与建设充分结合了当地的地势，依托山体建设，在结合地形优势的基础上大大增强了城门的军事防御能力。除了完好的历史文化保留外，还进行了传统空间的再造。在保留传统建筑外观的前提下，对其内部空间进行改造与再利用，在古城门上的楼阁内增

---

[1] 铜仁地区地方志编纂委员会：《铜仁地区志·民族志》，贵州民族出版社，2008，第 220 页。

图 5 1 号大门

图 6 2 号大门

添了苗族手工编织品展示点，力图在向游客展示苗王城悠久历史文化的同时展示苗家独特的编织技艺。

总的来说，植入文化元素应充分考虑创意设计的实用性，以创意大门点缀王城，与省道一侧街上车水马龙的现代化城市形成鲜明对比，时时提醒路人，这里是一个有历史文脉的地域。

（二）"文化＋经济"的道路创意设计

以文化为根源、动力，促进经济发展，以经济的发展推动文化的传承与发展。景区大道沿线的创意设计主要是万亩茶园和中药材产业示范基地的建设，是转变传统经营模式的创新尝试，也是对传统文化保护方式新的探索。通过茶园与中药材示范基地的建设，挖掘出新的经济增长点，以此带动苗王城的发展；以茶园与中药材示范基地的建设与发展，激发新的经济增长活力，在积累资金的同时创造新的景区观赏点，并提高苗王城景区的知名度。

茶园与中药材示范基地的建设推动了当地产业结构的升级，促进了农村发展，带动了农民致富，也是对优秀传统文化的保护，是在合理的开发过程中对茶文化以及苗医药文化进行的传承与创新。产业结构的升级也改变了过去的传统经营模式，采用产、学、研、游、售一体的经营开发模式来实现对优秀传统文化的继承、开发与创新。

苗王城茶海农业观光旅游区，是国家级高效生态茶叶基地，面积超过10000亩。采茶之际，茶歌飞扬，茶林间身着苗家服饰的姑娘们纤手飞舞，形成了一道独特的风景线。茶与人、人与茶之间相互依存的和谐之美，成了一幅精美的天然画卷。茶园内有观景楼，可观赏茶海景观，同时，楼内有苗族茶文化的集中展示与茶艺表演。游客除了能在茶园内观赏茶海景观以外，还能够体验采茶的乐趣、揭秘茶叶的制作过程。通过茶旅一体化，以茶为载体，以优美的自然环境为条件，以独具特色的茶文化为内容，以特定的历史文化为依托发展新型茶文化旅游，助推苗王城整体发展。

中药材产业示范基地是信邦制药集团、江苏省中医院与松桃县正大乡合作的项目，主管部门是松桃县扶贫办和正大乡人民政府，主要种植何首乌、丹参、黄精、银杏等药材，规划面积 1000 亩左右，由贵阳中医学院、南京农业大学提供技术支持。在景区大道沿线建设中药材产业示范基地为苗王城景区增添了新的看点，推动了苗王城旅游产业的发展，提高了当地居民的经济收入。更重要的是，中药材产业示范基地与旅游业的融合发展是对传统医药文化的传承与创新。

景区大道沿线的万亩茶园和中药材产业示范基地是对苗王城景区景点的一个补充，是对茶文化与医药文化的一种创新性保护，是将苗王城传统的古兵寨文化与现代文明相隔离的一个屏障。

（三）"传统＋军事"的多功能建筑创意设计

城内建筑由青石构建，利用视觉的直视特点进行建筑的设计，使其具备双重功能。其建筑在设计建造之时不仅考虑到普通民居的功能，更加入了军事防御功能，充分展示了前人在空间利用上独特的创意设计理念。城内巷道每个院落、每条路、每家每户都是相通的，因为在建造时都会建一个前门进入院落以及一个后门用以连接其他院落或后山，形成"以人为战、以户为战、以院为战、以寨为战"①的整体局势。

在整体布局上呈现出"歪门斜道"的特点，形成了一个神奇的迷宫。较为典型的为直角巷道与互通院落的设计：直角巷道与互通院落的设计充分利用了人在视觉上的直视特点，以直角在视觉上的欺骗性提升建筑的军事防御能力。苗王城作为苗族聚集地，其建筑在具备苗族建筑共性的同时有其独特之处，在蕴含传统苗族建筑特色之余加入了军事防御功能。

苗王城的吊脚楼群因地势修建在斜坡上，鳞次栉比、层叠而上，由木梯连接上层与下层，是苗王城乃至苗家的典型建筑，是中国最具特色的吊脚楼群之一。它由五栋吊脚楼组合而成，嵌在悬崖峭壁之上，是苗族建筑技巧、理念的完美展现，在展现苗族建筑特色的同时依托地形优势兼具军事防御功能。

苗王峡谷的风雨桥，古时用木板建成，桥的两端皆有木楼、亭阁，桥面

---

① 吴乔清：《苗王城·苗文化的结晶》，贵州民族出版社，2005，第 89 页。

用木板铺垫，战时可撤掉木板，断掉敌人去路，具有较强的军事防御功能。今天的苗王城风雨桥经过翻修，采用钢筋混凝土结构建成，是苗族青年男女"游方"（唱情歌、谈恋爱）的地方。

苗王城的建筑在修建之初，不仅考虑了地形的因素，在建筑功能方面也加入了普通民居所不具备的军事防御功能，从90度直角拐弯的巷道到户户相连的院落，再到独具特色的吊脚楼、风雨桥都具备一定的军事防御能力，是苗族人民抵御敌人的依托，是苗族人民建筑理念的集中体现。

（四）景区内的空间再造

《少数民族事业"十一五"规划》明确提出要加强对少数民族文化遗产的保护、抢救、发掘、整理和展示宣传。在国家遗产的保护话语下，原有的行政空间某种程度上已被打破，[1] 传统的民族村落空间正向旅游空间转变。苗王城在旅游开发之前，它的一切都处在原生态之中。2003年开始建设苗王城景区时，首先需要解决的问题是怎样为游客提供服务，如交通条件的改善、景点的建设、通信设施的完善、环境的整治等，让游客能够更好地体验和享受少数民族村寨的原生态文化，而这就涉及更好地对苗王城进行空间再造。

表3　苗王城空间再造部分情况

年份	出资方	项目	备注
2003	松桃苗族自治县民宗委	翻修苗王峡谷的风雨桥	
2003	松桃苗族自治县旅游局	修建了苗族风情馆	
2010	松桃苗族自治县武陵山投资开有限发公司	四月八广场、迎龙大道、百苗长廊等的改造建设	再造与做旧处理
2010	铜仁桃园公路开发建设有限公司	松桃苗王城旅游公路	
2014	广西南宁皇御投资集团	松桃苗王城台湾风情旅游度假村项目	分三期建设：一期为生态停车场、台湾风情街等；二期为四星级宾馆；三期为各种培训基地等

---

[1]　尤小菊：《民族文化村落的空间研究——以贵州省黎平县地扪村为例》，知识产权出版社，2013，第69页。

通过对原有建筑、空间的再造，提升苗王城的可进入性、可观性，整体布局的合理性，资源利用的有效性，为苗王城发展少数民族文化旅游提供空间与环境上的保障。

本报告从整体上分析了苗王城在硬件设施方面的创意设计，对古建筑的创意设计理念和今天苗王城景区的空间再造进行了较为全面的分析。苗王城独特的地理位置、浓厚的苗家文化、悠久的历史文化都是苗王城进行创意设计的源泉。应将文化融入创意之中，对苗王城进行空间再造；以创意推动产业结构的转型，以创新模式推动优秀传统文化的传承与保护；通过营造优美的环境、独特的创意设计来吸引游客、留住游客，让游客能够静下心来体验与享受民族文化旅游所带来的身体与心灵的快感。

四 苗王城传播方式的创意设计

此处的软件设施指苗王城采用的文化传播方式、渠道、载体等。苗王城景区的管理部门在设计文化传播方式、渠道之时，综合多方面的考虑，设计、采用了一套立体式的传播方式，运用多元方式进行文化传播与推广，构建了一套较为完善的涵盖传统与现代、线上与线下的现代立体化传播体系。

（一）传统传播方式

1. 书写传播

通过文学作品、刊登信息等传统的书写传播方式，以一种原始的方式向人们展示苗王城的风采。

苗王城自旅游开发以来，得到了广大诗人、作家以及爱好写作的朋友的青睐，吸引了大量的作者来此处采风，涌现出了一大批优秀的文学作品，如《秋雨苗王城》、马结华[①]的苗王城组诗（包括《苗王城·幻想》《苗王城·茶海断章》《苗王城·石头的故事》《苗王城·鼓声》）等。此外，在各种

---

① 马结华，笔名非飞马，贵州印江县人，贵州省作家协会会员。

杂志、报章上刊登苗王城的相关信息，如《铜仁日报》上报道的《苗王城：穿越风雨，为你而来》《苗王城村变出美丽新农村》《松桃苗王城被授予中国西部影视拍摄基地称号》等信息和《贵州日报》刊登的《苗王城风情走进央视》《感悟苗王城》等。

2. 营销传播

（1）以相关活动为载体进行营销传播。

多年来，已举办贵州松桃"苗王古城美，武陵神功奇""乡村文化旅游""2013 美丽梵净山，铜仁过大年，新春贺年汇"等系列主题活动。通过这些主题活动的举办吸引更多的客源，同时，利用活动的宣传效应，让人们更好地体验与了解苗族文化。

贵州松桃"苗王古城美，武陵神功奇"系列活动是贵州第五届旅游发展大会系列文化活动中的一个重要内容，它向游客全面地展示了松桃神奇秀美的自然风光和悠久的历史文化。在活动中，一大批优秀的苗家艺术作品展现在世人的眼前，"纸上飞仙""秤杆提米""仙人合竹""上刀山，下火海"等艺术作品以独特的苗族艺术表演风格和精妙的服装道具征服了所有的来宾，完美地诠释了"花鼓艺术之乡"苗族绝技绝活的丰富内涵。现今，苗王城内设有专门的表演场，在特定的时间段向游客展示苗族绝技绝活，让游客能够更好地了解苗族神秘的文化，感受苗王城浓厚的苗族文化艺术气息。

（2）以授权经营方式进行营销传播。

2015 年 6 月 26 日，贵州省铜仁市松桃苗族自治县与景域集团①签署中国苗王城景区特许经营协议。② 在未来的 40 年里，景域集团拥有苗王城的全部经营权，将对苗王城的各个方面进行优化、提升。通过与景域集团的合作在贵州省以外的城市进行推广传播，提升苗王城的知名度。

3. 商品传播

通过人与人之间的交流、商品的输出来传播苗王城景区的苗族文化内

---

① 景域国际旅游运营集团（简称景域集团）是中国旅游产业 O2O 一站式服务生态圈企业。
② 励漪：《驴妈妈获贵州中国苗王城 40 年特许经营权》，http://sh.people.com.cn/n/2015/0626/c134768 - 25374360. html。

容。苗王城通过文化商品①的输出来提升自身的知名度，传播自己的文化。在苗王城迎龙大道一侧以及城内商铺都可以看到商家在售卖苗族特色文化商品，包括苗族披肩、绣花鞋、苗族银饰、当地特色美食、酒类等商品。在2007年"十一"黄金周期间，苗族的披肩价格卖到600~700元/件，绣花鞋每双卖到100元左右，仍然吸引许多游客争相购买。一位来自重庆的游客说，这样的服饰很有苗族特色，也有纪念价值，值得收藏。②

从商品的输出来看，它首先是在输出商品的使用价值，让渡商品的有用性，但它同时在输出商品文化。③ 在达到开拓市场、积累资金的同时通过商品的价值转换实现文化的传播。

（二）影视传播方式

电影、电视等影视作品具有可视性、直观性、广泛性、动态性的特点，让观众可以从直观化的视听中得到最真实、最原始的认识和感受。以苗王城为对象进行影视创作，能够让受众直接、真实地对苗王城、苗族文化有一个初步的了解，从而引起人们的参观欲望。

1. 以宣传片或综艺节目为载体传播

苗王城作为松桃苗族自治县对外宣传的一张重要名片，多次在松桃苗族自治县的宣传片中出现，如《苗王故里，绝技之城》松桃招商宣传片、松桃旅游形象宣传片、《苗家花鼓打起来》、《满家村欢迎你》等。此外，在天生兄妹④的《贵州我深爱的家乡》MV中也出现了苗王城的身影，苗族童星

---

① 文化商品，指为交易而生产，用以满足不同消费者在学习、娱乐及审美等方面需求的文化产品或服务。
② 孔志军：《苗王城苗族服饰炙手可热，寨英镇生态旅游渐入佳境》，《铜仁日报》2017年1月30日。
③ 王征国：《论文化传播的三维方式》，《邵阳学院学报》2012年第5期，第33页。
④ 天生兄妹是中国唯一一对亲兄妹歌唱组合，贵州籍。兄杨刚，集作词、作曲、演唱于一身的原创音乐人，国家一级调音师；妹杨雯梓（原名杨前菲）自幼接受音乐专业培训，并获得数次奖项。组合曾获"多彩贵州"形象大使之誉称，并且是央视三台《黄金100秒》金牌获得者。2016年，天生兄妹注册了天生兄妹工作室。

黄元①在苗王城录制了MV《家乡有座苗王城》，等等。同时，苗王城作为一个原生态的少数民族聚集村落，民族文化、民族风情浓郁，多次在《欢乐中国行》《走遍中国》《美丽中国乡村行》等著名节目中出现。通过这些宣传片、MV的录制、传播以及参与各种节目，苗王城极大地提升了知名度。

2. 以影视作品为载体传播

苗王城拥有600余年的历史，历史文化氛围浓厚。苗王城是一个具有军事防御功能的古王城，是民风民俗保存得比较完整、体现得比较充分的苗族建筑"工艺品"，民族文化资源丰富。苗王城是我国为数不多的保护得较好的古王城之一，2010年12月9日，中国西部影视拍摄基地正式在苗王城挂牌。

表4　2009年以来在苗王城取景拍摄的影片情况

时间	剧名	集数	导演	出品公司	备注
2009年1月	《战士》	30	赵俊凯	海润影视制作有限公司	
2009年9月	《边城汉子》	30	马鲁剑	广州市动村影视制作传播有限公司	
2010年4月	《拯救女兵司徒慧》	22	高升中 王伟民	华谊兄弟	
2010年6月	《告诉我你爱我》	30	冯兴华 李安	金腾国际传播有限公司	剧中男女主人公第一次见面的场景在苗王城拍摄
2010年9月	《风雨梵净山》又名《梵净山传奇》	28	陈晓雷 康景麒	贵州报业集团黔森影视工作室和北京世纪华融文化传播有限公司联合出品	第一部以铜仁市的景点来命名的电视剧
2010年12月	《借问英雄何处》	30	黄鹤 王静	潇湘电影集团公司	
2012年7月	《狼烟姐妹》	30	孙小光	海润影视制作有限公司	
2015年	《十个连长一个班》	40	李舒	贵州水田国际文化创意产业园股份有限公司	
2016年	《苗乡恋》	—	潘一	北京华星威视影视文化中心、贵州省松桃苗族自治县委宣传部联合出品	电影

---

① 黄元（1999年11月3日—），歌手，舞蹈演员，主持人，曾经被人称为"苗族小童星"，师从著名作曲家张远福先生。

影视作品的拍摄、播出，在提升苗王城知名度的同时，能够让受众更直观、便捷地了解和感受苗王城的文化。

（三）互联网时代下的传播方式

苗王城丰富的节日文化，通过互联网进行广泛传播，灵活多变，不仅能够通过文字进行介绍，还可以通过实物图片加强观众的直观认识。同时，相对于传统传播方式和影视传播方式而言，互联网传播方式在时空上具有更强的"随意性"，网络上的信息全天都处于"播放"状态，受众可以在自己方便的任何时间进行了解，使苗王城文化传播的受众面更广，传播效果更好。

1. "自媒体 + 景区"模式的打造

相对于传统的传播方式以及影视传播方式而言，自媒体①的传播成本低廉，潜在的客户量大，其通过受众在朋友圈、微博、论坛等自媒体平台上的传播、推广来实现苗王城景区的信息传播。苗王城景区也积极打造自身微信公众号②，致力于向受众提供更快、更新、更准确的景区资讯、动态、活动等，以精准的消息推送为游客提供优质的线上服务，同时进行文化的宣传与推广。

2. "互联网 + 景区"模式的打造

景域集团与苗王城共同打造"互联网 + 景区"模式，助推苗王城景区发展。这一合作，不仅是景域集团旗下驴妈妈旅游网进军线下的又一创举，更是苗王城走出松桃、走出贵州难得的机遇。苗王城、景域集团携手共建"互联网 + 景区"模式，不仅借助景域集团的线上优势进行宣传，还依托景域集团的线下能力发展壮大自身，对苗王城景区各个方面起到改造、优化的作用，从而提升苗王城景区核心竞争力。此外，通过景域集团的桥梁作用，连接苗王城景区与景域集团的其他合作景区，实现旅游资源的共享与景区的共同发展。

---

① 自媒体又称"个人媒体"，是指私人化、平民化、普泛化、自主化的传播者，以现代化、电子化的手段，向不特定的大多数或者特定的单个人传递规范性及非规范性信息的新媒体的总称。

② "苗王城"微信公众号由贵州景苗旅游发展有限公司于 2015 年 8 月 8 日注册。

通过近几年的发展，苗王城在文化传播方面建立了一个较为完善的现代传播体系，从传统传播方式的应用到影视传播方式，再到互联网时代下"互联网＋景区"模式的创建与应用，打破了传播上的时空障碍，使信息的到达率更高、受众面更广、宣传效果更佳，为苗王城发展民族文化旅游提供了强有力的前期宣传和丰富的客源，也营造了一个良好的发展环境。

但是，苗王城对其传播体系的应用方面重视不够，导致对外宣传的力度不足，如在新媒体的应用上，虽然注册了"苗王城"微信公众号，但是，其内容的更新严重脱节，最近一次更新为 2016 年 6 月 8 日。

五　苗王城文化创意应用的特点及未来发展建议

苗王城的文化创意以其独特的区位条件与丰富的文化资源为根基，通过不同的载体呈现，不论是基础设施还是软件设施的文化创意设计都取得了良好的效果。苗王城在文化创意应用方面特点突出，本节通过对其特点进行梳理、归纳，提出苗王城未来在文化创意应用方面的建议。

（一）苗王城文化创意应用的特点

苗王城在发展过程中对其基础设施、传播方式进行了较为全面的创意设计，并取得了良好的创意效果，但也有一些问题，呈现出以下几点。

1. 创意人才匮乏

苗王城的文化创意设计多是委托其他公司完成的，其自身的文化创意人才极度匮乏。松桃苗族自治县与景域集团在 2015 年签订协议之后，未来 40 年里，苗王城景区全部项目交予景域集团经营、管理，更是显露了苗王城在管理与技术层面上创意人才的匮乏。管理和技术层面上创意人才的匮乏是苗王城发展民族文化旅游需要解决的首要问题。

2. 创意元素单一

不论是苗王城自身进行的文化创意还是委托第三方完成的文化创意，在文化创意元素的植入方面都较为单一，苗王城丰富的历史文化资源、民族文化资源、自然环境资源没有得到充分、合理、有效的利用。以苗王城的 2 号大门为例，只是单一地运用苗族建筑文化中一个方面的元素，并没有结合当地的文化环境、自然环境进行创意设计，没有加入当地的特色文化元素，形成独具特色的文化创意建筑。在苗王城的文化创意设计中，多是对基础设施、传播方式的设计，在创意层面上存在极大的不足，对苗王城文化内涵提升不够，对苗王城丰富的文化资源没有进行"再造"，如对苗王城丰富的节日文化、神话传说、特色文化等方面的创意设计与"再造"基本没有涉及。

3. 创意应用不够

苗王城的创意设计在实体创意上多集中在古城内，对于其他地方的创意空间利用不够，如在 1 号大门至 2 号大门之间的景区大道沿线以及 2 号大门前的停车场周围都存在大量的创意空间被浪费的情况。苗王城在软件设施方面的创意设计虽然形成了一个较为完善的现代传播体系，但是，对体系的运用不足、重视不够，没有形成强有力的宣传效应，其创意设计的价值没有得到充分的实现，如新媒体的应用力度不够等。

（二）对苗王城文化创意应用的建议

针对苗王城在文化创意应用方面的不足，提出以下几点建议。

1. 完善创意体系，进行特色创意设计

一是增大创意资金投入，引进高端创意人才，解决苗王城在管理与技术层面上创意人才极度匮乏的问题，提升苗王城在文化创意方面的能力。通过合理的人员结构提升核心竞争力。

二是综合元素的应用。植入创意元素，进行特色创意设计。

三是扩大创意面，不再局限于基础设施与传播方面的创意设计；对苗王城的特色文化进行深度加工与再造，如针对苗王城的神话传说可编排舞台剧、绘制壁画等；对苗王城独特的苗医药文化进行品牌包装，开发延伸产品，打造苗医药全产业链。

四是完善创意空间的应用，充分、合理、有效地利用苗王城的创意空间，如在景区大道沿线可进行公路沿线壁画、灯牌、指示牌等的创作，这在充分、合理、有效地利用创意空间的同时可以起到强化宣传的效果。

苗王城的发展依托凤凰古城以及梵净山的成熟旅游市场，其自身的知名度相对较低，旅游市场尚不完善。空间结构属于"单一分散型"的区域文化产业空间结构，产业结构较为单一，涵盖类别偏少，很难形成强大的竞争力。根据佩鲁增长极理论，① 苗王城在其发展民族文化旅游的过程中必须依靠独特的资源，形成自身的发展优势，根据其实际情况优先发展特色景区，并对特色文化进行创意再造，通过特色景区的辐射作用与强有力的创意设计带动整体的发展。这就要求苗王城在今后的发展中有重点、有先后地推出旅游景点、路线，在进行景区的创意设计时，依托特色文化，进行多元的文化植入，完成独具特色的创意设计，以独特的设计风格、内容吸引游客、留住游客，从而带动苗王城的整体发展。

2. 健全保障机制、确保创意的价值

在文化创意设计完成之后，文化创意的实施以及应用是文化创意设计整个设计过程中最重要的一环，一个好的文化创意设计，实施不到位、应用不完全就很难实现文化创意完整的价值，只有建立健全完善的保障机制，对文化创意设计的实施与应用加以监督，确保文化创意设计能够得到落实、应用，才能实现其应有的价值。苗王城文化创意设计的应用，虽然在一定程度上取得了良好的效果，但是其文化创意设计在整体上没有得到充分的利用，如在软件设施创意设计方面，对于新媒体的应用不足，虽然注册了苗王城微信公众号，但是没有很好地利用微信平台的功能加大其对外宣传的力度，其价值没有得到充分的体现。应通过内部结构的优化与调整，建立健全保障机制，以此来确保创意设计价值的实现。

结　语

苗王城从其开始修建到今天的发展过程都体现了文化创意的重要性，从

---

① 佩鲁增长极理论：增长并非同时出现在各部门，而是以不同的强度首先出现在一些增长部门，然后通过不同渠道向外扩散，并对整个经济产生不同的终极影响。

吊脚楼、风雨桥的修建理念到直角巷道、"歪门斜道"的整体布局，无不体现出前人在创意应用上的成就，其文化创意的源泉是民族文化、宗教信仰等文化资源。苗王城景区的发展与建设离不开文化创意元素的植入，特别是在"注意力经济时代"，只有通过多元文化的植入进行独特的文化创意设计，才能吸引游客、留住游客，也只有这样才能更好地保护与传承优秀传统文化。在其文化创意设计之初，文化创意元素的植入与创意设计的功能都趋向于多元化。仅针对苗王城的基础设施与软件设施进行了较为系统的文化创意分析、归纳、总结出苗王城在文化创意设计应用情况以及特点，对于苗王城文化创意的受众满意度几乎没有涉及。通过对苗王城景区的基础设施创意设计及软件设施的分析、归纳与总结，可总结出以下几点经验。

第一，构建完善的创意体系，为创意的产生提供基础。

第二，创意设计必须切实可行，不能脱离实际、脱离受众，在进行创意设计时应结合当地特色，融入受众需求。

第三，进行多元文化的创意设计，在创意设计中融入多元的文化元素，从单一的创意到独特的多元文化创意，在创意中融入民族文化、区域文化、历史文化等，以提高创意的内涵。

第四，在创意设计中将创造与再造有机集合，可以"无中生有"地设计一些富含当地特色文化的创意作品，同时，应根据当地的区位、地形、原有建筑等条件"变废为宝"进行空间再造，以充分、合理地利用资源，更大程度上减少创意成本，推动项目地的发展。

第五，进行创意设计时，应明确重点创意方向进行主创意，有先后、有重点地开展创意活动。

大数据产业背景下贵州省
文化产业发展研究

王月月　杨慧琳　阳新丽*

摘　要： 党的十八届五中全会提出实施国家大数据战略，贵州省也积极响应号召，大力发展大数据产业。贵州省大数据与文化创意产业的发展是相互融合的，大数据的发展为文化产业的发展提供数据支持，文化产业的发展为大数据的应用提供产业保障。本报告认为，贵州省文化产业的发展具有文化资源、人才技术、政策、资金、高铁等优势和机遇；同时，面临省内各市州间文化行业发展不平衡、大数据与文化产业的融合程度不够深入、精通大数据与文化产业的复合型人才缺乏等问题与挑战。最后，报告指出了今后贵州省大数据与文化产业融合发展的路径，如加强大数据与各文化行业的融合力度、各市州共同推进大数据与文化行业的融合、培养精通大数据与文化创意产业的复合型人才、进一步加大政府对优秀文化企业的政策扶持、整合省内优势资源打造特色竞争品牌等。

关键词： 贵州省　大数据产业　文化创意产业

---

* 王月月，上海大学中国史专业2019级博士研究生，研究方向为文化资源与文化产业；杨慧琳，贵州民族大学人文科技学院2016级本科生，研究方向为文化产业管理；阳新丽，贵州民族大学人文科技学院2016级本科生，研究方向为文化资源开发。

大数据（Big Data）是最近几年在全球流行开来的热门概念，如今在我国也取得了飞速发展。近年来，国家为了推动大数据产业的发展，出台了一系列文件。2015 年 9 月，国务院印发了《促进大数据发展行动纲要》；2016 年 12 月，工业和信息化部编制了《大数据产业发展规划（2016—2020 年）》。文化产业在全球范围内发展得如火如荼，是以创新、创意为核心，以文化为灵魂，以创造力为典型特征的新兴朝阳产业。自 2006 年以来，党中央、国务院高度重视我国文化产业的发展，贵州省委、省政府也积极响应号召，把握发展趋势，注重贵州省文化产业的发展。

一 大数据背景下贵州省文化产业的发展概况

近年来，贵州省快速发展大数据产业，深入发展文化创意产业，二者的融合是大势所趋。在大数据快速发展的背景下，贵州省文化产业也依托大数据，产生了巨大的发展变化。

（一）贵州省大数据产业发展基本情况

贵州省大数据产业的发展以贵安新区为核心，在这个成立仅三年的国家级新区的热土上，大数据产业生根发芽，风生水起，给贵州、给中国带来了一场"数据革命"，正在努力打造中国的"数谷"。2016 年，贵阳市大数据产业规模为 1302 亿元，大数据企业主营业务收入达到 650 亿元，两项指标在全省的占比均超过 50%。贵安大数据的发展成果离不开科技企业的支持，这里引进了世界 500 强企业以及中国民营 500 强企业，如华为、富士康、微软、IBM、浪潮、中兴、腾讯、阿里巴巴等强势公司在这里落户。2017 年，"云上贵州"大数据产业发展公司被中国大数据技术与应用联盟评为"全国大数据优秀企业"。

（二）贵州省文化产业的发展

近年来，贵州结合本省实际，充分开发利用特色文化资源进行创新创意，依托民族资源、红色资源、非物质文化遗产资源等特色，推出一系列彰显民族文化特色的名村名镇、演艺剧目、艺术精品、文化节庆等文化项目和产品。如贵州着力打造的"多彩贵州"这一品牌，在全国乃至世界掀起一股"多彩贵州风"热潮。贵州省还将精准扶贫工程纳入文化产业的发展中，积极探索文化产业与精准扶贫融合发展的路子。如将蜡染、刺绣、织锦、竹编、银饰等特色民族文化符号作为特色资源来开发，打造特色文化创意产业。

（三）贵州省大数据与文化产业的融合发展

1. "大数据＋文化产业"深入发展

近年来，贵州省大数据产业发展如火如荼，文化产业发展迅速，而二者融合发展的"大数据＋文化产业"模式也渐成趋势，并且得到深入发展。第一，文化旅游业。借助大数据的信息优势，打造智慧旅游。所谓智慧旅游，即利用互联网、云计算、虚拟现实、地理信息系统等最新技术，搭建基于海量旅游数据的数据采集、整合、管理及应用的技术平台，共享数据。目前，贵州省正逐步跨入全省智慧旅游景区建设新时代。如贵阳市花溪区的青岩古镇景区、铜仁市的梵净山景区、黔东南州的西江千户苗寨景区等，都打造了智慧旅游景区。智慧旅游的建设不仅方便了游客的出行，而且能提升景区的品牌影响力。第二，会展业。贵州目前也积极依托大数据的信息资源，举办大数据产业博览会，集中体现了"大数据＋文化产业"的优势。第三，出版业。图书出版集团为了挽救损失，顺应大数据、互联网技术的发展潮流，积极开拓数字出版业务。第四，影视业。"大数据＋影视业"大放异彩，尤其是在票房预测、剧本选择、拍摄制作、后期营销等方面，都具有很重要的意义。第五，在艺术品经营业、体育产业方面，也在日益开展对大数据的应用。

2. 各市（州）积极发展文化产业

省内各市（州）也积极发展大数据、文化产业，并且探索二者的融合发展方式。贵阳市是贵州省的省会城市，与大数据产业发展中心——贵安新区距离较近，能够较大程度地享受到大数据所带来的信息便利。而且，文化产业在贵州省内来说，起步较早，经济基础雄厚。因此，贵阳市在大数据与文化产业的发展方面成果较多。遵义市旅游业、茶产业与大数据的融合发展程度较深，文化产业项目招商引资成果显著，文化产业园区建设数量较多。六盘水市积极响应国家大力发展文化产业的号召，紧紧围绕文化资源转化这一发展关键，将六盘水得天独厚的文化资源转化为文化产业发展优势，尤其是在山地旅游业和体育产业方面。毕节市在文化旅游业、会展业、影视演艺业等主要文化行业取得了成效，注重文化产业项目的招商引资，注重培养文化人才，注重建设文化产业园区，发挥集聚效应。安顺市旅游业发展突出，注重打造文化产业园区，注重培养文化专业人才。铜仁市旅游业、影视业发展突出，重视民族文化产业园的打造。黔东南苗族侗族自治州主要是旅游业、会展业、出版业等文化行业发展较为突出，文化产业园建设初见成效。黔南布依族苗族自治州的旅游业、动漫业、影视业等发展突出，文化产业园区建设较有成就。黔西南布依族苗族自治州旅游业、出版业、影视业、体育产业发展突出，文化产业园建设发展强劲。

3. 各行业门类发展相对较为平衡

就贵州文化产业的整体发展情况来看，各文化行业都与大数据产业有了一定的融合，且发展较为平衡。在文化旅游业方面，发展智慧旅游渐显成效；在会展业方面，打造智慧会展渐成趋势；在图书出版业方面，发展数字出版日益兴盛；在广播影视业方面，"大数据＋影视业"大放异彩；在艺术品经营业方面，正在探索与大数据融合的途径；在体育产业方面，大数据也催生带动了很多新兴的商业模式。而具体到各市（州），贵阳市内各行业发展较为均衡，其他市（州）大多偏向于旅游业、影视业、会展业等行业，而出版业、动漫业、体育业等发展较为薄弱。因此，除贵阳市外，其他各市（州）内各行业发展有所偏重，还需要进一步平衡发展。

4. 整合资源发展特色文化产业

贵州省地处喀斯特地区，气候比较适宜，自然资源丰富而独特，而且贵州省历史悠久，人文历史资源较为丰富，如夜郎文化、民族文化、阳明文化、土司文化、屯堡文化等。贵州省结合本土的特色资源，打造特色文化产业。如在旅游业领域，贵州省凭借独特的喀斯特地貌，开发了织金洞、黄果树、龙宫、万峰林等自然景点；凭借多姿多彩的民族文化，塑造了民俗村寨、民俗博物馆、民族文化产业园等旅游景区。这些都在国内外产生了一定的影响力，成功塑造了"多彩贵州"这一文化品牌。

二　大数据背景下贵州省各文化行业的发展现状分析

贵州省文化产业的发展主要集中在如下几个行业：文化旅游业方面，发展智慧旅游显成效；会展业方面，智慧会展成发展趋势；图书出版业方面，数字出版日益兴盛；广播影视业方面，大数据分析深入发展；艺术品经营业方面，数字经营助发展；体育产业方面，体育大数据正兴盛。

（一）文化旅游业：发展智慧旅游显成效

贵州省地理位置优越，地处云贵高原，气候常年湿润，自然旅游景观丰富，境内有安顺的黄果树瀑布、铜仁的梵净山、织金的织金洞等。另外，贵州历史悠久，民族众多，具有丰富而独特的历史文化资源、民族文化资源。如雷山县的西江千户苗寨、国家 5A 级景区青岩古镇、安顺的旧州古镇等，都是各具特色的人文景观。

近年来，贵州省依托本省的优势旅游资源，充分利用本省发展大数据的契机，推动"大数据+大旅游"的深度融合，深入发展智慧旅游。2014 年，出台了《贵州省大数据产业发展应用规划纲要（2014—2020 年）》，其中提出的"智慧旅游云"就是大数据在旅游业的应用计划。其中，青岩古镇就运用"智慧旅游云"打造了智慧旅游景区，在票务及门禁系统（售票电脑化、验票智能化、数据网络化）、停车场系统（统计车辆进出及停放数据，为游客指示停车地）、WiFi 全覆盖系统等方面体现了大数据的优势。此外，青岩古镇景区还推出了 App——"玩转花溪"，包含 VR 全景、古镇峰会、重点项目、文化探寻、文创导购等内容，还有官方网站，也对青岩的吃、住、行、游、购进行了数据统计，方便游客了解当地的天气、景区、购物、特产、美食、停车、住宿等信息。

贵州智慧旅游景区的建设离不开众多优势企业的支持。如中寒科技以乡村旅游为开发目标，建设了"云上村落"数据系统，包含中国所有传统村落的数据。其中，贵州省已有 546 个传统村落的相关数据信息被采集、收纳、整理，不仅有利于传统村落的保护，也有利于发展乡村旅游，依托大数据把传统古村落的民风、民俗等信息进行数字化共享。

目前，省内还有多家景区正在建设或已经完成了智慧景区的建设，如遵义市汇川区，通过招商引资大力发展智慧旅游，着力打造海龙屯景区。毕节市百里杜鹃景区 2015 年投入 4000 万打造智慧景区，实现电子售票、电子验票、电子地图、WiFi 全覆盖、车辆智慧停车等。① 六盘水市钟山区着力发展以"互联网＋旅游""科技＋旅游"为核心的智慧旅游，并且初显活力。铜仁梵净山景区也在智慧旅游景区建设方面做了很多努力，打造畅玩典范景区，建设梵净山品牌。黔东南苗族侗族自治州雷山县着力开展西江千户苗寨的智慧景区建设，构建五大电商平台：智游宝分销平台、资源采购平台、农特色产品网络交易平台、移动端 App 资源整合平台、移动端微信双向服务平台，在数据方面丰富了西江的苗族文化。

（二）会展业：智慧会展成发展趋势

会展业是文化产业中的重要行业门类之一，如贵州举办的国际民间工艺品博览会、大数据产业博览会、贵阳珠宝玉石及收藏文化博览会、国际酒类博览会、国际茶产业博览会等，对当地社会经济发展具有重要的带动作用。自 2015 年以来，贵州已经成功举办了三届贵阳国际大数据产业博览会（以下简称"贵阳数博会"）。贵阳数博会立足国际化、专业化，旨在打造汇聚全球范围内大数据专业人才和企业的合作交流平台。

---

① 张丹莉：《贵州 4000 万打造百里杜鹃景区智慧旅游》，中国新闻网，2015 年 3 月 2 日，http：//finance. chinanews. com/cj/2015/03 – 02/7093693. shtml。

2017 年 6 月，中国会展业大数据中心落户贵阳，是贵阳大数据发展的必然结果和重要契机。同时，《中国智慧会展（贵阳）宣言》发布，为中国发展会展业大数据提供了纲领性指导。[①] 在不久的将来，会展业将逐渐在传统会展的基础上升级，朝智慧会展业发展。

（三）图书出版业：数字出版日益兴盛

图书出版业是文化产业的重要门类，随着互联网技术、新媒体技术的飞速发展，传统的图书出版业受到了极大冲击。图书出版集团为了挽救损失，顺应大数据、互联网技术的发展潮流，积极发展数字出版。

贵州省新闻出版广电（版权）局专门设立了数字出版管理处，负责贵州省互联网出版、数字出版等方面的日常管理工作，对网络文学、书刊等业务进行监督与管理。贵州出版集团也顺应数字出版的潮流，积极发展数字出版。如贵州出版集团，积极推进"亚青动漫"项目，开发差异化的数字产品，整合信息技术、特色内容资源、新媒体运营方式，形成了"互联网 + 特色资源"的贵州特色数字出版运营模式。

2016 年 3 月，由中国出版协会发起的数字出版"三个一百"工程，旨在帮助 100 家出版单位完成数字化转型，其中，贵州大学出版社成功入选。贵州大学出版社也已经进入了数字化出版转型阶段。2016 年，贵州省新闻出版广电系统提出了"海龙屯"多媒体出版及数字化传承项目。

（四）广播影视业：大数据分析深入发展

2016 年，贵州省新闻出版广电系统编制了《贵州省新闻出版广播影视业"十三五"发展规划》，其中提到了"云上贵州——7 + N"媒体云项目，标志着大数据产业与广播影视产业的融合范围越来越广、程度越来越深。

在影视业，"大数据 + 影视业"也大放异彩，尤其是在票房预测、剧本选择、拍摄制作、后期营销等方面，都具有很重要的意义。如美国视频网站

---

① 王婉：《中国会展业大数据中心在贵阳成立》，《贵阳晚报》2017 年 6 月 14 日。

NetFlix，就基于大数据拍摄了电视剧《纸牌屋》，其成功上映也刷新了全球影视业对大数据应用的看法。再者，腾讯视频则表示，通过分析网络文学作品的点击率，可以决定其是否可以改编成剧本，以实现较好的收视率。目前，大数据分析正深入电影产业的方方面面，为影视作品的制作及营销提供了重要的分析数据。

（五）艺术品经营业：数字经营助发展

为了更好地促进民间手工艺品的发展，贵州省自2015年以来，每年举办中国（贵州）国际民族民间文化旅游产品博览会（以下简称"民博会"），向外界展示贵州丰富多彩的民间手工艺品。如在历届民博会上，展示了贵州苗族的刺绣及蜡染工艺、瑶族药浴等技艺，还展示了其他来自世界各地的手工艺，例如埃及树皮画、非洲手鼓、印度地毯等。此外，民博会举办期间，组委会推出了民博会微信公众号，为游人提供免费WiFi、移动终端，便于人们及时关注动态，还采用线上线下同时开播模式，展现"云上贵州·数据贵安"的大数据优势，提升民博会的信息化水平。

为了促进传统艺术品与大数据的融合发展，贵阳市于2016年6月举办了"2016传统艺术品大数据时代"专项研讨会。与会专家紧密围绕传统文化与大数据技术二者的关联性进行探讨，提出了依托大数据促进传统艺术品传播的新路径。

（六）体育产业：体育大数据正兴盛

在大数据日益发展的今天，体育科技日益多元化，其中大数据和人工智能承担着重要角色，体育行业中的数据捕获、存储和分析技术也不断成熟，使体育行业与大数据技术深度融合发展。现今，大数据技术已经初步在体育领域中得到运用，如在比赛中利用大数据预测分析输赢或比赛趋势。而且，运动员身体状况的相关数据也能通过传感器收集，这样就能实时监控运动员的表现、训练、备战、情绪等，有利于提升运动员的技能水平。在体育赛事的转播方面，大数据也改变了传统的方式，增加了直播赛事平台，为提高收视率发挥了重要作用。此外，随着通信技术的发展，"体育业＋大数据"已经催生出很多新兴商业模式。

当前，贵州省已经设立了体育大数据平台，全面覆盖体育机构、组织场地及人才等重要数据资源，着力打造"线上体育产业园"。2017年6月，贵州省体育局文化宣传信息中心与贵州永动力体育文化发展有限公司合作，签订了《贵州体育大数据战略合作框架协议》，双方共同致力于在竞技运动、山地户外、体育产业等方面的融合发展，提升贵州体育的影响力。①

三 贵州省文化产业发展的 SWOT 分析

贵州省文化产业的发展机遇与挑战并存，优势与劣势同在。当前，贵州省文化产业的发展存在省内各市（州）间发展不平衡、大数据与文化产业的融合不够深入、精通大数据与文化产业的复合型人才缺乏等劣势。

（一）优势和机遇

1. 文化资源优势

如前文所述，贵州历史悠久，境内夜郎文化、民族文化、土司文化、屯堡文化等文化资源十分丰富，为贵州发展文化产业提供了深厚的资源转化基础，也为贵州省塑造特色文化品牌提供了资源基础。

2. 人才技术优势

近年来，贵州省积极引进、培养大数据人才，支持贵州省大数据产业的发展。2016年2月，教育部公布了新增专业——数据科学与大数据技术。2017年3月，贵州有5所高校获批该专业招生资格，包括贵州大学、贵州师范大学、安顺学院、贵州商学院、贵州理工学院等。另外，贵州举办人才博览会，广泛吸纳海内外大数据专业人才，为人才提供优厚的待遇。

---

① 刘钰银：《贵州省体育局打造"线上体育产业园"》，《贵州日报》2017年6月26日。

3. 资金机遇

贵州大数据的发展成果离不开科技企业的支持，这里吸引了世界500强企业以及中国民营500强企业来落户，如中国三大电信运营商、华为、富士康、微软、IBM、浪潮、中兴、腾讯、阿里巴巴等强势公司等。同时，这些大数据企业为贵州省大数据产业的发展带来了大量资金。其中，中国三大电信运营商、富士康、中关村科技园等在贵州投资总额达到千亿元。在贵阳·深圳大数据和文化旅游产业发展推介会上，贵州大数据取得了华侨城、中兴通讯、华为等企业的青睐，相关项目总投资达375亿元。

4. 高铁时代到来

过去，贵州省交通条件落后，很大程度上制约了贵州社会经济的发展。经过近几年高速铁路的建设，贵州省迎来了高铁时代。目前，贵州省各中心城市大多已开通高铁，省内交通便利。并且，随着沪昆高铁、贵广高铁贵州段的建成通车，到武汉、上海、昆明、广州及北京等大中城市的时间大大缩短。随着高铁时代的到来，贵州省在地理区位上的优势也逐渐凸显，与大数据的信息区位优势相得益彰，共同促进贵州省文化产业的发展。

（二）问题与挑战

1. 省内各市（州）间文化行业发展不平衡

课题组调查显示，目前，贵州省文化产业整体发展情况较好，各行业间发展差异较小，然而，具体到各市（州）间，则出现了发展不平衡的状况。如贵阳市是贵州省省会城市，经济基础雄厚，文化产业各行业门类基本齐全，发展较为平衡；遵义市重点发展旅游业，重视茶产业与大数据的融合发展；六盘水市重视发展山地旅游业和体育产业；毕节市重视发展旅游业、会展业、影视业、演艺业等；安顺市重点发展旅游业；铜仁市发展旅游业、影视业；黔东南苗族侗族自治州发展旅游业、出版业、节庆会展业；黔南布依族苗族自治州发展旅游业、影视业、动漫业等行业。综合以上统计资料，贵阳市各文化行业门类比较齐全，毕节市、黔东南苗族侗族自治州、黔南布依族苗族自治州文化行业发展门类基本齐全；安顺市、铜仁市、遵义市则偏重于发展旅游业，表现出文化行业门类发展不平衡的现象。

2. 大数据与文化产业的融合程度不够深入

近年来，贵州省大力发展大数据产业，重视文化产业的发展，大数据与文化产业进一步融合发展。当前贵州省文化产业中的行业门类如旅游业、出版业、会展业、动漫业与大数据产业有了初步的融合。然而，由于发展时间尚短等原因，贵州省文化产业与大数据的融合程度并不是很深，还需要进一步加深。目前，贵阳市、遵义市的诸多文化行业与大数据产业融合广泛，六盘水市、铜仁市、毕节市、黔南布依族苗族自治州等市（州）文化产业中的旅游业与大数据融合程度较深，如打造智慧景区等，而其他行业门类与大数据产业的融合并不是很广泛。因此，综合贵州省各市（州）的总体情况来看，大数据与文化产业的融合程度还不够深入，需要进一步加深融合程度，扩大融合的行业范围。

3. 精通大数据与文化产业的复合型人才缺乏

经过近几年的发展，贵州省内很多高校已经开设了文化产业管理专业，如贵州大学、安顺学院、贵州师范学院、贵州师范大学、贵州民族大学、贵州民族大学人文科技学院等高校。这些高校都是专门培养文化创意方面人才的，为研究文化产业奠定了人才基础。2017年3月，贵州大学、贵州师范大学、安顺学院、贵州商学院、贵州理工学院获批开办数据科学与大数据技术专业，保证了大数据专业人才的培养。然而，将大数据与文化创意产业相结合的专业还没有，这样就会导致懂数据的人才不懂文化策划，懂文化策划的人才又不精通数据信息。因此，结合贵州省当前促进大数据与文化创意产业融合发展的实际需求，复合型人才的缺乏成为一大瓶颈，这一问题迫切需要得到解决。

四 贵州省大数据与文化产业融合发展的路径

综合以上资料分析，课题组认为贵州省在大数据与文化产业融合发展的道路上，可以从加强融合力度、加强人才培养、加大政策支持、注重整合资源打造优势品牌等方面着手进行。

（一）加强大数据与各文化行业的融合力度

近年来，贵州省在大数据与文化产业的融合方面加大了推进力度，在旅游业、出版业、影视业、会展业、艺术品经营业、体育产业等方面取得了一些成果。然而，就省内各市（州）来说，大数据与各文化行业的融合程度并不乐观，有些市（州）积极发展大数据，并且初步形成了融合发展的成果，如智慧旅游、智慧会展等，有些市（州）则只侧重于发展某一个行业门类，如侧重于发展旅游业。贵州省在全国来说，经济总量较小，利用自身的优势，发展大数据产业是一个很重要的契机，发展文化产业这一朝阳产业也是大势所趋。因此，大数据与文化产业融合发展是贵州省很重要的选择。今后，贵州省的大数据将服务全省乃至全国，在文化产业行业中的应用不能局限于旅游业、出版业、会展业等几个文化行业，还应该在其他文化行业中大放异彩。

如上文所述，整体来说贵州省大数据与文化产业的融合较为广泛，有了一些成果。然而，就贵州省各市（州）而言，各市（州）之间、各市（州）内部的各文化行业之间都存在着发展不平衡的现象，不利于贵州省整体大数据与文化产业的融合发展。因此，在今后的发展中，各市（州）要积极向全省发展看齐，大力推动本市（州）大数据与文化产业的融合发展。此外，各市（州）还应该注意内部发展不要过度倚重于某一两个文化行业，应积极利用本土的资源优势，平衡发展市（州）内较有发展基础且有良好发展前景的文化行业，带动市（州）整体大数据、文化创意产业的发展。

（二）培养精通大数据与文化产业的复合型人才

人才资源对当地社会经济的发展起着重要的推动作用，在当前激烈的竞争中，取得人才资源优势对于贵州省的发展也是大有裨益的。如前文所述，目前，贵州省内有多所高校已经开设了大数据、文化产业管理专业，培养这些方面的专业人才。随着贵州省对大数据与文化产业融合的重视与推进，这方面的复合型人才显得尤为重要。然而，省内并没有出现大数据专业、文化产业管理专业融合而成的专业，相关人才出现了供不应求的局面。为了贵州省今后在大数据与文化产业融合方面能更进一步，省内高校应该积极配合省情，开设相关专业或是在培养某一个专业时对融合发展有所侧重，培养既精通大数据又熟悉文化创意产业的复合型人才，以满足建设需求。

（三）进一步加大政府对优秀文化企业的政策扶持

在贵州省大数据与文化产业的融合发展中，文化企业是主体。因此，文化企业的发展至关重要，而文化企业的发展离不开政府政策的支持和保障。贵州省各级政府应该尽快制定并出台一些促进文化企业发展的政策，来激励文化企业体制机制的创新。政策的制定需要立足贵州省及各市（州）的实际情况，如经济基础、文化资源等，结合当前国家促进文化大发展、大繁荣的相关文件，来制定契合贵州省文化产业与大数据融合发展的实际需求的政策或措施，切实激励文化企业的创新与发展壮大。如鼓励文化企业生产具有贵州文化特色的文化产品；对企业几年内免税或减税、提供资金支持、降低金融贷款利息等；对在省内乃至全国产生品牌效应的企业进行年度表彰等。这些政策或措施都能够在一定程度上起到重要作用。

（四）整合省内优势资源打造特色竞争品牌

贵州省地理位置得天独厚，气候宜人，适宜大数据产业的发展，并且大数据发展取得了一定的成果，尤其是以贵安为中心的周边片区。贵州省也是我国少数民族聚居区，辖区内民族文化资源丰富而独特。而且，贵州文化创意产业的发展有了一定的基础，旅游业、会展业、体育业等已经初步形成了一些品牌。今后，贵州省应该进一步整合区域内的优势资源，形成一批具有贵州特色的文化品牌，发挥品牌的无形资源优势，增强贵州省的整体竞争力。

黔东南苗族侗族自治州苗族节日
饮食产业发展研究*

赵尔文达　赵　艺　姜华君**

摘　要： 聚居于黔东南苗族侗族自治州的苗族具有特色鲜明的饮食文
化。近年来，伴随着贵州省大力发展全域旅游的契机以及高铁
时代的来临，黔东南苗族侗族自治州苗族饮食产业也面临着前
所未有的发展机遇。本文通过对黔东南州苗族节日饮食文化的
梳理，发现其饮食文化产业的发展目前存在局限和不足，认为
可通过增加游客体验、凸显药用价值、创新改良包装等方式促
进黔东南苗族侗族自治州苗族饮食文化产业实现可持续发展。

关键词： 黔东南　苗族　节日　饮食

　　苗族是贵州省人口最多的世居少数民族，在贵州境内，苗族人口最为集
中的区域为黔东南苗族侗族自治州（以下简称为"黔东南州"）。黔东南州
属亚热带气候区，气候温热，雨量充沛，山地多丘陵少，仅有零星盆地。一
方水土养一方人，居于黔东南州的苗族群众，因长期从事山地农业耕种实
践，形成了喜酸、辣、熏及饮酒等特色鲜明的饮食文化。

＊　本文为四川省哲学社会科学重点研究基地川菜发展研究中心项目"民族文化生态保护区视域
下黔东南苗族节日饮食文化研究"（项目编号：CC17W12）研究成果。
＊＊　赵尔文达，苗族，中央民族大学民俗学专业 2019 级博士生，研究方向为文化遗产与文化产
业；赵艺，贵州民族大学人文科技学院 2016 级文化产业管理专业学生；姜华君，苗族，贵州
民族大学人文科技学院 2016 级文化产业管理专业学生。

一 黔东南州苗族节日文化资源禀赋

聚居于黔东南苗族侗族自治州的苗族支系众多，如居于雷公山北部、凯里、镇远、黄平、台江等地的北部亚支系，因其服饰特征被称为"黑苗"或"长裙苗"；分布于丹寨、雷山、剑河、麻江等县市交界地区的苗语南部亚支系，因其服饰特征被称为"短裙苗"；与黎平、榕江以及广西的融水、环江、三江接壤的岜沙，因其发型椎髻，被称为"后棍"；等等。

"节日是不同族群依赖于各自的运势，平添在时间之流上的特殊人文意蕴。"[①] 黔东南州苗族各支系民众将平凡的日子赋予自己民族的历史文化内涵，使其成为独具特色又具有深刻意义的民族节日，按照节日性质，可分为祭祀性、农事性、社交性等节日类型。因信仰体系影响，黔东南州苗族祭祀性节日有台江、剑河、榕江、雷山地区祭祀祖先的苗年（每个地区苗族过苗年时间不一，在10月至11月上旬不等），台江地区为小儿祈求平安健康的农历二月二敬桥节，以及雷公山地区祭祀祖先的鼓藏节，等等。受农耕文化影响，黔东南州苗族节日体系的构建体现出浓郁的农耕文化气息：如为预祝插秧顺利和新谷丰收，台江地区的"开秧门"；农历五月插完秧后的卯日的"敬秧节"；在秋收前后，为预祝或庆祝丰收所过的"吃新节"；等等。社交性节日则有台江县革一地区正月初一"捞鱼节"、雷山县黄平县等地的"爬坡节"、清水江中游沿岸苗族特有的"姊妹节"、凯里市和黄平县的"芦笙会"等。其中，雷山县、榕江县"苗族鼓藏节"分别在2006年、2011年被列入国家级非物质文化遗产代表性项目名录，台江县"苗族姊妹节"也于2006年被列入国家级非物质文化遗产名录。

节日文化作为富有特色的文化资源，已被政府、学界和社会高度重视，独特的节日文化逐渐成为重要的旅游资源，如台江县的姊妹节，便成为台江

---

① 王学文：《中国文化节日》，五洲传播出版社，2014，第9页。

的一张名片，对台江县文化旅游活动的开展起到重要作用，真正意义上做到"经济借文化发展，文化借经济传播"。

二 黔东南州苗族特色饮食简述

节日，属于文化范畴；节日饮食，是一个族群传达其精神及物质文化的载体概念。聚居于黔东南苗族侗族自治州的苗族具有特色鲜明的节日饮食文化，与其特定地理环境和民族传统密切相关。

（一）黔东南州苗族特色饮食

1. 多色糯米饭

黔东南苗族种植稻米有籼稻米和糯稻米，掺种玉米、小麦、黄豆、薯类等杂粮。主食以稻米为主，将杂粮掺杂一起加工成食物后食用。[①] 苗家流传着这样一句话"无糯不过节，无糯不成立"，在苗族群众的饮食中糯米占极其重要的地位。黔东南苗族认为吃黏米饭"不够抗饿"，且黏米饭不及糯米饭香。可蒸熟直接吃，也可打成糯米粑，形式多样。

黔东南台江县的苗族常用将枫香树叶、苦李子树皮或紫兰草、红草或杨梅树皮、黄花菜等植物榨成黑色、紫色、红色、黄色的水汁将糯米浸泡染色，制成黑、紫、红、黄色四种颜色，加上原色糯米饭共五种颜色，称为"五色糯米饭"，常在姊妹节、苗年时食用。黎平县肇兴乡的苗族在农历三月初二的谷雨节常食用乌米饭（用乌饭树的叶子汁浸泡的糯米所蒸），还把其当作定亲的祥物和标志。榕江县苗族在农历三月三的"三月粑节"这一天，常食用三月粑（用甜粑藤汁水浸泡糯米使其染色，后将糯米滤干水分舂成粉，加入黄草汁后捏成团，再下油锅翻烙）来辟邪，以祈身体健康。

2. 腌、熏食材

历史上，黔东南苗族与外界接触少，所食所用皆自给自足，由于贵州黔

---

① 黔东南苗族侗族自治州地方志编纂委员会：《黔东南苗族侗族自治州志·民族志》，贵州人民出版社，2000，第 98 页。

东南地区湿热的气候环境使得食材难以长期保存，因此丰收时节习惯将食物储存以增长食材的保质期，常用的储存方法便有腌、熏，"苗人凡渔猎所获，咸糜于一器"①。

在蔬菜的制作上，常把青菜、油菜、萝卜、豇豆等用泡、腌等手法制成各类酸菜，如盐菜、酸豇豆、酸萝卜等，在各类节日中，这些酸菜既可作为主材亦可作为佐料出现在各类菜品之中。

在肉类的制作上，则主要运用腌、熏的手法。如黔东南榕江县、从江县苗族常将吃新节新捕的稻花鱼、新鲜猪肉加盐、辣椒、花椒等，利用腌糟腌制，并用木桶密封两三月后可食用，这便是当地有名的腌（方言音为"àn"）鱼。黔东南苗族在杀年猪的时候，为方便肉类的保存，会将肉分为五指见方一块，用佐料腌制后，将肉穿孔用棕叶系好，挂在火炉边，任由肉在火炉上熏，直到变黑油滴不下来为止，这便制成了黔东南苗族喜爱的腊肉，是在各节日中黔东南苗族餐桌上必不可少的菜品。

3. 酒水

黔东南苗族自古就有饮酒的习惯，酒对于黔东南苗族人来说是生活中必不可少的一部分，对待远道而来的客人他们也会毫不吝啬地献上自己的美酒。同时，在过年过节、婚、丧、祭神、敬神、敬祖宗等时，都要用酒，特别是做重活，闲暇时大家都会坐下来喝上几杯。大部分黔东南苗族人都能自制酒，自酿甜酒，有杨梅酒、刺梨酒、苞谷酒、米酒，其中，米酒是黔东南苗族人的一绝，米酒是黔东南苗族人招待贵客或者过年时才舍得拿出来享用的，平时他们都是喝杂粮酒。黔东南苗族的米酒色泽清亮，鼻闻有米香，不刺鼻，下口绵柔，不辛辣，吞后嘴有回甜，深受苗族人的喜爱。

在黔东南和桂东北接壤的一带苗族，还有"打油茶"的习惯。② 用油炒过米花、黄豆、花生、芝麻、小油果等，放入葱花，将茶水倒入，佐以灰碱粑用来在红白喜事时招待客人。

---

① （清）田雯：《黔书》，贵州人民出版社，1992。
② 贵州省民族事务委员会：《苗族文化大观》，贵州民族出版社，2009，第86页。

4. 其他特色饮食

"千里不同风，百里不同俗"，黔东南各县的餐食形式各样，各具特色。如剑河县腌鱼、三穗县灰碱粑、锦屏县酸菜、黄平县凉虾、凯里市酸汤鱼、黎平县肇兴乡牛瘪汤等菜品，都是黔东南苗族喜爱的菜肴。其中酸汤鱼是黔东南苗族最具盛名的菜品，而凯里市的酸汤鱼最具有代表性，"老凯俚酸汤鱼"便为全国许多城市带去了黔东南苗族的味道，形成了品牌效应。

黎平县肇兴乡牛瘪汤是黔东南地区非常独特的一种食品，并作为地道的特色菜，被黔东南苗族视为待客上品。食"牛瘪"在宋朝就已存在，据宋代朱辅著《溪蛮丛笑》记载："牛羊肠脏，略洗摆羹，以飨食客，臭不可近，食之则大喜。"因为牛食百草，其中许多是草药，而且牛胆有消炎、牛黄有清火泻热的功效。因此包含了牛的消化胃液的"牛瘪"既是一道美味独特的美食，还具有消炎解表、治疗炎症和感冒等功用。

（二）黔东南苗族饮食特征

1. 食材天然，原汁原味

黔东南苗族人多居住在远离城市的山区，交通闭塞，经济相对落后，商品交换不频繁，主要靠山地农业和狩猎采集食物，苗族人长期处于自给自足的自然经济形态，这种传统的农耕文明使得苗族人不得不依赖就地取材。苗族人的肉类、蔬菜类都是依靠自家养殖、种植。肉类主要有鸡、鸭、鱼、猪、羊等，都是通过自家养殖供给食物；蔬菜类除自家种植的蔬菜外，以一些山野菜辅佐，如竹笋、折耳根、蕨菜、木耳、野黄花等。另外，部分黔东南苗族还保留了狩猎、捕猎的习惯，将捕捉到的野兔、野鸡、鸟、蛇、虾、蟹、蚂蚱、蜂蛹等入菜也是常见。这种"靠山吃山，靠水吃水"的饮食习惯，产生了苗族特殊的饮食文化，也保留了食物中的原汁原味。

2. 多便于储存，喜酸辣腌熏

贵州素有"天无三日晴"的气候状况，多阴雨天气，导致食物难以储存，因此黔东南苗族人会采用腌制和熏制的方法储存肉类，不仅延长了食物的储存期限，也形成了另一种独特的饮食习惯，"腊月杀年猪，过年吃腊肉"已成为黔东南苗族过年的常见风俗。阴雨天气使得风湿和感冒在贵州地区流行，由于辣椒具有散寒除湿、开胃的作用，所以贵州人形成了以辣椒为主要调味料的饮食特色，黔东南苗族亦是如此。前已述及，在贵州盐资源缺乏的历史背景下，黔东南苗族人创造出属于苗族特色的酸，并且把酸辣结合起来，由此制作出的酸汤鱼、酸汤牛肉等不仅入口酸味鲜美、辣劲十足，而且令人胃口大开，也能达到散寒祛湿的效果。今日贵州虽已不再缺盐，但当地已形成喜食酸辣的饮食特征。

3. 器皿天然古朴，就地取材

从前贵州山区交通不便，耕地较少，资源较为贫乏，由此，就地取材制造器具成了黔东南苗族应对自然最基本的生存反应。如今，这些器具仍作为传统习惯传袭下来。如加工食物的工具有木槽、石舂、石碾、石磨等，常用的饮食工具还有舀水用的葫芦瓢、喝酒用的牛角、竹筒饭的竹筒、包裹苞谷粑的新鲜玉米叶等。这些器具就地取材，古朴自然，由此制作出来的食物保留原汁原味的独特味道。在黔东南许多苗族村寨，为了表示对客人的热烈欢迎，常在寨门设"拦门酒"，用牛角盛上米酒接待客人。

三 黔东南苗族节日饮食现状观察及成因分析

（一）饮食习惯逐渐趋于普同化

苗族文化不断发展，呈现出普同化的趋势，尤其在饮食习惯中较为突出。黔东南苗族的部分饮食为了迎合大众口味，将其传统饮食味道改变以迎合市场需求，甚至还有不良商家偷工减料或者因传统的制作工序太耗时，为节约成本满足大量的顾客而采用其他的材料代替，如用工业用酸来制作酸汤，使食物风味口感大打折扣。这样虽能使其在短期内赢利，但改变了黔东南苗族传统饮食的文化内涵，更存在食品安全问题。

近年来，贵州省进入"高铁时代"，丰富多彩的民族文化资源在交通逐渐便利的推动下，使"大旅游"战略得以实施和体现。随着贵州省政府对旅游业的重视，一系列旅游优惠政策出台，其中不乏外地人看到商机，前来发展饮食行业。在带动当地的经济发展的同时，技术上的转变和食材上的替代，削弱了当地苗族饮食文化的原真性。另一方面，当地苗族从前闭塞的生活环境逐渐对大众开放，推动了苗族群众与外界接触，苗族饮食文化被外来饮食文化影响越来越大，逐渐失去其特有的风格与特点。

（二）文化内涵缺乏深度挖掘、宣传

黔东南苗族的饮食特征，是其民族文化的深刻反映和集中体现。不仅是山地农耕文明的象征，更是其民族信仰的外在表述。但如今许多从事餐饮行业的黔东南苗族民众或外来人士，对苗族饮食知其然而不知其所以然。

以杭州"八宝饭""定胜糕""片儿川"等知名小吃为例，选材严格、配料精准、制作考究保证了其口感和味道的质量，加之人们喜闻乐见的民间传说和故事赋予了这些小吃文化厚度，以至于游客们慕名而至。与这些相比，黔东南苗族的饮食本身蕴藏着丰富的民族文化内涵，但缺乏对其饮食文化的深度挖掘和提炼，忽略了对其饮食文化内涵的普及和宣传，外来游客对于黔东南苗族的"牛瘪""五色糯米饭"等食物多持猎奇心态，朝着其噱头而来，缺少对其文化内涵的认知和理解。目前，黔东南苗族的老字号美食除"老凯俚酸汤鱼"为少数外省人所知外，缺乏其他较有特色的美食品牌，也缺乏品牌的营销宣传。

（三）制作技艺传承人老龄化趋势明显

除像西江千户苗寨这样旅游开发较为成熟的苗族聚居区有许多年轻人从事与苗族饮食相关的餐饮行业外，黔东南许多苗族聚居区现已鲜有年轻人在家务农或以苗族餐饮业为生了，上了年纪的老人留守在家，依然承袭着传统苗族饮食习惯。

黔东南苗族传统饮食特色为喜糯食、酸食、熏食、辣食，喜饮米酒，但随着社会经济的发展和交通运输的改善，食物品种也逐渐多样化，黔东南部分地区的年纪较大的人还秉承着制作传统特色食品的习惯，但年轻人由于长期外出读书或就业，则更倾向于接受方便快捷的快餐文化。另外，黔东南苗族的一些特色菜品如腌鱼、腌肉等，因制作工序烦琐、腌制时间较长，现已有许多年轻人不愿再学习和继承制作工艺。如今黔东南苗族的饮食制作方面，呈现出老龄化的趋势，传承人严重缺乏，长此以往，将导致黔东南苗族的传统饮食特色弱化，无人继承。

四　黔东南苗族节日饮食产业发展前景

我国自 2007 年正式启动文化生态保护区建设以来，现已建立了包括黔东南苗族侗族自治州在内的 20 个国家级文化生态保护实验区，而近年来，贵州旅游业狂飙突进式发展，与之关系密切的饮食产业也获益匪浅，同时面临着挑战和机遇。黔东南苗族饮食文化在这样的背景下如何能够实现活态传承？饮食产业如何能在节日氛围中追求良性发展？

（一）建立文化自信，实现自主化传承

突出对苗族的文化认同。首先，要增加人们自愿、自主对本民族文化传承和保护的力度，根本在于增强文化自信和文化认同感。这就需要深入开展民族文化教育，不断增强各民族人民对自己身份的认同，建立文化自信，从而促进人们对本民族文化的认可、喜爱，乃至于自觉肩负起保护和传承本民族饮食文化的责任，实现对本民族饮食制作技艺及文化的自主传承。2012 年 12 月，文化部批准设立黔东南为国家级民族文化生态保护实验区。目前，黔东南州正以 2017 年 1 月文化部批复的《黔东南民族文化生态保护实验区总体规划》为蓝图，进一步推进黔东南民族文化生态保护实验区建设进程，这实际上为黔东南州的反贫困事业提供了动力。因而，应抓住非物质文化遗产整体性保护的契机，通过民族文化生态保护区这个载体，实现黔东南苗族群众"家门口"就业，使黔东南苗族群众在充分认可和喜爱本民族文化的基础上，自觉承担起传承、延续和创新黔东南苗族饮食文化的责任。

（二）增加游客体验过程，打造民族品牌

西方经济学家曾称旅游业为"21世纪的朝阳产业"，我国旅游业也已逐渐成为新的经济增长点，而对于拥有丰富多彩自然风光和民族文化资源的贵州省来说，近年更是把"大旅游"作为贵州省经济发展的"三块长板"之一，大力发展全域旅游，做大做强贵州省旅游产业。贵州旅游产业虽然得到了不少外界关注和赞誉，但是其发展模式现今仍然局限在观光游阶段。

黔东南苗族将自家稻田里的稻花鲤鱼用红酸汤烹煮放上餐桌，在食材的选择上体现了黔东南苗族饮食文化的生态性、自然性，使之成为体现出苗族传统饮食特色的标志。凯里酸汤鱼是黔东南州凯里市打造的民族品牌，不仅重视其品牌核心——酸汤鱼的制作，还注意文化氛围的营造：苗族民众着盛装迎客，伴以芦笙与苗歌，让食客身在千里之外却有亲临黔东南之感，增加了食客的体验性和互动性。同时，利用"互联网＋"实行苗族饮食文化的时空无限制传播，提升了线上品牌影响力，加强了线下文化消费力。黔东南苗族的各类特色饮食可借鉴凯里酸汤鱼的发展模式，打造民族品牌。把握苗族鼓藏节、姊妹节、苗年等节日的契机，利用节日的知名度，考虑饮食制作中游客的参与性和互动性，把观光游模式过渡到体验游模式，增强核心文化内涵，提升服务态度和水平，推动竞争力的加强，让游客和食客体验苗族饮食文化的独特性，把黔东南苗族丰富的饮食文化推向大众。

（三）建立校地合作，深挖文化内涵

饮食不仅是民俗的重要组成部分，还可作为重要的旅游资源。针对黔东南苗族饮食文化内涵缺乏深度挖掘、宣传的问题，黔东南苗族侗族自治州可寻求贵州民族大学、贵州大学、凯里学院等高校民族学、人类学、民俗学等相关专业学科团队进行校地合作，组织调研团队通过文献查阅、调查访谈等方式大范围搜集与饮食文化相关的民间传说和故事，挖掘苗族历史文化内涵，梳理文化发展脉络，重新构建苗族饮食背后的文化体系。与此同时，应加大普及、宣传力度，让部分遗忘掉其民族文化的苗族民众重拾本民族传统

饮食文化，如在苗族节日期间，推动民族特色饮食进校园活动、景区特色饮食展演活动等，在校园和景区等地对苗族饮食文化进行宣传，在传承保护的基础上，提高苗族饮食文化资源的竞争力。

（四）搭配药用价值，挖掘商业潜力

在物质生活水平得到极大提高的今天，人们开始注重饮食健康，开始养生，越来越多的人相信"药补不如食补"。而黔东南苗族传统饮食中采用的食材，大多为"原生、无添加剂"，用到的野生香料，其药用价值也不容小觑，不仅能调味增香，还具防腐保健的功效。如制作"牛瘪"时加入的茴香菖蒲，就有治风湿骨痛、无名肿痛、痢疾、腹痛的功效[1]；黔东南苗族的酸汤有调节人体肠道、抑制肠道中腐败菌生长和减弱腐败菌在肠道产毒的作用，有助消化、降低胆固醇以及调节人体生理机能等保健和医疗作用；腌鱼也具有增强食欲、生津助消化和健脾开胃的药用功效，据传十年以上的腌鱼是治疗肠炎和止泻的特效药，这种腌鱼有咸、麻、辛、辣、酸、甜六种口味，吃起来也是骨酥肉软，鲜嫩可口，营养丰富。因此，黔东南苗族可在宣传饮食文化时，将食品与其所附带的药用价值相结合，刺激游客的消费欲望，带动黔东南苗族饮食产业发展。

（五）不断创新，扩大旅游食品销路

目前市场上常见的黔东南苗族食品，多为酸汤鱼、牛瘪火锅等，往往不易携带；近年来为方便携带，腊肉、香肠、腌鱼等食品包装做了更改，但大多用极其简易的真空塑料袋封口，外包装不够吸睛。应考虑在外包装上进行创造和革新，充分利用黔东南苗族精巧的传统技艺和丰富的文化图腾改变其包装的材质和图案，并根据各种节日设计出不同的包装，按照各节日文化内涵的不同进行变换。另外还可通过从工艺的改进上创新，将榕江卷粉、五彩

---

① 陆顺忠，黎贵卿，李秋庭等：《茴香菖蒲挥发油化学成分的研究》，《广西农学报》2010年第5期。

糯米饭等包装进行改良，开发出方便即食的食品，以增加游客购买率和重购率，满足市场需求。

结　语

2017 年 9 月，黔东南州人民政府印发《黔东南国家级民族文化生态保护实验区建设实施计划（2017—2020）》，以期通过努力将黔东南州打造成国内外知名民族文化旅游目的地，这为黔东南州苗族节日饮食文化传承和发展提供了保障。国家旅游局（现文化和旅游部）公布的"国家全域旅游示范区"名单中，黔东南州多个地区入选，全域旅游的打造和发展为苗族饮食文化产业的发展提供了广泛的消费市场。目前看来，黔东南州苗族节日饮食文化产业发展任重道远，但成为区域经济博弈的亮点及特色，指日可待。

文 学 篇

Literature

供需效应与文化再生产：苗族史诗
《亚鲁王》经济功能研究*

杨兰 龚梅**

摘 要： 亚鲁王文化是多元复杂统一体。一方面，世界观与宇宙观、人生观与价值观、仪礼习俗与价值信仰、语言与言语、社会行为与经济活动统一于此，且嵌合地域的活形态仍在持续异变，指涉生产生活诸环节。另一方面，地域文化持有人文化权益的觉醒和观念形态的物质化，不仅汇聚为亚鲁王文化区域的共性文化积淀，亦成为理解地域文化及其衍生的重要突破口。从横纵时空序列理解史诗文本隐含的经济和史诗文化内蕴的供需效应，追寻时空变动下文化异变和实现内外冲击

* 本文为国家社科基金青年项目"苗族史诗《亚鲁王》社会功能研究"（项目编号：15CMZ017）的阶段性研究成果。

** 杨兰，华中师范大学国家文化产业研究中心博士生，《贵州民族大学学报》编辑部讲师，研究方向为民间文艺学；龚梅，贵州省文学艺术界联合会助理研究员，研究方向为农村区域经济与文化产业。

下的文化调适，无疑是符号层累与技术变革下文化驱动经济
发展的重要理论概括。

关键词： 史诗学　经济功能　《亚鲁王》　苗族

　　《亚鲁王》经济功能包括史诗文本隐含的经济事项和史诗文化内蕴的
供需效应。一方面，史诗经济功能的发生学特征源于时空演进下多产业、
原生态的地域经济活动，产生以乡土文化产品为点、地域文化景观为轴的
点轴效应。另一方面，史诗经济功能的动力学特征源于变化秩序下经济活
动约束和激励的强弱转换，产生技术变革下的范式转换和地域社会组织结
构的控制性规范。传统认知中，较少关注史诗文化的经济驱动力，且多认
为史诗文化对区域经济发展影响较小，甚至强调史诗文化对区域经济发展
的反作用，此种观点显然忽视了史诗文化对区域经济发展的积极作用。
"一定的文化（当作观念形态的文化）是一定社会的政治和经济的反映，
又给予伟大影响和作用于一定的政治和经济。"[1] 在人类命运共同体构建的
当下，破解传统文化的代际更替难题，不仅需要智能质造和数据思维的语境
建构，还需要生产者和消费者联合产生创意，[2] 更需要再次回归文本，反思
文本和阐释文本。

一　史诗经济功能的供需效应

　　供给和需求存在于任何社会形态，是经济活动必须遵循的基本经济规
律。马克思供需理论将价值作为基础分析供求关系，用以说明供求关系对价

---

① 《毛泽东文集》，人民出版社，1996，第109～110页。
② Barrère, C. and Santagate, W., "Defining Art. From the Brancusi Trial to the Economics of Artistic Goods", *International Journal of Art Management*, (1998) 2：28－38.

格形成产生的调节作用。随着对供求关系研究的深入，马克思在对供求规律分析的基础上又提出了供求弹性理论，认为社会需要很大的弹性和变动性，社会需要与商品的市场价值联系紧密，市场价值降低，社会需要就扩大；市场价值提高，社会需要就缩小。同时，商品的需求量受消费者收入变化的影响，也就是实际需求量与消费者因商品价格变化而产生的需求量是存在差别的。归属于文学类别的史诗含括诸多经济事项且在历史演进中不断承继，显然对地域内经济活动有重要影响，那么，探寻史诗文本与潜文本，廓清其是否能够在市场中产生经济效应，是否能够在市场中发挥经济功能，是本文研究的重要问题。

（一）显性经济功能

传统文化的现代转型，无疑是连接过去与未来，在传统中找寻未来的发展之根。因此，怎么转型、怎么更新、提供什么成了亚鲁王文化代际更新的难题。

第一，史诗文化的外化。这里所指的文化外化是指史诗文化通过影响麻山苗族的精神观念和行为模式，转化成为可用于交换的实物或者服务。大河苗寨的上刀山绝技、传统的芦笙舞、蓝靛蜡染、乌糯米种植技艺，不管是表演的形式、工艺，还是内在的文化内涵，在市场中，人们除了购买这种商品的使用价值，还从中获取了精神的满足和愉悦，获得了自身之外的情感体验。比如麻山特色乌糯米，这种特有的糯米品种种植难度大且产量小，在满足当地村民的饮食需求之后，剩余部分才满足市场，产品尤显珍贵。消费者通过购买来获得当地饮食体验，这种精神体验是在其他地方所不能获得的，这是麻山文化的独特魅力之所在。地域文化产品在市场中，虽然以实在的价格进行出售，但是其内蕴的精神价值则无法用价格来衡量，在艺术品上面更是如此。

第二，景观的文化外显。亚鲁王文化属于地域文化，它在相对稳定的地域范围内，受自然环境和人文环境的多重影响，逐步形成和发展。因此，它具有相对的稳定性。麻山文化景观由特有的石山、粮仓、干栏式民居等物质因素的和史诗文化、传统民俗、思想意识、行为习惯等非物质因素综合形成。作为吸引外界的第一要素，物质因素最能体现文化的地域性。而非物质因素，则是不易感知的，往往是潜藏在物质因素内的这些非物质因素构成了地域文化的重要组成部分。非物质因素，通常通过物质因素的感受来逐步获得，在地域环境中，非物质因素也常常与物质因素相结合，构成其特有的文化景观，这在集聚了浓厚文化氛围的麻山苗族丧葬礼仪上具有高度集中的体现。丧葬仪式是史诗的重要载体，仪式道具、仪式程序、仪式行为均是史诗文化的外化表现，内涵丰富、意义深远。史诗是麻山苗族与过去联结的介质，也是麻山地域文化的核心要素。

第三，经济的文化外现。在传统的农耕经济中，农业资源和当地文化联系紧密，均与土地不可割离。受农耕文化影响，农耕经济以农户小规模经营为主要的经济模式，换而言之，地域文化的经济功能的实现受制于当地经济模式。当然，地域文化的经济功能除了通过当地的农耕方式来实现，还通过与当地的传统文化发生联系来实现。这种类型的经济活动，主要有两种形式：一种是通过挖掘当地的民俗节庆等文化资源发展旅游，或开展各种招商活动，推动当地经济发展；另一种是文化部门联合当地政府或企业，形成经济联合体，通过这种互惠互利的方式，以彼之长补己之短，来推动文化经济的发展。但是实践证明，一旦处于利益失衡状态，这种经济联合体就会走向解散。

史诗文本中，有较多文字描述了亚鲁王时期的经济活动，最能体现经济垄断意识的是"争夺盐井大战"。赛阳、赛霸掌控着族中的生盐贸易，亚鲁开采盐井，售卖生盐，激怒了赛阳、赛霸。"赛阳赛霸说，我们是长兄，我们没得生盐井。赛阳赛霸说，我们是长子，为啥得不到盐井？亚鲁是兄弟，亚鲁哪来生盐井？亚鲁是么弟，亚鲁咋能有盐井？我们得去夺盐井，我们要发动战事。"[1]"我们要抢占亚鲁生盐井，我们要夺过亚鲁的盐井。得生盐井

① 紫云苗族布依族自治县《亚鲁王》工作室杨正江翻译整理《苗族英雄史诗〈亚鲁王〉》，贵州省文化厅、贵州省非物质文化遗产保护中心内部资料，2011，第193页。

我们坐大，占住盐井我们生财。"① 在这段叙述中，亚鲁王与赛阳、赛霸强烈的反差行为，正是当前麻山苗族经济行为结构的重要影响因素。

（二）隐性经济功能

史诗文化不仅在外显层面发挥其经济功能，还通过很多内在因素影响当地经济活动。

其一，内化为麻山苗族经济意识的思维主体。地域文化实际是在劳动人民长期的生产生活中积累形成的，文化也潜移默化地影响着人们的思想观念，还可能形成人们依靠的精神支柱。正如亚鲁王文化一样，人们在逢年过节、日常祛病时都不忘记祈求祖先亚鲁的庇佑，亚鲁王在他们的生活中影响深远，成为他们在困难面前的精神依靠。亚鲁王文化的归返意识特别强烈，不管是史诗内容中的迁徙足迹还是在外务工群体的回乡情绪，均是亚鲁王文化的内化。史诗文本中亚鲁部族在生产发展上依靠自给自足，制盐和炼铁技艺依靠自身学习和实践获得。"亚鲁王七个铁锅熬出七锅煳，亚鲁王七个鼎罐煎成七罐焦。亚鲁王熬不成生盐心不死，亚鲁王制不出盐巴心不甘。亚鲁王说祖奶奶开天，亚鲁王讲祖爷爷辟地。亚鲁王炒一锅不成炒两锅，亚鲁王熬一罐不行熬几罐。"② 传统的生产生活方式至今依然存在于麻山，中老年服饰多由手工染制粗布制成，饮食补给多依靠自己种养，房屋多是寨邻帮助修建，通村道路集体开凿。这种自给自足的经济模式让麻山几乎处于全封闭的状态，也让亚鲁王文化完好传承。从另一种层面来说，亚鲁王文化与麻山苗族的经济意识仍处于互相影响的状态。

其二，内合为麻山地域文化的吸聚力。地域文化可以通过自然与人文的复合作用组建成一种有别于物质和非物质因素上的人文景观，这种景观是抽象的、无形的，但是具有特定的经济吸聚力，这种吸聚力的大小决定着地域

---

① 紫云苗族布依族自治县《亚鲁王》工作室杨正江翻译整理《苗族英雄史诗〈亚鲁王〉》，贵州省文化厅、贵州省非物质文化遗产保护中心内部资料，2011，第200页。

② 紫云苗族布依族自治县《亚鲁王》工作室杨正江翻译整理《苗族英雄史诗〈亚鲁王〉》，贵州省文化厅、贵州省非物质文化遗产保护中心内部资料，2011，第179~180页。

文化作为旅游资源带来的经济价值的大小。许多具有这种吸聚力的地域人文景观，需要在特定的时间耦合而成，这种文化资源多为节日庆典，例如水族端节、苗族鼓藏节等。端节和鼓藏节是非常典型的民族节日，具有强烈的吸聚力，节日期间慕名而来的游客多如牛毛。当地政府为保证节日期间的治安，也意识到了节日的经济效应，开始有组织地举办此种节日，并加大宣传，以吸引更多游客，增加经济效益。地域文化内合成为麻山苗族经济意识的思维主体，促使麻山构成全封闭状态。在这个封闭的环境中，麻山苗族对传统文化的传承形成了一套完整的符号系统，"符号所指示的内容之总体就是文化，而这内容总是联结人们的主观意义和社会的客观意义"，①"在以消费为本的社会中，符号成了商品超越了原来的附加地位，成了商品的一部分，对于某些商品来说，符号的价值甚至超过了商品原本的使用价值"。②

其三，内构为麻山社会组织结构的控制性规范。将正式组织和非正式组织纳入某一地域内，两者都会受地域文化的影响。地域文化在一定程度上内嵌于组织结构中，通过影响组织结构中的制度对其运作加以影响。处于这一地域内的正式组织，其成员的行为并不严格遵从制定的规则，他们更多受控于内嵌于组织结构中的地域文化规范。麻山苗族社会的治理多依靠生长于当地的组织成员的协调和操控。在实际案例中，紫云县政府进行亚鲁王城征拆搬迁工作，耗时一年未完成，最后依靠亚鲁王研究中心成员（均为麻山苗族）主力征拆。这种影响在非正式组织中表现得更为明显，非正式组织的建立基于当地文化的维护，没有这些"制度"的约束，也就不存在非正式组织。

二　史诗文本中经济活动的二重性

"文化的驱动力来自人类对文化本质的认识，到自由而全面发展的必要

---

① 吕红周：《符号·语言·人——语言符号学引论》，南开大学出版社，2016，第30页。
② 叶舒宪：《文化与符号经济》，广东人民出版社，2012，第214页。

性，接受自觉的理性认识的指导和对创造性的追求"，① "经济驱动力是社会经济赖以运动、发展、变化的推动力量"，② 经济活动的产生需以文化为前提，以经济为动力。史诗文本中丰富的经济事项，展示了传统苗族社会的经济活动过程。史诗作为文化驱动力，对传统麻山经济活动的形成和发展有着决定性作用；作为经济驱动力，对当前麻山经济活动的发展有着指导性作用。

（一）文化驱动力

文化是除自然资源、经济环境、政策指导等经济因素之外的一个不可忽略的重要因素，是一个国家软实力的体现，决定着一个国家的创新动力和意志力的强弱。普遍认为中国传统社会的经济活动环境较差，自给自足的供给模式、安贫乐道的思想观念，无法刺激经济活动良好运行，但是不能否认有大胆创新和愿意尝试者。麻山自然环境恶劣，缺土少雨，且苗族多居住在半山或山顶之上，交通极为不便，但是坚韧刚强的苗族人民选择坚守。当前麻山已修通水泥路、建设蓄水池，经济发展虽缓慢，却不断向前推进。

桑巴特认为经济发展依靠物质与精神之间的相互作用，人们对物质和对赢得社会地位的渴求催生了对财富的贪欲，这些贪欲正是人们创新和创业精神的根本因素。③ 在现代社会生活的冲击下，亚鲁王文化的兼收并蓄，让麻山处处都有着奋发向上的蓬勃之势。从麻山当前的居住环境来看，民居从原有的木板房逐渐形成半木板半楼房的形式，道路从石头小路变成水泥道路，交通工具从马变成摩托车。从当前亚鲁王城的建成来看，当地村民和东郎已经成为亚鲁王城的文化主体，亚鲁王文化资源开始为当地的经济发展贡献力量。

消费需求是拉动经济的原动力，是人们行为的出发点。随着经济社会发

---

① 江华：《文化哲学与文化建设》，国家行政学院出版社，2015，第 21 页。
② 杨淑华：《我国经济发展方式转变的路径分析——基于经济驱动力视角》，《经济学动态》2009 年第 3 期。
③ 〔德〕维尔纳·桑巴特：《奢侈与资本主义》，王燕平、侯小河译，上海人民出版社，2005。

展水平的提高，人的需求从过去的低层次向高层次发展，从单一向多元发展。文化需求的变化改变了文化消费的方向，加速了经济活动的变化和发展，从而影响区域经济。

消费需求不是单向的从消费者自身产生的，正如人是社会人一样，消费者也会受到各种因素的影响，其消费需求变得多元化。亚鲁王在传播技术发达的今天不再封闭于麻山区域内，除学界、政府关注，新兴媒体传播的迅速性（如微信朋友圈、抖音等）也是加速麻山经济活动发生技术变革的原因之一。地域文化是个体道德观念、行为方式形成的重要影响因素，这是地域内每一个个体必经的文化熏陶，也是地域文化价值规范形成的必然过程。当然这种价值规范的习得并不在正规场合，而是在家庭生活中感染，在社会生活中与人交往获得的。人们在经济活动的过程中，受地域文化的影响，自然会在一套规范和法则之内完成行动，如果背离这套规范和法则，必然会受到相应的责罚。

（二）经济驱动力

古典经济学的观点认为，经济活动以满足人们的需求为目的，而通常又与配置稀缺资源有关。传统的理解下，经济活动是人们为了生存，通过劳动或者提供服务获得生活资料的一切活动。格兰诺维特的关系网络学说把人的行为动机归结到他的关系网络中，认为人的经济行动往往被社会性、文化性的因素限定。米德的社会化理论则将个体自身作为客体来体验，以客体的眼光审视自己，完成自我形成的过程。也就是说，经济自产生以来就不是一个独立的个体，而是处于社会各种关系网络的包围之中，受社会文化的影响。文化通过已经社会化的经济行为主体，去影响经济过程和经济活动。经济活动的自然秩序是受物质因素和社会文化因素所决定的各种约束条件共同作用的结果。

在麻山，史诗对当地人民的经济活动有着指导性作用。在传统的麻山，史诗是指导他们生产生活的精神导向。从东郎与丧家的仪式活动中了解到，东郎主持仪式并不能获取钱财，而这个惯例从亚鲁王时期就已存在，给东郎小部分生活必需品作为一点补偿。抛开规定，东郎自身也认为丧家与自己本是亲人，获取钱财是不义之举，主持仪式当是分内之事，亲人乡亲都应互帮互助。而本村寨、家族之外的，东郎主持仪式，就会收到少部分钱财，一般12元到120元不等，主要看丧家的情况，东郎一般不作要求。由此，地域文化对当地经济活动的导向十分明显。

社会舆论、行为规范、经济意识、思想观念等都是文化导向的内容，地域文化通过引导当地民众的行为来推动社会经济的发展与进步。其传播的快速性使区域内的群体在较短时间内受到影响，并通过群体行为表现出来，甚至对区域的经济活动产生影响。群体的行为是地域文化的反映，当个体作为经济行为的主体时，地域文化产生的作用仅对个体经济活动产生影响。群体作为经济主体时，则对整个区域的经济活动产生影响。

麻山资源的稀缺是经济活动的动因，从史诗中对经济活动的描述可知，亚鲁部族在经济活动中倡导的是自足与和谐，而在资源匮乏的麻山生存，他们必须进行交换来满足生存需要。在区域内部，受当时惯习和地理条件的影响，他们曾通过以物换物的方式来进行经济活动，这种经济方式在麻山维持了相当长的一段时间。随着外界文化的涌入，亚鲁王显得与当前的文化主体格格不入，在经济活动中，其文化产品、营销方式、生产技术处于滞后状态，在这样的代际矛盾中实现更新升级，是当前《亚鲁王》经济活动的核心驱动力。紫云县斥资5亿元在坝寨村毛龚组修建亚鲁王城，与格凸河景区、帐篷酒店形成了一条文化旅游带，是亚鲁王文化产品在更新升级中的调适与尝试。地域文化是当地经济的重要支撑，它以其独特的精神风貌影响着人们，并以此影响着区域的经济发展。

三 时空变动中史诗文化的再生产

地域文化影响着人们的价值观、道德观，"操纵"着他们的消费习惯、消费方式和消费频率。在麻山，传统礼仪在长期的重复中影响着人们的消费行为，由于行为的惯性，当地对现代化产品的消费依旧处于较低水平。受经济条件限制，即使是归属文化群体类的东郎受教育程度也较低，在这个封闭的环境中，教育的优势得不到体现，人们对教育的不重视制约着消费思想和消费行为的转变。麻山当地没有小卖部，生活必需品要到镇上才能购买，这充分体现了传统观念在麻山苗族群体中的根深蒂固。价值观的形成除了受物质因素的影响，还有精神因素的影响，价值观的变化则影响到整个区域市场经济的秩序。影响价值观形成的精神因素包括人们在长期的生产生活中形成的习俗。习俗是一种自发的社会秩序，不仅影响甚至在很大程度上约束着人们的经济行为。除正式的制度之外，对资源配置占据主导权的还是习俗，在麻山亦是如此。

（一）传统视阈下的经济交易模式建构

在经济活动的过程中，交易行为有两种方式，一种是瞬间的交易行为，一种是反复进行的交易行为，反复的交易行为通过多次的交易流程形成稳定的交易模式。形成交易的前提是交易双方达成共识，且交易过程中双方都会选择曾有的交易模式，因为反复重复的模式是在一次次交易中实践和验证的，具有可靠性，所以惯例是人们在选择时候的倾向性结果。因此，市场的稳定必须依靠惯例和思想观念来进行引导，交易双方共同达成意识，才能将交易市场上的风险化为最小，实现利益最大化。因此，一种固定的规范的交易模式，必然对市场经济秩序的稳定有着不可替代的作用。

在史诗文本中，亚鲁部族主要依靠制盐和炼铁技术发展生产，亚鲁王熬制的生盐销量大于赛阳、赛霸，得到族人的认可，技艺在当时处于领先地位，炼铁技术更是得到了荷布朵国王的赏识。即使拥有着当时领先的技术，亚鲁王没有像赛阳、赛霸一样萌发垄断贸易的想法，而是依靠技术保证族人生活富足安定。由此，稳定、和谐、有序是传统经济活动模式的核心精神。

（二）现代化冲击下的经济活动模式建构

在市场中，信息是市场选择的重要依据，能够快速正确地掌握信息，是市场参与者判断行情和做出选择的重要依据。但是市场信息的不确定性，又造成了选择的优劣只是相对意义上的，基于这样的相对性，有规则的和可预期的市场行为轨迹便可以作为判断的重要信息。惯例是人们做决策的依据，对市场上的交易双方有着约束功能，如果违反市场惯例，就会受到相应的制裁。惯例作为一种稳定的预期，有利于市场信息的传递。

在惯例和现代化冲击的矛盾环境下，传统的经济活动模式产生了摇摆。乌糯米是麻山特色作物，颜色乌红、口感香糯、营养丰富，深受当地人的喜爱。但是乌糯米娇贵，对种植环境和种植方式有着严格的要求，所以偶尔有农户会种上一点解馋。商人看中乌糯米的价值，想对乌糯米进行大量收购，却未得偿所愿，能收购的是农户满足自己所需之余的小部分，即使有高价的利诱，会动摇的部分农户到最后也因条件限制无法实现供给。

（三）再生产下的经济活动模式建构

任何组织的活动都需要利用一定的资源，但是资源的稀缺性决定了人类可利用的资源有限，为了保证并促进对有限资源的充分利用，人类创造了用商品生产和交换的方式来组织经济活动。[①] 经济活动中的惯例是交易行为人反复多次的经验总结，对人们的经济行为具有导向作用。随着亚鲁王文化创意产业化的发展，传统产业的技术、产品、交易模式、产品功能等都会发生转变。生产和服务群体从单一的农业活动转变为零售和批发贸易、个人和专业服务活动，虽然提供服务的行为不变，但是提供方式的变化、商品的变化、技术的变化，都要求生产和服务群体经过专门的培训获得相应的知识和技能。

四　史诗驱动经济发展的范式转换

受史诗文化带来的影响，麻山地区的经济发展方向正在发生改变。就现有情况而言，当地文化事业部门试图将文化创意产业剥离出来，但因两者之间的"母子"关系，文化事业部门仍然继续帮助扶持文化企业进行产业化开发，甚至

---

① 陈传明、周小虎：《管理学原理》，机械工业出版社，2012，第 80 页。

以"两个班子、一套人马"的方式推动麻山文化产业的发展。文化创意产业是新兴的产业形态，它将经济活动的客体范围扩大到了非物质板块（与物质对应），并归属于文化经济的范畴。文化经济以文化产品的生产和消费为主，因文化产品的多元性，文化创意产业在经济发展的进程中日显重要。对于文化产品的生产来说，更重要的是文化与经济的巧妙结合，在生产过程中，创意成为文化产业发展的核心要素。麻山传统经济结构在产业化的进程中将会被打破，然后转变、升级。经济发展范式的转换，是史诗经济功能的一次重要升级。

（一）外力推进产业结构的调整和升级

文化创意，是经济、技术和文化交叉碰撞产生的结果，是文化创意产业发展的永续动力。《亚鲁王》在走向文化创意产业的关键时期，对提高当地经济发展水平和经济运行质量方面有着独特的意义。在《亚鲁王》文创意化产业开发的初期阶段，主要从王城修建、文创产品开发、舞台展演三大块着手。从传统产业转入文化创意产业，实质上还是依靠农业文化资源来推动经济的发展。亚鲁王文化创意产业的建设，打破了麻山地区原有的传统生产结构，加快了产业结构调整的步伐。以文化创意产业作为当地经济收入的主要来源，在国庆期间让村民享受到了结构调整的甜头。文化创意产业对从业人员的文化水平、技术水平都有着很高的要求，同时，该产业的高整合性和高附加值决定了其对产业结构的优化和对经济发展方式的转变有着重要作用。于消费者而言，《亚鲁王》的产业化发展通过满足他们感受麻山苗族传统文化的需求产生经济效益，消费者能同时获得精神和物质上的满足，是绿色环保的产业。于麻山而言，《亚鲁王》的产业化发展能带动当地农民的就业，促进当地企业的联动合作，实现区域经济发展的目标，并占据产业价值链的高端位置。然而，从传统产业直接跨向文化产业的阶段，作为指导方的文化部门、作为生产方的农民群体都有一条较长的路要走。

（二）增强产业关联程度推进区域整体经济发展

文化创意产业因其知识密集性，涉及的产业、企业众多，从产品的设计企业到产品的生产企业都有涵盖。文化创意产业因其精神属性，必须以成熟的产业作为基础，并将其整合为带动其他产业发展的新动力。其他相关产业的发展，也不断向文化创意产业提出创意成果的需求，进而加速创意产业对相关产业的影响，并以不断渗透的方式对其进行改造，促进创意产业的不断创新和发展。从这方面来说，文化创意产业与传统产业之间也有着千丝万缕的联系。

亚鲁王文化创意产业的发展基于紫云格凸河旅游产业的带动，两者虽然主题不同，但是在区域内相互支撑扶持。尽管文化创意产业与传统产业之间相互带动，但是传统产业对创意产业的意义要小于创意产业对传统产业的意义。创意产业以创意为核心，以技术为辅助，把文化理念融入产品的设计、生产、销售里，改变传统的价值链，实现新的价值分配，为当地的农产品业带来了快速的发展，进一步增强了产业之间关联效应，从而促使整个产业系统的发展形成良性的互动。

五　小结与思考

文化创意产业之所以当前能获得迅速发展，是因为它突破了自身以文化形态存在的状况，发展实体产业，以此创造经济收益。文化创意产业的发展除自身的经济功能外，还与人们对文化需求的增加有着密切联系。总体来说，亚鲁王文化对当地经济的作用主要在于亚鲁王文化本身产生的经济作用，亚鲁王文化是农耕文化的典型代表，它对经济的贡献从当地的人均收入和产值体现，虽然它对经济的作用较为缓慢，但是其贡献是不可忽视的。文化本身对经济的作用比较缓慢，它主要通过间接的方式对经济产生影响，而这种影响往往不被重视。文化在传承过程中，会受多重因素的影响而发生改变，甚至这些因素会相互作用产生新的文化观念，这些都对文化资本的形成产生影响。同时，知识和技术本身就是文化产业的重要生产要素，对经济发展有着至关重要的作用。以此来看，文化通过自身扩散影响主体的精神和行为方式，从而间接影响经济发展。

彝族民间叙事长诗女性观的建构与表达[*]

刘 洋 杨琼艳[**]

摘 要: 书写女性是彝族民间叙事长诗的重要内容,通常叙述正能量特质的女性以"自救"或"他救"追求婚姻自由、抗争非均衡的社会制度,展现彝族女性直面男权中心主义,回归自我、完善自我、实现自我的艰难过程。以女性主义审视,彝族民间叙事长诗的书写女性展现了女性身体的美、心灵的美和智慧的美,但仍是掩藏在爱情面纱下的男权话语体系表达,是他者视域的女性观。进入现代社会,彝族发展不均衡的社会形态的遗留观念不再规束女性,彝族女性的自我认知已然经历了解构与重构的双重考验。

关键词: 叙事长诗 彝族 女性观

我国各少数民族历来喜爱以诗记载生产生活和憧憬美好未来。以时空序列溯源,句式齐整、旋律优美、韵律和谐的诗承载着历史演进中的时代文脉,且女性命运多被作为叙事策略的重要选择。"每个民族都有自己的叙事诗,叙事诗中记录着妇女的命运,反映出她们对封建社会的控诉、对自由婚

---

* 本文为四川省哲学社会科学重点研究基地彝族文化研究中心资助项目"彝族文化价值观对区域发展影响研究"(项目编号:YZWH1816)、"彝族民间文学中女性观的建构与表达"(项目编号:YZWH1819)的阶段性研究成果。

** 刘洋,华中师范大学国家文化产业研究中心博士生,贵州民族大学民族学与社会学学院副教授,研究方向为民俗学、文化社会学;杨琼艳,彝族,贵州民族大学人文科技学院讲师,研究方向为民间文艺学。

姻的理想追求、对自我价值的认知和肯定。"① 囿于男权文化，彝族民间叙事长诗中的女性命运极富悲剧特征，"妇女无权说话，母马不能赛跑"，"洁白的花中，没有在索玛之上的；受苦的人中，没有在女儿之下的"……这些尔比不同程度表达了对女性凄苦命运的同情，对封建包办婚姻及金钱与权势对忠贞爱情摧毁的控诉，对自由美好婚姻生活的憧憬，但此种女性观难以脱离社会历史背景，在事实上仍属男权中心主义的"他者"女性观。将研究视角从"书写女性"转向"女性书写"，廓清"书写女性"的叙事策略与"女性书写"的生存策略无疑是彝族民间叙事长诗乃至彝族民间文学研究的重要理论视角。

一 性别主体和社会主体：一种女性观研究视角

一般而言，学界认可的女性观是"社会中关于女子特定的思想意识、价值观念，是对女性存在本质、状况及价值的根本认识"。② 彝族民间叙事长诗囿于父权社会的行动逻辑，无论创作者的性别与创作文本，抑或传播者的性别与传播文本，均是父权话语逻辑下的女性观，换言之，无论作者中心的女性观，抑或读者中心的女性观，还是文本中心的女性观均难以脱离父权话语逻辑。以女性主义解构文本和反思文本，不仅可以回应性别意识作为文学批评的重要视角，也是关注现代社会彝族"女性书写"与"书写女性"的重要维度。

社会性别不同于生理性别，强调"在社会文化中形成的对男女差异的理解，以及在社会文化中形成的属于女性或男性的群体特征和行为方式"。③ 社会性别并非静态概念，而是伴随社会诸要素的变化而不断解构和重构的，当然，社会性别势必是诸要素的核心。社会性别认可社会分工的重要影响，

---

① 邢莉：《叙事诗中反抗的女性形象》，《中央民族大学学报》（哲学社会科学版）2003 年第 6 期。

② 魏国英：《女性学概论》，北京大学出版社，2000，第 157 页。

③ 张宪军、赵毅：《简明中外文论辞典》，巴蜀书社有限公司，2015，第397页。

强调文化传统的积淀，否认社会分工源于生理性别，具体来说，文化不同，性别观念亦不相同。文学作品中的女性叙事，必然与其民族的传统文化对女性主体性和社会性别身份的建构有关。男权社会中，女性通常作为客体而存在，其主体性处于失落状态。主体性是人对自我的认识，任何一个人都是作为主体存在的，随着女性意识的觉醒，女性开始关注其主体性问题，"性别主体和社会主体"成为女性主义研究者关注的重点。性别主体基于男女关系中女性主体的确立，女性作为独立的个体，需要肯定自己能力，脱离他者眼光正视自己。而作为社会人，女性的社会主体性，则表现为对社会的参与能力、对社会的贡献，也就是女性价值的体现。女性的社会主体性和性别主体性是相互支撑的，性别主体的确立是女性主体确立的最基本的条件，社会主体的确立则是在性别主体确立的基础上，对女性主体确立的一种现实保障。

女性叙事（Female Narrative）是叙事学（Narratology）与女性主义（Feminism）批评理论相结合的产物，强调挖掘传统文学作品、现代文学作品中潜藏的社会制度和性别文化，关注作为女性的叙事和关于女性的叙事。① 彝族民间叙事长诗中，女性叙事尤为显著，主要描述若干外部力量破坏不同社会阶层青年男女忠贞爱情及女性在强权压制下为维护忠贞爱情奋起抗争，其落脚点通常为异类匹配婚。"人物结构的不对称使作品矛盾冲突异常尖锐，情节发展也异常曲折，'强势'与'深情'之争处处扣人心弦，引人入胜。"② 在生存策略与忠贞爱情的选择中，女性不再固守而是努力冲击固有文化规束，以追寻自由爱情实现人格自由。换言之，彝族民间叙事长诗的女性书写强调的不再是女性作为男权话语体系的附属，而是女性敢于发声、敢于抗争、敢于争取的唯美浪漫爱情。

---

① 王春荣、吴玉杰：《女性叙事与"底层叙事"主体身份的同构性》，《辽宁大学学报》（哲学社会科学版）2009 年第 4 期。

② 刘亚虎：《南方民族叙事形态的"欲求"因素与人物结构》，《民族文学研究》2004 年第 4 期。

二　美的身体：悦目娱心的女性观

与众多民族类似，彝族欣赏女性的身体美，但认为视觉美感在带来愉悦和快感的同时可能带来灾祸。《布朱笃汝》中妹娄丽的美艳让布朱笃汝的提亲媒人险些惊走，"只见她那长发青丝一样，身段苗条犹如翠柳；脸蛋红润赛过荷花，未曾问话笑开口；满口牙齿白生生，唇似桃花刚红透；美妙的声音才出喉，百鸟飞鸣绕树舞"。[①] 与她相对的另一位女性舍杜阿己，同样美若天仙，是世上少有的美女，她的仙姿侥貌让人看后心跳加快，布朱笃汝看到她的美貌后激动得头已发昏，认为"她是世上少有的鲜花，她是世上稀有的美人。世上鲜花只数她一朵，人间仙女只有她一人"。[②] 两位美若天仙的女性却走向不同的命运。由于妹娄丽是君家女，当布朱笃汝请媒人去她家说亲时，她认为自己是君家之女，而布朱笃汝是百姓之子，自古君民就不能配成一双，并毫不留情地告诉媒人："我是君家女，他是百姓郎。月亮配月亮，太阳配太阳；牡丹配牡丹，凤凰配凤凰；哪有牡丹配杂花，哪有野鸡配凤凰！君是君，奴是奴，哪有君女同奴配成双！跟他谈情我不能去，同我对歌他别梦想。"[③] 君民不能开亲的思想在她那里仍然根深蒂固，而当自己的父亲去世，布朱笃汝去给她的父亲做斋祭，看到布朱笃汝的英俊之后，妹娄丽的悲伤已然转化为动情，待办完父亲的丧事，拿出好烟好酒给布朱笃汝以献殷勤，几次追赶布朱笃汝希望他留下来与自己一起唱歌跳舞，但是都被布朱笃汝拒绝了。虽然她的天资美貌曾吸引了布朱笃汝，但她曾经对布朱笃汝的蔑视和刺伤在布朱笃汝的心中已无法抹去。在等级婚姻制度思想的熏陶下，妹娄丽失去了自己渴望的爱情，只能对天地祈祷从今以后君奴也能相

[①] 贵州省民族事务委员会、中国民间文艺研究会贵州分会编《民间文学资料第五十集》，1982，第93页。

[②] 贵州省民族事务委员会、中国民间文艺研究会贵州分会编《民间文学资料第五十集》，1982，第96页。

[③] 贵州省民族事务委员会、中国民间文艺研究会贵州分会编《民间文学资料第五十集》，1982，第94页。

爱。虽然姝娄丽也有对封建礼教的反抗，诸如被布朱笃汝的英俊吸引后，她曾让嫂嫂去给自己传情，嫂嫂认为只有郎来求妹，没有妹去就郎，这样做会败坏了她家的名誉。姝娄丽无奈之下，找出好酒好烟准备私下与布朱笃汝定情，遭到布朱笃汝的拒绝后仍穷追不舍，但最终她还是没有得到自己深爱的布朱笃汝。而舍杜阿己与姝娄丽相比，她更善良，对等级婚姻制度的反抗更加强烈，在她的心中并没有君奴不能成双的观念，也因此她能与布朱笃汝真心相爱并最终走在一起。姝娄丽用刻薄的语言刺激布朱笃汝，反映了她强烈的等级观念和对人民的轻视，所以最后她与深爱的人不能在一起；而善良的舍杜阿己并没有因为等级观念而拒绝布朱笃汝，最终获得真正的爱情。对两位天资美貌的君家之女的最终命运作不同处理，反映了人民对女性的态度，他们希望女性不仅有秀丽的容貌，还应该拥有聪慧善良的品质。

《珠尼阿吡的记述》中珠尼阿吡从小聪明伶俐，如索玛花一样美丽，十八岁时就像春天的桃花一样诱人，且十分勤劳，人见人夸。《撒俄迷麦汝》中女主人公阿喽处姑娘，"她像一朵牡丹花在园中独开，她像一朵索玛花在深山里独放！世上也难找啊，人间也无双！阿喽处非常勤快，阿喽处非常善良。她的歌声像口弦那样受听，她的心底像清水那样明亮，她的眼睛像星星那样迷人，她的性情像明月那样开朗，她的手指像象牙那样美丽，她的脸色像杜鹃那样泛着红光，她懂得什么是夫情妻爱，她知道什么是人情世常"，[①]她的歌声更是令人心驰神往，没有哪一个小伙子听了不心跳的。《彩云情》中的几谷，她站在河边，整条河都因为她的美貌而显得格外娇美漂亮，她的美貌是没有什么能与之相媲美的，"要说山里的桃花最红，桃花哪比得上姑娘的脸庞；要说天上的上弦月最美，上弦月又哪有姑娘的眉毛漂亮。要说河里的石头洁白，石头哪有姑娘的牙齿皓亮；要说箐里的泉水清澈，泉水哪有姑娘的眼睛闪亮"。[②]《达思美复仇记》中达思美活泼可爱，身材窈窕，婀娜多姿，脸蛋红彤彤的，两只大眼睛像星星一样明亮。长大后非常体贴父母，

---

① 贵州省民族事务委员会、中国民间文艺研究会贵州分会编《民间文学资料第五十集》，1982，第169页。

② 何积全编《彝族叙事诗》，贵州人民出版社，1997，第37~38页。

帮助父亲开荒种地，母亲做饭她帮忙烧火加柴，母亲洗衣她帮忙晾晒，是一位既美丽动人又勤劳贤惠的姑娘。《木荷与薇叶》中薇叶美撼凡尘，心灵手巧，小伙子能与她对一次歌或跳一次舞，心里欢乐极了。"女大十八变，薇叶变红云，心灵手又巧，人善貌更美。纺线如丝细，织布像云飘，挑花喷鼻香，绣蝶随风翱。歌声如银铃，舞步更捷娇，朵朵鲜花迎她笑，个个眼神向她瞟。"① 阿诗玛刚满三天时哭的声音就像弹口弦，头发如落日的影子，才六七岁时就能帮助母亲绕麻线，之后不断学会织布纺线，上山放羊、种地，什么事情都能做，十分能干，她的美名传遍了四方。"你绣出的花，鲜艳赛山茶；你赶的羊群，白得像秋天的浮云。千朵万朵山茶花，你是最美的一朵；千万个撒尼姑娘，你是最好的一个。"② 阿诗玛织出的布，颜色非常白，犹如尖刀草那样的宽，棉布一样的密扎。

叙事诗中的女性都是美若天仙、聪慧善良、心灵手巧的，她们的美可谓"增之一分则太长，减之一分则太短，着粉则太白，施朱则太赤"。对她们美好形象的细致刻画，体现了彝族广大民众对美的美好憧憬，寄托了他们的美好愿望，渴望现实生活中的女性和她们一样，不仅美丽动人，还要勤劳善良、心灵手巧。女性美貌的书写亦为故事发展埋下了伏笔，为揭露恶势力的仗势欺人、贪恋美色的丑行、包办婚姻或买卖婚姻对青年男女的摧残打下了基础。

三 美的心灵：忠贞不渝的女性观

爱情、婚姻，既是人类最为关注的一个永恒话题，也是社会生活中不可或缺的部分。彝族森严的等级制度中，青年男女的婚姻由父母做主，遵循门当户对的原则，坚持等级婚姻、买卖式婚姻制度。传统礼教对于青年男女而

---

① 红河哈尼族彝族自治州民族事务委员会编，涅努巴西整理《彝族叙事长诗选》，云南民族出版社，1984，第 92 页。

② 云南省人民文工团圭山工作组搜集，黄铁等整理《阿诗玛》，云南人民出版社，1960，第 17 页。

言只有婚姻形式，对于女性来说，她们仅是延续后代的工具。叙事文本中，女性为了获得自由民主的婚姻，不顾传统封建礼教和道德观念的束缚，她们身体力行，通过自己的力量或借别人的力量帮助自己冲破传统规约下的婚姻牢笼，抗击"君长是君长，百姓是百姓，好比天和地，高低要分清，君与民开亲，万万不可能"①与"君和君分清，民和民分清，君民不分清，世上难开亲。君有君等级，民有民等级，君民婚不涉。君臣找君臣，百姓找百姓，君臣百姓明"②的婚姻等级制度，逃离"父母之命、媒妁之言"的包办式婚姻及买卖式婚姻的藩篱。

叙事文本中，女性的行动逻辑通常是为维护自己的爱情和婚姻，借助他者力量挑战权力并战胜恶的势力，其行动逻辑来源于女性美的心灵，亦即对已选择的伴侣的忠贞不渝。《布朱笃汝》中，相爱的舍杜阿己与布朱笃汝经过重重阻难之后结为夫妻，并幸福地生活着。舍杜阿己为布朱笃汝绣了一个漂亮的荷包，一次布朱笃汝在经过君长家门前时，不小心露出了荷包，荷包上闪闪的花纹照到了君长的瓦堂，于是君长命令卫士将他抓起来，搜出了藏在身上的荷包。看到美丽的荷包，君长知道绣者一定是一个心灵手巧的人，而且是他的妻子，于是提出用自己的九个妻子换他的妻子的要求。君长还威胁布朱笃汝，如果他不答应换妻子，就罚他第二天去砍火地，一天要砍一石二，如果完不成任务，就将其斩首。布朱笃汝闷闷不乐地回到家中，向妻子阿己诉说了自己的遭遇，并告诉妻子自己死后，她就成为君长的人，希望以后她能为自己报仇。看到丈夫的样子，阿己心痛不已，为了保护自己幸福美好的婚姻，阿己教丈夫如何一天把一石二火地砍完。但可恶的君长一心想要得到舍杜阿己，并没有就此罢休，而是不断地向布朱笃汝提出难题：让他将砍下的生柴草烧完、把一石二斗种子撒下地并将地刨完、将撒下的种子一粒不少地捡起来……舍杜阿己每次都运用自己的聪明智慧让丈夫完成君长故意

---

① 贵州省少数民族古籍整理出版规划小组办公室编，王子尧、儒觅弘博翻译整理《红白杜鹃花》，贵州民族出版社，1993，第20~21页。
② 贵州省民族事务委员会、中国民间文艺研究会贵州分会编《民间文学资料第五十集》，1982，第219页。

设下的难题。尽管最后丈夫还是被恶毒的君长害死，但舍杜阿己与丈夫一起战胜君长，为维护她们的婚姻对恶势力进行了间接的反抗。

《呗勒娶亲记》中，呗勒君长为他的儿子呗勒周汝朱娶妻，娶了九十九个，九十九个女性都因歌师比不过呗勒家的歌师，不能与呗勒王子拜堂，被放到呗勒家的佃上去，成为他家的女奴。呗勒周汝朱去质问君长，给自己娶的九十九个妻子自己都不嫌弃，为什么要把她们当成家奴。周汝朱的质问惹怒了父亲，被赶出了宫廷。周汝朱被赶出后，一个人骑着马慢慢到了物叔地，遇到物叔阿喽丽，两人一见钟情，并订下终身。但两人怕时间久了会遭到父母的反对，于是各自回家告知父母，二人要成亲。呗勒君长告诉周汝朱，二人可以成亲，但必须答应三个条件：第一个是开亲后两家歌手要在一起对歌，如果物叔家输了，要将他家的产业拿来平分；第二个是如果歌手对不赢，不准周汝朱和阿喽丽成婚；第三个是在结亲定礼的时候如果礼节不周到，要将阿喽丽放到佃上去，当成家奴用。周汝朱知道父亲是故意刁难，但是没有办法，只能勉强答应。到了结婚的那天，阿喽丽要求一定要自己的叔叔迤喽欧喽送自己，因为她知道，呗勒君长一定会设置重重关卡，不让她与自己的儿子成婚，使她成为他家的女奴，永远不能和心爱的人呗勒周汝朱在一起。而迤喽欧喽长相奇丑无比，他长着一张猴子脸，牙像老鼠牙，所以，阿喽丽的父亲不让迤喽欧喽去送亲。如果迤喽欧喽去送亲，会降低他家的身份，丢尽他家的脸面。不管阿喽丽怎么哭、怎么哀求，她的父亲还是坚决不答应。为了能与相爱的周汝朱在一起，阿喽丽不顾父亲的反对，亲自去磨槽里哀求让叔叔送自己。因为她知道，只有叔叔才能胜过呗勒君长设置的圈套，才能保住他们的爱情。迤喽欧喽看到侄女这样哀求自己，于是不顾阿喽丽父亲的反对和阻挠，亲自送侄女去。到了呗勒家，呗勒君长要求比歌比武，只有赢了才能进门。迤喽欧喽与呗勒家比歌比武，将呗勒家的歌师全部比输。在叔叔迤喽欧喽的帮助下，阿喽丽和周汝朱终于结为夫妻，有情人终成眷属。

封建礼教的桎梏未能阻止舍杜阿己和物叔阿喽丽分别与自己心爱的人顺利结合和幸福生活，她们用智慧和勇气在他人的帮助下达成了愿望，这种勇气和智慧成为生活实践中彝族女性美的样板和追求。

四　美的智慧：蕙质兰心的女性观

"彝族的民间作品中，美貌的女性境遇总是悲惨的，这与彝族的社会历史背景有着极为密切的相关性。"① 一方面，文本中的婚姻通常以女低男高的"攀上婚"为主，这类婚姻强调男性享有巨额财富但生理上存在缺陷，限于彝族传统社会中财富是社会资本的重要组成形式，处于弱势一方的女性难以抗衡。另一方面，文本中"异类匹配"（攀上婚、就下婚）的婚姻模式占主导，男女双方的缔结以父母之命为至上，意味着两个家庭和家族的结合，是社会资本和社会资源实现均衡配置的体现，也是彝族社会生存策略的现实表现，这也导致个体在爱情婚姻中自我选择的空间较小。换言之，尽管女性财富占有比例较低且社会阶层相对低下，但明显的外貌优势成为打破不同社会阶层通婚的钥匙，尽管此种通婚中女性处于被动和弱势地位，但无疑是社会资源均衡配置的一种选择。具体来说，文本书写与生活实践的女性命运殊途同归，但文本书写的女性能拿起武器捍卫自己的权利，能勇于选择自己的爱情生活，同阻碍自己生活的一切邪恶势力作斗争，这无疑是对传统规约的一种挑战。

长诗中彝族青年男女的一见钟情和私订终身，反映出人们对自主婚姻的追求与向往。对于阻碍自己自由爱情的恶势力，这些女性表现出的是挺身而出的奋力反抗。为了得到自由幸福的婚姻生活，她们那种反抗精神之强烈、反抗决心之坚定，是难能可贵的。在叙事诗《力芝与索布》中，在里索咪，力芝与索布两人情投意合，并发誓生要在一起，死也要在一起。但事与愿违，一天索布正在地里摘棉花，头人的儿子阿吾上山打猎，在追赶一只梅花鹿时经过棉花地，看到索布的美貌后，两眼直发呆，立即抓住索布，索布急中生智，抓了一把泥土洒向阿吾的眼睛，才得以逃脱。而贪图美色的阿吾没

① 王明贵：《彝族关于女性的审美观——民族民间文学的视角》，《民族文学研究》2005年第2期。

有就此罢休，回到家后立即找媒人前去索布家提亲，先去了两个媒人，都没有成功，再请第三个媒人去时，就把金银、布匹都带去。索布的父母看到金银绸缎后，两眼直发光，不顾女儿的反对，将彩礼放进屋里，媒人利用花言巧语诱惑索布，索布气得两眼流泪，当着媒人的面就斥骂他："臭嘴老鸹没好话，马粪团团表面光。拴人索子你来搓，杀人刀子你磨快。饿鹰盘旋飞，为了叼小鸡；水獭猫绕水转，为了吃肥鱼；仇家彩礼重，为了残害我。愿做蒿枝打露水，不做龙树被人捆；愿做云雀朝天飞，不做凤凰关进笼。"① 她一再哀求父母，但被金银蒙蔽了双眼的父母却不顾女儿的感受，还劝慰索布答应婚事，以后到头人家里享尽荣华富贵。力芝为了赎回索布，背上弓箭上山去打虎。打到虎以后，被头人知道了，头人让他把虎献出来，力芝拒绝了，被头人打倒在血泊之中。力芝的伤只有仙药才能治好，于是索布不顾道路艰险，前去给力芝寻找仙药。但还没等索布把仙药采回来，力芝就死去了。索布回到里索咪，知道力芝死去的消息，她悲痛欲绝，穿上新嫁衣，抱着一只公鸡到坟场上，用公鸡代替新郎为自己举办婚礼，婚礼举办完后，索布纵身跳进火塘里，结束了自己的生命。索布以跳火自焚的方式，表达了对封建婚姻制度的反抗。

同索布一样，《布朱笃汝》中舍杜阿己也是以跳火自焚的方式对封建礼教摧毁青年男女婚姻进行强烈的控诉。君长将舍杜阿己的丈夫布朱笃汝陷害死后才三天，就强迫舍杜阿己与他成亲，舍杜阿己知道自己难以逃过这一劫，就假装顺从君长，但要求君长答应找回她丈夫的尸体，并给他做四十九天的斋祭，她才能和君长成亲。君长全部都答应，并立即下令按舍杜阿己的要求给布朱笃汝做斋祭。到斋祭做完的那一天，要烧布朱笃汝的尸体时，舍杜阿己以见最后一面为借口，到焚尸处，先对着尸体大哭三声，又仰天大哭三声，然后纵身跳进火堆里，与丈夫烧死在一起。在自己微弱的力量无法与封建文化传统抗衡时，她们选择了以跳火自焚牺牲自己生命的方式来对它进

---

① 红河哈尼族彝族自治州民族事务委员会编，涅努巴西整理《彝族叙事长诗选》，云南民族出版社，1984，第36~37页。

行最后的指控。

《卖花人》中，勒斯基聪明过人，受到人们的称赞，贾希妮与丈夫勒斯基恩爱有加，一家人过得美美满满，可谓其乐融融。但不幸他的父亲突然生病逝去，而早已嫉妒勒氏家的山官，怕他超过自己，趁此陷害他。山官以朝廷急要皇粮为借口，让他护送粮食去京城，并告诫他一颗粮食也不能少，一匹驮马都不能受伤，如果有失误全部由他来承担。于是勒斯基率领人马开始出发，但到了谷哈大河边时，一连下了三天雨，船夫无法渡小木船，而朝廷要粮很紧急，迟交又要被问罪，无奈之下，勒斯基只有率领人马抢渡河水。人马乘上木船划到河中间时，浪花卷起，每一只小木船都被掀翻，大部分人马被水淹没，只有少部分幸存下来。勒斯基整天忧心忡忡，只剩下一小部分人马，怎么去见国王，左思右想，最后决定还是硬着头皮到京城见国王。国王听后十分恼怒，要求损失的皇粮全由勒斯基来赔偿，勒斯基如哑巴吃黄连，有苦也无法说出来，只有将家中的田地、牲口等值钱的东西全部卖掉，东凑西凑将皇粮还清。妻子贾希妮看着家里一贫如洗，于是就想与其在家里坐着饿死，还不如跑到外地做生意。于是她到街头摆了一个大花摊卖纸花，吸引了不少的顾客，有的看有的买。有一天，山官上街经过花摊，看到贾希妮如仙女一般漂亮，站在那里垂涎三尺，于是派大管家将贾希妮骗到衙门，山官让贾希妮做他的妻子，贾希妮毫不留情地斥骂山官，"看你额皱如土坎，看你发白如棉花，口格是老来发梦癫，说的尽是颠倒话。看你腰弓如弯虾，看你老掉大板牙，口格是说话不关风，说的尽是狗粪话"[1]，"彝家古规你不要，自己定的法律不实施，就拿你的儿妻为老婆，就拿你的姑娘做妻子"[2]。山官见不能说服贾希妮，就开始动手脚贪图美色，贾希妮与山官厮打，打得山官伸长舌。贾希妮在山官面前，毫无畏惧，用狠毒的话语无情地斥骂山官，并敢于和山官厮打保护自己，反映了贾希妮的勇敢机智，在强暴

---

① 红河哈尼族彝族自治州民族事务委员会编，涅努巴西整理《彝族叙事长诗选》，云南民族出版社，1984，第218～219页。

② 红河哈尼族彝族自治州民族事务委员会编，涅努巴西整理《彝族叙事长诗选》，云南民族出版社，1984，第224页。

面前能镇定自若，指斥山官的罪恶。

《阿诗玛》是彝族叙事长诗中最具代表性的作品，阿诗玛勤劳善良、貌美如花、精明能干的美誉被人们流传四方。热布巴拉家听到阿诗玛的美名后，就请媒人海热前往阿诗玛家，想娶阿诗玛给自己的儿子阿支。但不管油嘴滑舌的媒人海热怎么说，阿诗玛就是不答应这门婚事，并直接指出她不与坏人结为一家。阿诗玛坚决不从，可恶的热布巴拉家就厚着脸皮抢走阿诗玛，看到父母伤心的样子，阿诗玛安慰父母："大雪压青松，不能压一辈子，太阳一出雪就化；大霜压青松，不能压一辈子，太阳一出霜就化。热布巴拉家势力大，不能一辈子压住阿诗玛。"① 这句话可以说不单是阿诗玛用于安慰父母的话，也可能是她发自内心深处的想法，她相信有一天，善良总会战胜邪恶，她终会逃出热布巴拉家的压制。阿诗玛被拉到热布巴拉家后，阿支竭力巴结阿诗玛，但阿诗玛都用毒辣的语言回复了阿支，热布巴拉听到后，狠毒地抽打阿诗玛，并告诉阿诗玛，进了他家门，就成了他家的人，不管愿意还是不愿意，都要与阿支成婚。阿诗玛始终坚持那句话，"不嫁就是不嫁，九十九个不嫁"，② 最后阿诗玛被狠毒的热布巴拉关进黑牢。面对凶残的热布巴拉的毒打和拉进黑牢受苦，阿诗玛也没有选择与阿支成婚，她宁愿自己受苦也不愿在残暴势力下低头。

《红白杜鹃花》中，糯恒阿菊和奇珠娄先后爱上了布吐赫斋，但他们之间的悲剧并不是三角恋的关系造成的。糯恒阿菊与布吐赫斋相爱，糯恒阿菊想让舅舅做媒成全他们的婚事，没想到遭到舅舅的反对，他认为布吐赫斋是平民，不能与君家之女开亲，并自己做主将糯恒阿菊嫁到乌撒君长家。失去心爱的人的糯恒阿菊滴水不进，在结婚的第七天死去，她以绝食的方式来反抗以舅舅为代表的统治者的蛮横凶残。在糯恒阿菊的见证下，奇珠娄与布吐赫斋私订终身，但后来也因身份的差异受到父亲的反对，父亲将其许配给糯

---

① 云南省人民文工团圭山工作组搜集，黄铁等整理《阿诗玛》，云南人民出版社，1960，第 39 ~ 40 页。
② 云南省人民文工团圭山工作组搜集，黄铁等整理《阿诗玛》，云南人民出版社，1960，第 56 页。

恒诸舍克。奇珠娄无法说服父亲，于是在结婚那天跟着接亲人群到了一条河上，趁人不注意时跳进河里。后被一位老人救起，并与心爱的布吐赫斋终成眷属。但好景不长，妥当君长听说奇珠娄的美貌后，便派人去查实，得知奇珠娄确实美若天仙，便派人抢来奇珠娄。面对妥当君长的逼婚，奇珠娄不顾一切斥骂他，在被迫成婚的那天晚上，奇珠娄用妥当身上的匕首向他刺去。糯恒阿菊绝食人亡，奇珠娄跳河自尽、斥骂君长、用匕首刺向君长，都是以死对阻碍她们获得自由爱情的封建礼教和统治者不屈的抗争。

长诗中叙述一群美若天仙、聪慧善良的女性为了追求自由婚姻生活，通过借别人之力协助自己或亲自挺身而出与几千年的封建传统文化和道德观念对人们的束缚作斗争。冲破几千年的封建礼教对爱情婚姻束缚的藩篱，使女性开始重新认识世界、重新对自己在社会中的位置进行定位，她们体现出"宁为玉碎，不为瓦全"的抗争精神，表现了长期受男权压制的彝族女性对自由的渴望，对婚姻自主的渴望，对社会地位平等的渴望。

五　思考与小结

"在漫长的人类历史发展过程中，女性始终处于沉默的被父权制社会深深压抑的地位，而女性自身的生理特点则强化了此种'第二性'的位置。女性意识觉醒之初最为迫切的愿望即是基于人性自由的爱情婚姻自主。"[1]彝族叙事长诗中，相恋双方或不能相守，或幸福结合，尽管结局不同，但均经历了波澜壮阔的抗争。女性在文本中，是有血有肉、敢于反抗、善于思考的，这些文字叙述呈现出来的女性是具有主体性的，表达了女性追求美好婚姻、反抗封建恶势力的诉求。但是，将作品置于特定的社会文化中，就会发现，看似女性书写的文本下掩藏着男性权力的强力渗透。作品中的女性均是貌美、勤劳、善良、贤惠的综合体，具有这些特质的女性是穷小伙和富公子争相爱慕的对象，似乎女性的主体性要在得到男性承认的条件下才能确立。

---

[1]　文红霞：《新媒体时代的文学经典化》，南京大学出版社，2012，第170页。

209

从社会性别认同的形成来看，女性的自我认同与男性有着直接的关联性，两者之间是互动的，女性的自我认同需要在男性的认同下构建，如果得不到认同或者得到的是不认同，则会对女性的自我认同产生消极影响。

女性的自我认同通常是在男权核心的基础上建立的，且在不断的对话中被接受。甚至在女性意识里，这些特质就是她们的目标，是评定她们是否成为一个合格女性的标准。甚至在一些传说故事中，美丽的女性被描绘为精怪的化身，彝族女性形象的构建，在男性权力视野下变得扭曲，由于被蒙上了爱情的美丽面纱，女性并未意识到，甚至与之产生共鸣。随着传统社会结构的瓦解，彝族女性中的文化精英们开始反思，打破固化千年的观念，重新审视自己、认识自己。如彝族女作家李纳的小说《刺绣者的花》，描写了主人公五巧从一位传统的家庭女性历经挫折化身为革命者的传奇人生。小说中，杜天鸿与五巧的决裂，映射了作者强烈的社会性别意识觉醒。白菊秋女的《紫蝴蝶》以20世纪80年代为背景，讲述了主人公在时代浪潮中的各种际遇，在痛苦挣扎中经过种种挑战完成蜕变。小说中女性自尊、自强的精神表达，更是当代彝族女性主体性的确立。传统观念不再规束女性，彝族女性的自我认同已然在自我认知中经历了解构与重构的双重考验。

蒙化左氏土司诗歌研究[*]

童　飞^{**}

摘　要： 蒙化左氏土司作为云南历史上的三大土司之一，接受汉文化
的时间较早，程度也较深。在汉文化的熏陶下，左氏土司形
成了好学的风气，创作了量多质优的诗歌作品，形成了较为令
人瞩目的文学现象。从兴盛原因上看，这种现象离不开南诏汉
化的历史延续，同时与家庭氛围、家教传统和外来文人的指导
激励密切相关。这些诗歌作品既反映了土司对佛道思想的接
受，也表现出对三鹤洞圣地的向往；既流露出对家园山水的喜
爱，也贯穿着日常生活中的感受。在这种文学现象的影响下，
左氏土司逐渐由尚武转向崇文，在蒙化地区涌现出众多书香门
第，越来越多的蒙化子弟通过科举考试进入省内外各行业，为
统一多民族国家的发展做出自己的贡献。从兴盛原因、文化内
涵、社会影响三方面展开研究，可以全面地了解左氏土司诗歌
创作的始末，明晰汉族文化与彝族文化的联系与融合过程。

关键词： 蒙化　左氏土司　诗歌

　　蒙化，是现今云南省大理白族自治州巍山彝族回族自治县的古名。元代

　＊　本文系云南省教育厅教育科学研究基金项目"巍山彝族左氏土司诗歌研究"（项目号：
2019Y0201）阶段性成果。
　＊＊　童飞，云南民族大学民族文化学院硕士研究生，研究方向为中国古典文献学。

至元十一年（1274）设立蒙化府，乾隆三十五年（1770）为蒙化直隶厅，1913年改为蒙化县，1954年改为巍山县，1956年分置巍山彝族自治县、永建回族自治县，1958年两县合并为巍山彝族回族自治县。土司制度始于元代，至清后期实行改土归流后，逐步废除。历经元明清三朝的土司制度，是中央王朝解决西北、西南边疆少数民族地区的民族政策，是对唐代"羁縻制度"的借鉴和改进。朝廷赐封少数民族的部族首领为土司，代替中央王朝直接统治该族人民。

巍山左氏、丽江木氏和元江那氏作为云南历史上三大土司，接受汉文化的时间较早，程度较深。早些年学界对于云南土司家族文学与文化的研究较少，主要有陈少康《古代云南少数民族的家族文学》对大理段氏、浪穹何氏、丽江纳木氏等加以整体研究。[1] 近年来学界对云南土司家族文学与文化的研究日益增多，如高金和《云南高氏家族碑刻文化研究》研究高氏土司的碑刻文化；[2] 陈静《云南丽江木氏土司的家族教育》研究木氏土司的家庭教育；[3] 阿致娇《明清时期蒙化彝族左氏土官研究》综合研究左氏土司的存在原因、统治特点以及社会影响等。[4] 但目前尚未出现关于蒙化左氏土司诗歌的专门研究。

左氏土司及其族人在诗歌上成就显著，康熙《蒙化府志》称左祯"能文翰，工诗书，有魏晋风，好尚高雅"。[5] 左明理"究心诗学，不辞功苦，题咏甚富"。[6] 左文象"好尚高洁，工于诗翰，韵致清逸，不事铅华"。[7] 左氏土司尤为注重汉文化的学习，从左伽到左正，再到左文臣，皆工诗善文。其后的左氏子孙及族人如左文象、左世瑞、左章照、左明理等，在汉文诗歌上皆有造诣。本文从左氏土司诗歌创作的兴盛原因、文化内涵、社会影响三

---

① 陈少康：《古代云南少数民族的家族文学》，《云南民族学院学报》1998年第4期，第84~89页。

② 高金和：《云南高氏家族碑刻文化研究》，《民族论坛》2013年第3期，第83~87页。

③ 陈静：《云南丽江木氏土司的家族教育》，《红河学院学报》2018年第1期，第50~52页。

④ 阿致娇：《明清时期蒙化彝族左氏土官研究》，硕士学位论文，云南师范大学，2013，第1~85页。

⑤ 蒋旭：《蒙化府志》，大理白族自治州文化局翻印，1983，第152页。

⑥ 蒋旭：《蒙化府志》，大理白族自治州文化局翻印，1983，第152页。

⑦ 蒋旭：《蒙化府志》，大理白族自治州文化局翻印，1983，第152页。

方面展开研究，以期全面地了解左氏土司诗歌创作的始末，探究汉族文化与彝族文化的联系与融合过程。

一 兴盛原因

（一）南诏汉化的历史延续

从历史渊源上讲，"蒙化"一名滥觞于南诏国时期，与部落名和政权名有关。唐初洱海地区部落林立、彼此征伐，其中六个较大的部落被称为六诏，分别是：蒙嶲诏、越析诏、浪穹诏、施浪诏、邆赕诏、蒙舍诏。樊绰《云南志》记载："蒙舍，一诏也，居蒙舍川，在诸部落之南，故称南诏也。"① 在唐朝的支持下，南诏最终消灭其他五诏，统一洱海地区，于738年建立南诏王国。

"蒙"还与姓氏有关。《旧唐书·南诏传》载："南诏蛮，本乌蛮之种也，姓蒙氏。蛮谓王曰'诏'，自言哀牢之后，代居蒙舍川为渠帅。"②《新唐书·南诏传》亦载："王，蒙氏，父子以名相属。"③《南诏德化碑》载"王姓蒙"，政权名"蒙国大诏"。④ 后世称南诏大理国政权为"蒙段政权"。开元二十六年（738），南诏兼并五诏后，唐朝册封皮逻阁为云南王，赐名"蒙归义"。左氏土司是南诏王族蒙氏的后裔，南诏灭亡时，蒙氏为了后代免遭郑买嗣集团的杀害，才将"蒙"姓改为左、茶、字等姓氏。

"化"，《说文解字》解释为"教行也"⑤，主要是指教化，以文化人，在"蒙化"一词中具有双重含义。一是南诏欲发挥自己文化的辐射力、影响力，提升周围的民族文化。《南诏德化碑》载"畴壤沃饶，人物殷凑"，

---

① 樊绰著，赵吕甫校释《云南志校释》，中国社会科学出版社，1985，第110页。
② 刘昫撰《旧唐书·南诏传》，文渊阁四库全书本，台湾商务印书馆，1986，第743页。
③ 欧阳修：《新唐书·南诏传》，中华书局，1975，第6270页。
④ 蒋旭：《蒙化府志》，大理白族自治州文化局翻印，1983，第260页。
⑤ 许慎：《说文解字》，中华书局，2013，第166页。

然"声教所不及"，于是"诏欲革之以衣冠，化之以礼仪"。① 二是南诏向唐王朝学习汉文化，促进自身发展。南诏曾俘虏泸西县令郑回，任命其为清平官，教授王室子弟汉文化。此外多次通过赴京朝贡、派人到成都学习等方式学习中原文化。

南诏国对唐文化的引入和吸收，发展和丰富了本民族的文化，促进了地区治理，同时为后世政权开启了汉化的先河，提供了汉化的范例。元明清时期，蒙化的当政者左氏土司崇尚儒学，与朝廷派来的同知、通判等配合有致，修建文庙、置办图书、聘请教师，大力发展学校教育。经过长时间的文化熏陶，蒙化的文明程度日益提高。

（二）家庭氛围与家教传统

左氏土司作为少数民族地区的统治者，主动接触并学习中原地区的汉文化，积极融入汉文化的体系之中，体现了其对外来文化的兼容并包。

首先，左氏出代之间传承汉文化。左氏本以军功显，到了明代弘治、正德年间左祯承袭土司时，文风大振。康熙《蒙化府志》称左祯"能文翰，善诗书，有魏晋风，好尚高雅，礼士崇文，与成都杨慎相友善，为左氏好文之始"。② 称左文臣"喜晋书，善小楷，通音律，闲礼度"。③ 称左文象"好尚高洁，工于诗翰，韵致隐逸，不事铅华"。④ 左文臣、左文象皆为左祯之子，单从这两代人之间就能看出家教的作用。

其次，左氏还与其他土司相互切磋艺文。左文臣（字黄山）与永昌张含（字禺山）、丽江木公（字雪山）结为诗社，邮筒往来，时称"三山"，在云南地区传为佳话。

此外，左氏还注意送子女入学，使得"人文凤起""科第蝉联"。蒙化在左氏的主持下，修建了文庙、尊经阁、明志书院、育德书院、育英社学等

---

① 蒋旭：《蒙化府志》，大理白族自治州文化局翻印，1983，第265页。
② 蒋旭：《蒙化府志》，大理白族自治州文化局翻印，1983，第152页。
③ 蒋旭：《蒙化府志》，大理白族自治州文化局翻印，1983，第152页。
④ 蒋旭：《蒙化府志》，大理白族自治州文化局翻印，1983，第152页。

教学机构，为左氏子女接受儒学提供了便利。据统计，明清两朝左氏土司先后涌现三名文进士、八名举人、三名选贡、七名副贡，这直接反映出左氏家族的儒学氛围和家教传统。

（三）外来文人的指导激励

左氏一族在诗歌上的辉煌成就还离不开外来文人的指导与激励，其中以新都杨慎为最。

杨慎，明代正德六年状元，在嘉靖初年的"大礼议"案中被廷杖谪戍云南永昌卫。在地方文士和官员的庇护下，免除了荷戈巡边之苦。后来在云南各地讲学访友，两度到达蒙化，居住在城内东隅的冷泉庵。康熙《蒙化府志》记载："（杨慎）日与左祯、朱光霁、张璧相侣，和诸生朱寰、薛仑、左明理北而视之。颇受命提之益。公怜才遗士，有一善皆极为奖励。故蒙士乐从游之。"[1] 杨慎在蒙化期间，与左氏一族左祯、左明理相交，对于左氏诗歌水平的提升给予了极大的帮助。

这种指导和激励首先在蒋旭的诗中得到印证，《冷泉庵吊杨状元》中有云："是时高弟有朱左，方茅万竹堪为伍……护巢燕子犹知恋，况复吾侪凭吊人。"[2] 其中"朱"指朱寰，"左"指左明理，"方茅"指朱光霁，"万竹"指张璧，杨慎将他们视为挚友，加以提点。可见杨慎激励左氏、指导时人的事情在蒙化广为流传。

其次，杨慎为左祯取字"龙图"显示了二人深厚的友谊。左祯，字元吉、三鹤、龙图，其中"龙图"是杨慎所赠。"祯之字曰元吉，旧矣，亦钜公所诒也。……盖闻字以昭德，不欲袭也。"[3] 左祯因此请求杨慎改字，杨慎改为"龙图"，并给出三点理由。其一"于文祯祥也"——"字之贞，贞正也。人有善，天降祥以告之。祥之正，且莫如龙图，大宜莫如龙图，古宜

---

[1] 蒋旭：《蒙化府志》，大理白族自治州文化局翻印，1983，第159页。
[2] 巍山彝族回族自治县档案馆编《蒙化诗词》，云南人民出版社，2013，第153页。
[3] 蒋旭：《蒙化府志》，大理白族自治州文化局翻印，1983，第284页。

莫如龙图，字侯亦宜莫如龙图"。① 其二"郡郊巄屿图山"——"吾闻蒙化郡郊有巄屿图山，侯（指左祯）之上世所起也。亮采世于兹，藩维世于兹，屏翰世与兹，岂他可有也。字侯宜莫如龙图"。② 其三"易固龙图之衍"——"侯先世以武功显，至侯乃敦文摘藻。……乘建四亭曰宜方，曰括囊，曰素履，曰自牧。盖取诸易，易固龙图之衍也，字侯宜莫如龙图"。③

此外杨慎与左氏土司及族人之间的唱和诗更是体现了他的指导与激励作用。杨慎有《酬左三鹤铜雀砚之赠》一诗："凤凹元玉汁，龟凸紫琳腴。铭存建安宁，功掩未央模。飞盖怜琼藻，分香记锦酥。怀人更怀古，燕寝阁巄屿。"④ 诗中表达出对左祯征战功绩的赞扬。左明理《呈杨太史升庵》诗云："百篇以后谓无诗，屈宋犹能善楚辞。汉晋宫墙弈代旧，宋元门户逐时卑。谪仙敏捷伦材绝，子美沉潜百战奇。我愿执鞭从上古，不堪堕落逐当时。"⑤ 左明理在诗中向杨慎表明自己认真学诗的决心，从中可以看出杨慎对左明理的启发。

二 文化内涵

（一）佛道思想

左氏土司诗歌中较多地反映出佛道思想，这与大批佛寺（如圆觉寺、云隐寺）和道观（如清微观、巍宝山道观群）的修建密切相关，反映出中原地区的佛道两教与蒙化地区的本主教的交融与碰撞。

左熙俊有诗《圆觉寺晚钟》⑥，反映出佛教思想：

绝顶攀云袖，疏钟送晚春。一声黄叶寺，双屐白头人。

---

① 蒋旭：《蒙化府志》，大理白族自治州文化局翻印，1983，第284页。
② 蒋旭：《蒙化府志》，大理白族自治州文化局翻印，1983，第284页。
③ 蒋旭：《蒙化府志》，大理白族自治州文化局翻印，1983，第284页。
④ 巍山彝族回族自治县档案馆编《蒙化诗词》，云南人民出版社，2013，第25页。
⑤ 巍山彝族回族自治县档案馆编《蒙化诗词》，云南人民出版社，2013，第44页。
⑥ 巍山彝族回族自治县档案馆编《蒙化诗词》，云南人民出版社，2013，第179页。

山鸟诸天寂，昙花上界匀。松阴频小立，清悟得其真。

诗人在寺中静听晚钟，感受到时间的飞逝。"诸天"作为佛教语，是指三界（欲界、色界、无色界），共有三十三天。"昙花"亦是佛教中常见的景观意象，比喻佛法难得。佛教讲求顿悟和渐悟，诗人伫立松下，顿悟佛教的真知。

左文臣有诗《山居》[①]，反映出道教思想：

懒人骨相不封侯，放我清溪饭白牛。尘海客来休击磬，松风月上或登楼。

谁临清寂无双境，我占盲聋第一流。多谢天公宽纵后，从今随处是丹邱。

诗人在清寂的环境中，赏景放牧，生怕俗客带来尘世的喧嚣，俨然"忘却"自己土司的统治者身份，甘愿与自然融为一体。丹邱，亦作"丹丘"，位于天台山支脉，相传三国道教鼻祖葛玄曾在此修炼九转金丹，是道家神往的福地。

左嘉谟一诗《浴温泉》[②]，则反映了佛道思想的交融：

为选骊山胜，飘飘若御风。本来无垢体，自与太初同。

此处骊山，指巍宝山，而非关中的骊山。此诗明显受到佛教禅宗六祖惠能的影响，惠能曾言"菩提本无树，明镜亦非台。本来无一物，何处惹尘埃"。"本来无垢体，自与太初同"是对后两句偈语的借鉴。"太初"始见于《列子》："有太易，有太初，有太始，有太素。太易者，未见气也；太初

---

① 蒋旭：《蒙化府志》，大理白族自治州文化局翻印，1983，第186页。
② 蒋旭：《蒙化府志》，大理白族自治州文化局翻印，1983，第200页。

者，气之始也；太始者，形之始也；太素者，质之始也。"① "太初"在道家哲学中代表无形无质、比混沌更原始的宇宙状态。

（二）心灵圣地——三鹤洞

左氏土司关于三鹤洞的诗歌共有五首，出于三代人之手，其中左祯二首、左明理二首、左世瑞一首。三鹤洞在三人的诗中都是一片清幽之地，犹如世外桃源，象征着左氏家族乃至蒙化百姓的心灵圣地。

左祯《题三鹤洞》：

其一

寻得幽居对翠屏，洞门云锁不须扃。苔生石缝成龟封，乳滴松根作鹤形。

月冷露珠点周易，风摇竹叶扫黄庭。仙禽到此醒尘梦，更与孤山一样青。②

其二

皋壁云横一洞天，乾坤开辟不知年。人间人语风中叶，石上雷鸣崖底泉。

明月来时疑白鹿，野松深处有青田。寻幽此地堪巢鹤，天与村夫养浩然。③

左明理《题三鹤洞》：

其一

---

① 王力波：《列子译注》，黑龙江人民出版社，2003，第 3 页。
② 巍山彝族回族自治县档案馆编《蒙化诗词》，云南人民出版社，2013，第 19 页。
③ 巍山彝族回族自治县档案馆编《蒙化诗词》，云南人民出版社，2013，第 19 页。

鹤化来年怪口尘，睡酣垠壤几千春。往还日月为三友，出没烟云当四邻。

兴废与同天地老，星霜不易古今为。从前来许人物爱，审使□□作主人。[1]

其二

洪荒初判产精英，占断人间无限清。地泄文章官样巧，天开图画自然成。

崖泉漱玉洗尘俗，石鹤堆银妒月明。更列翠屏虚几席，欲招太守结诗盟。[2]

左世瑞《次鹤洞壁韵》：

岂作渔樵不记年，洞中端有一壶天。花承沉瀣能和药，松起波涛为鼓弦。

自在山前莺燕语，无关枕上主人眠。华山拍谱差堪续，何必蓬瀛访列仙。[3]

三鹤洞现为巍山县的一处古迹，位于马鞍山乡三鹤村，村以洞名。[4] 在三人的诗中，三鹤洞由来已久，不知所始，洞内云雾缭绕，青苔丛生，竹叶飘摇，松涛阵阵，崖泉幽咽，更伴有村夫良田，简直一派世外桃源的风貌。这与陶渊明在《桃花源记》中描述的景象十分类似，从侧面说明左氏土司在与内地文人的交流中，受到了"世外桃源"这一文学意象的影响。

---

① 巍山彝族回族自治县档案馆编《蒙化诗词》，云南人民出版社，2013，第45页。
② 巍山彝族回族自治县档案馆编《蒙化诗词》，云南人民出版社，2013，第45页。
③ 蒋旭：《蒙化府志》，大理白族自治州文化局翻印，1983，第193页。
④ 巍山彝族回族自治县人民政府编《云南省巍山彝族回族自治县地名志》，1984，第37页。

（三）灵山秀水

左氏土司的诗中多有展现蒙化的瑰丽风景，反映出土司对蒙化山河的热爱。

左祯《叶榆道中暮春即事》："花满官途过眼斑，寻幽策马费跻攀。古今野寺藏云树，南北两关壮海山。蜃作水楼时出没，龙吟春雨日潺溪。晚来潋滟开天际，一半斜阳鸳浦间。"[1] 此诗作于左祯奉调出征期间，诗中描绘了"叶榆十六景"中的"鸳浦夕照"。鸳浦在洱河河畔，遍布滩涂沼泽，芦苇丛中栖息着众多白鹭、鸳鸯，夕阳映照南浦，一片潋滟景象。

左文象《晚归太极山房》："东郭驰驱辇晚烟，杖藜扶人碧云巅。烧秋落日村边树，映水纤霞雨后天。石磴苔深人迹少，松巢云冷鹤飞还。茶余枕藉如茵草，新月疏林噪暮蝉。"[2] 此诗描绘了太极山石磴苔深、晚鹤归巢、暮蝉嘈杂的景象，流露出诗人淡泊的心迹和对山水风光的喜爱。

左世瑞《春日宿三圣庵》："山寺隐山林，轻烟带远岑。花枝含酒态，柳叶系春心。车马纷然集，尘埃岨不侵。榆关明早陟，清馨送余音。"[3] 此诗描绘了诗人宿三圣庵时的所见所闻，寺隐山林，烟盈远黛，花枝妩媚，柳叶漂浮，这些美景似乎都要为其践行，送其早陟榆关。

左元生《浒西春望》："不尽阳瓜滚滚流，花村柳社足春游。步迎芳草芊绵远，目极遥山紫翠浮。短笛行吟声入破，孤舟独钓浪生沤。骋怀岂是闲来往，且把兰亭禊事修。"[4] 阳瓜江滚滚南流，芳草连绵不绝，诗人携友春游，赏尽家园美景。诗人不仅是为赏景而来，更是为了"兰亭修禊"，仿做流觞曲水之戏。

蒙化的寺观、山川、草木、禽兽无一不呈现于诗歌当中，左氏土司既关怀自己的百姓，也热爱蒙化的风光。

---

[1] 巍山彝族回族自治县档案馆编《蒙化诗词》，云南人民出版社，2013，第20页。
[2] 蒋旭：《蒙化府志》，大理白族自治州文化局翻印，1983，第186页。
[3] 蒋旭：《蒙化府志》，大理白族自治州文化局翻印，1983，第174页。
[4] 巍山彝族回族自治县档案馆编《蒙化诗词》，云南人民出版社，2013，第36页。

（四）生活杂感

古代汉族文人讲究"缘事而发""不平则鸣"，左氏土司同样如此，用诗歌记录日常生活的各种感受。

左祯《送李别驾归蜀》："三载阳瓜乐宦游，何当此别暮烟愁。得归故里舒长啸，便向孤舟下急流。金马浮云迷客梦，浣花明月醒人眸。于今四海波涛静，高卧南窗酒一瓯。"① "金马"指金马碧鸡坊，此处代指昆明；"浣花"指浣花溪，此处代指蜀地，颈联与诗题相照应，点明友人的客宦之地和故乡之所。诗人在这首送别诗里表达了对好友的不舍和祝愿。

左文象《思宸儿北上》："万里关河万里心，时时北望五云深。行看马足风云拥，长虑狐裘雨雪侵。绝望滇山无朔雁，计程楚馆听寒砧。几时才得金台报，红杏堂前酒漫斟。"② 诗人时时北望，为风云忧虑，为雨雪担心。既然无大雁传书，便只能暗自计算日程。"金台"指古黄金台，相传燕昭王曾置千金于台上，延请天下贤士。诗人在这首诗里表达了对子弟的关怀与期望。

左章照《榆城竹枝词》："榆城香火盛花宫，共道观音是雨铜。稽首莲台无别愿，愿郎归趁早潮风。"③ "稽首"为"九拜"之一，行礼时屈膝跪地，左手按右手，拱手于地，头也缓缓至于地。而且头至地时需要停留片刻，手在膝前，头放手后。"莲台"本指佛陀、菩萨的坐具，此处借指菩萨。这首竹枝词描写了榆城百姓祭拜观音、祈求儿郎凯旋的风俗，反映出百姓的宗教信仰。

三　社会影响

（一）由尚武转向崇文

杨慎在《龙图字说》中曾言："且侯（指左祯）先世以武功显，至侯乃

---

① 蒋旭：《蒙化府志》，大理白族自治州文化局翻印，1983，第181页。
② 蒋旭：《蒙化府志》，大理白族自治州文化局翻印，1983，第186页。
③ 魏山彝族回族自治县档案馆编《蒙化诗词》，云南人民出版社，2013，第181页。

敦文摛藻。"① 左氏土司以左祯为界，为"左氏好文之始",② 由尚武转向崇文。

从元代至正五年（1345）到明弘治十五年（1502），左氏家族主要以武功治政而著称，文治为次，这个时期左氏世袭的土知府（左禾、左伽、左刚、左琳、左瑛、左铭）都善于征战，例如左禾为明军西征大理扫清障碍。道光《云南志钞·土司志》记载："明洪武十四年，大兵至云南，诏谕诸蛮十五年，平其未服者，左禾款附。"③ 自此左氏家族成为蒙化的统治者。左伽于明代正统年间因为军功升任蒙化知府。关于此事，《济熙公墓志》有言："延及五世伽公，以大侯公第一，开基中宪，奕代相沿。"④ 他们为中原王朝统一边疆，促进少数民族地区政治、经济和文化的发展做出了不可磨灭的贡献。

《蒙化左族家谱序》载："滇西颇有名家，蒙阳左卒尤为称盛，不但开疆辟土，世袭专城，且人文林立。自明至今，甲第科贡，代有其人，或以乡贤文行著，或以忠烈孝义传。"⑤ 左氏不仅长于武功，还善于文治。从左祯开始的十一位土司（即左祯、左文臣、左柱石、左近嵩、左星海、左世瑞、左嘉谟、左麟哥、左元声、左长泰、左荫曾）都偏重于文才，以文治政。这个时期的左氏崇尚儒学，发展学校教育，为左氏子弟和其他民族子弟学习汉族文化、参加科举考试，提供了方便。

（二）涌现书香门第

在左氏土司的影响下，蒙化百姓纷纷学习汉文化，涌现出了一批批文化精英，形成了许多书香门第。如朱玑，成化丁卯进士，被列入乡贤，曾官贵州按察副使；其子朱光霁，同样被列入乡贤，正德癸酉乡荐，曾官西安同

---

① 蒋旭：《蒙化府志》，大理白族自治州文化局翻印，1983，第284页。
② 巍山彝族回族自治县档案馆编《蒙化诗词》，云南人民出版社，2013，第181页。
③ 王崧：《云南志钞》，云南社会科学文献研究所，1995，第344页。
④ 大理白族自治州白族文化研究所编《大理丛书·族谱篇·蒙化左氏家谱》，云南民族出版社，2008，第316页。
⑤ 王崧：《云南志钞》，云南社会科学文献研究所，1995，第278页。

知，与杨慎交往密切；朱玑之孙朱宾、曾孙朱鸣时，皆乡荐。此外还有陈氏、张氏、彭氏等，而影响最大的当属张氏和彭氏。

明嘉靖年间进士张烈文，被列入乡贤，曾官浙江嘉兴县令、按察副使，后升南京户部湖广司主事，辑有《百氏统要》《文海流奇》。清初的张锦蕴，学问渊博，曾任景东教授，著有《镜潭》；其子张端亮，康熙年间举人，曾任浪穹教谕、山东潍县县令，工书画、善诗文，传世诗集《抚松吟集》，世称"三绝老人"（诗、书、画）。嘉庆年间的张登瀛，工诗文，曾参与编修《滇南文略》。

清初彭印古，传世有诗集《松溪集》，选入《云南丛书》，袁文揆称其诗意必臻新，语皆脱俗；其族人彭鼒，乾隆年间举人，曾官风川、香山等知县，秀赢多能，颇有功绩，著有《海天吟集》，其诗有清刚之气。

（三）进入省内外各行业

在左氏土司好学的影响下，蒙化百姓通过科考进入省内外政治、经济、文化各个领域，为国家发展做出了自己的贡献。

从左氏土司家族来说，如隆庆癸卯科举人左殿，出任四川彭县知县；万历甲午科举人左重，出任四川灌县知县。从受到左氏土司影响的蒙化百姓来说，进入省内外各行业的更是不胜枚举。如明正德举人刘长春，初授湖广慈利县知县，后升陕西延安府通判。又如万历举人刘养中，初授淮南教授，继升黎平推官，后又升金华府同知。

再如明正德进士雷应龙，先任福建莆田县令，"廉介有为，以循吏自矢，条行八禁，皆切时宜。……至于均瑶平赋、筑堰厘奸著善政，皆大惬民心"①。后升任浙江道监察御史、广东道监察御史，后接任北京都察院御史。嘉靖五年，被委以两淮盐政。为官清廉，同情民间疾苦，执法严明，深受百姓爱戴，世称"真御史"。

蒙化左氏土司同云南其他土司一样，积极学习汉文化，提倡儒学，为云

---

① 蒋旭：《蒙化府志》，大理白族自治州文化局翻印，1983，第143页。

南的文化发展做出了巨大贡献。左氏土司的诗歌成就，既承接了南诏汉化的历史传统，也与重视文化的家庭氛围、家教传统有关，更与外来文人的指导激励密切相关。这些诗歌表现了蒙化特有的灵山秀水，展示了蒙化百姓的心灵圣地，流露出生活的杂感，也反映出佛道思想的交融。左氏土司及其族人的诗歌创作对蒙化百姓学习汉文化起到了标榜和示范功用，促进了诸多书香门第的产生。蒙化子弟以科考为方式，以蒙化为原点，向周边和内陆辐射，进入省内外各行业的蒙化子弟尽忠职守，为统一多民族国家的发展做出自己的贡献，促进了汉族文化与彝族文化的交融。

案例研究篇

Case Studies

民族地区乡村旅游资源评价研究

——以枫香坡侗族风情寨为例

廖正丽*

摘　要： 本报告以湖北省恩施土家族苗族自治州为例，运用卢云亭的
"三三六"分析法对恩施枫香坡侗族风情寨的乡村旅游资源
进行定性评价，采用AHP层次分析法，构建枫香坡侗族风情
寨乡村旅游资源综合评价模型，对枫香坡侗族风情寨的乡村
旅游资源进行定量评价，通过专家对要素评价层各个因子进
行模糊打分，最后分析得出枫香坡侗族风情寨乡村旅游资源
综合评价等级为三级，说明枫香坡侗族风情寨乡村旅游资源
总体良好，有很大的开发潜力。

关键词： AHP法　"三三六"分析法　枫香坡侗族风情寨　模糊综合

---

* 廖正丽，土家族，华中师范大学国家文化产业研究中心博士研究生，讲师，研究方向为文化
经济学。

评价法

2017年10月18日，习近平总书记在十九大报告中提出实施乡村振兴战略，指出我国最根本性的问题是农业农村农民问题，全党工作的首要任务是解决好"三农"问题。恩施州位于武陵山区腹地，属于西部大开发战略的范围，生产生活以农业为主，大部分县市为贫困地区。恩施州委州政府在中央和湖北省各级领导的宏观指导下确立了恩施州关于发展乡村旅游推进旅游扶贫工作的方针。

构建乡村旅游资源评估的科学合理的指标体系是准确判断和评价乡村旅游资源的基础，也是合理规划和开发乡村旅游的前提和必要环节。国外较早就对乡村旅游资源的评价进行了深入研究，表现出评价模型多样化、评价指标多元化、研究日趋成熟化的特征。[1] 评价方法可分为单因子定量评价法、多因子综合定量评价法以及经验分析法三大类。同时注重理论结合实际，以GIS技术、[2] 虚拟现实技术、[3] 3S技术等为辅助技术，[4] 紧密结合其他学科。国内研究乡村旅游资源的评价指标体系相对较晚，且早期研究以概念为主，[5] 21世纪以来随着习近平总书记提出建设"美丽乡村"，学界开始注重对旅游资源的评价和开发进行定性与定量相结合的研究。如张晶等采用层次分析法评估贵州省乡村旅游资源的开发价值，并筛选出可开发的

---

① 闫姗姗：《旅游资源综合评价体系构建与实证研究》，硕士学位论文，曲阜师范大学，2012，第10~11页。

② Nam Hyeong Kim, Hyang Hye Kang, "The Aesthetic Evaluation of Coastal Landscape", *KSCE Journal of Civil Engineering* 13 (2009)：65-74.

③ Stella Giannakopoulou, Dimitris Damigos, Dimitris Kaliampakos, "Assessing the Economic Value of Vernacular Architecture of Mountain Regions Using Contingent Valuation", *J. Mt. Sci.* 8 (2011)：629-640.

④ Zia Ullah, David Johnson, Anton Micallef, Allan T. Williams, "Coastal Scenic Assessment：Unlocking the Potential for Coastal Tourism in Rural Pakistan via Mediterranean Developed Techniques", *J Coast Conserv.* 14 (2010)：285-293.

⑤ 刘小琴：《福建省乡村旅游资源评价与整合开发研究》，硕士学位论文，集美大学，2014，第17页。

村寨。[1] 林雄斌等采用层次分析法研究宁波市的乡村旅游资源，认为影响乡村旅游资源的可开发性因素主要有观赏价值、宗教文化、生物多样性。[2] 马勇等指出影响乡村旅游资源开发的因素有乡土特色、成长能力、管理水平、环境发展，其构建了包含 44 个指标、14 个要素、4 个系统、1 个目标的指标体系。[3] 唐黎等针过对福建省山重村乡村旅游资源的开发条件、资源价值、环境氛围 3 个因素，选用 12 个指标作为综合评价层，12 个指标作为因子评价层，构建了评价指标体系。[4] 陈希首先对万石村的现状运用 SWOT 分析法进行分析，并得出其战略选择，然后对该村的乡村旅游资源运用"三三六"分析法进行定性评价，再采用层次分析法等对万石村乡村旅游资源进行定量评价，最后建立万石村乡村旅游资源综合评价模型。[5] 于霞选取了资源影响力、资源要素值、估价值 3 个方面的指标，构建了包含 1 个目标、3 个项目、14 个要素、54 个指标的指标体系。[6] 上述研究可得出，建立完善的评价体系，必须根据乡村旅游资源各方面的指标体系，运用定性定量相结合的方法对乡村旅游资源做出科学公正的综合分析，但是有关湖北恩施州民族地区乡村旅游资源评价体系的研究相对较少，因此，本文以恩施州枫香坡侗族风情寨为例，结合民族特色，构建适合恩施州乡村旅游发展的评价指标体系，以期为实现恩施州民族地区乡村旅游健康发展提供一定的理论依据和指导意见。

---

① 张晶、刘舜青：《贵州乡村旅游资源评价模型初探》，《安徽农业科学》2007 年第 35 期，第 5822～5823、5962 页。

② 林雄斌、颜子斌、徐丽丽等：《基于 AHP 的宁波市乡村旅游资源评价》，《浙江农业科学》2010 年第 1 期，第 880～882 页。

③ 马勇、陈慧英：《乡村旅游目的地评价综合指标体系研究》，《湖北大学学报》（哲学社会科学版）2014 年第 41 期，第 137～142 页。

④ 唐黎、刘茜：《基于 AHP 的乡村旅游资源评价——以福建长泰山重村为例》，《中南林业科技大学学报》2014 年第 11 期，第 155～160 页。

⑤ 陈希：《万石村乡村旅游资源评价与发展战略研究》，硕士学位论文，福建农林大学，2015，第 11 页。

⑥ 于霞：《乡村旅游资源评价指标体系研究》，《四川旅游学院学报》2016 年第 5 期，第 51～53 页。

一 枫香坡侗族风情寨基本情况

枫香坡侗族风情寨（东经 108°23′12″~110°38′08″、北纬 29°07′10″~31°24′13″）位于恩施市芭蕉侗族乡高拱桥村，属于 3A 级景区，景区面积 1.5 平方公里，属于亚热带季风性山地湿润气候，冬少严寒，夏无酷暑，雨量充沛，年平均降水量 1600 毫米，年均气温 16.2℃。地处 209 国道旁，距离州府 10 公里，与宜昌、重庆、张家界比邻，享有"湖北侗乡第一寨"的美誉，成为"湖北省旅游名村"、国家"AAA"级景区"全国农业旅游示范点"、"湖北省首批新农村建设示范村"和"湖北省民族团结进步示范村"。近年来，枫香坡侗族风情寨依托优美的自然风光、青翠的生态茶园、古朴的村落建筑、独特的侗族民风民俗等优质旅游资源，采取"龙头企业＋农户"的产业经济模式以及"农户＋企业"的景区经营管理机制，大力发展乡村旅游，主打"侗族特色"品牌，集休闲、娱乐、乡村体验于一体，发展态势良好。

二 研究方法

（一）"三三六"分析法

"三三六"分析法即卢云亭的三大价值、三大效益、六大条件评价法，对旅游资源的科学考察价值、历史文化价值、经济效益、艺术观赏价值、区位条件、社会效益、景象地域组合条件、生态效益、旅游环境容量、投资能力、旅游客源市场、施工条件进行评价。

（二）层次分析法（Analytic Hierarchy Process，AHP）

层次分析法是由美国运筹学家 T. L. Saaty 于 20 世纪 70 年代提出的一种

定性和定量相结合的决策分析方法。① AHP 是将决策问题按总目标、各层子目标、评价准则直至具体的备选方案的顺序分解为不同的层次结构，然后用求解判断矩阵特征向量的办法，求得每一层次的各元素对上一层次某元素的优先权重，然后用加权求和的方法递阶归并各备选方案对总目标的最终权重，此最终权重最大者即为最优方案。②

（三）模糊综合评价法

本文运用模糊综合评价法对枫香坡侗族风情寨的旅游资源开发价值进行评价。首先运用层次分析法建立评价模型，计算各个影响因子的权重；其次采用专家咨询法对各个影响因子进行比较、评价和打分，利用和积法计算枫香坡侗族风情寨乡村旅游资源的开发价值。

三 枫香坡侗族风情寨乡村旅游资源综合评价

（一）定性评价

采用卢云亭的"三三六"评价方法对枫香坡侗族风情寨乡村旅游资源进行定性评价，该方法是对旅游资源定性评价的重要方法，被国内大多数专家学者所接纳并且采用。

1. 三大价值

（1）历史文化价值。

中国有 7000 年以上的木建筑历史，考古发现在仰韶文化时期的西安半坡遗址以及后来的安阳殷墟遗址都有木建筑的遗迹。侗族建筑以木料和石头为主，主要有民居木楼、风雨桥、鼓楼、戏台等建筑，鼓楼结构极为独特，榫孔层叠交错，且表面无任何缝隙，重檐为四方形或八方形，雄伟壮观。侗

---

① 文孝庭：《信息分析》，机械工业出版社，2017，第6页。
② 李会琴、王林等：《湖北省乡村旅游资源分类与评价研究》，《国土资源科技管理》2016 年第 5 期，第 28~29 页。

族木建筑与生态学、建筑学、民俗学、风水学、地质地理学、文学、民族学等都有密切关系，是侗族最有特色的文化资源和旅游资源。枫香坡侗族风情寨依山傍水，有民居木楼、戏台、鼓楼、风雨桥等。

（2）艺术观赏价值。

侗寨木建筑与山水环境构成和谐统一的整体，体现了人文与自然完美融合的园林之美。枫香坡侗族风情寨位于高拱桥村，坐落在高拱河畔的茶园山丘之中，这里的侗族民居木楼星罗棋布，鼓楼和风雨桥依山傍水镶嵌其中，凉亭像珍珠一样散落在青山碧水间。枫香坡以茶叶、水稻、玉米为主要农业产业，青翠的茶园与侗寨木楼交相辉映，给游客带来秀美的现代农业景观和田园景观。

（3）科学考察价值。

侗寨木楼集中体现了古人的建筑思想和工艺水平，是侗族先祖智慧的结晶，显示了社会生产力发展的历史进程。无论是在房屋选址上还是结构设计上和功能上，都展现了侗族人民的生活图景和发展历程，使游客既能得到美的享受，又能了解到关于建筑等方面的科学知识。

枫香坡侗族风情寨打造了"一轴四区"（景观轴，旅游服务区、茶文化休闲区、侗文化体验区、清水游乐区）的旅游格局，形成了一个集乡村体验、休闲、娱乐于一体的侗族特色山寨。寨内有生态茶园 300 余亩、休闲景点 20 余处，构成了一幅美丽侗乡田园画卷，让游客"着一身侗族衣、当一天采茶农、试一回农家活（纺麻线、推响榶、打糍粑等）、观一台民族戏、品一杯有机绿茶、吃一顿地道农家饭、歇一稍风雨桥、住一晚侗族民居屋"。

2.三大效益

（1）经济效益。

恩施州将发展乡村旅游作为推动产业结构调整、促进农民脱贫致富的重要途径，近年来恩施州委州政府大力发展乡村旅游，以枫香坡侗族风情寨为代表的乡村旅游资源给恩施州地区的发展带来了巨大的经济效益。2015 年，恩施市旅游总收入为 951019 万元，旅游总人数为 12511819 人次，全州累计接待游客 3700 万人次，同比增长 19.36%，实现旅游综合收入 250 亿元，同比增长 25%；2016 年，恩施市旅游总收入为 1137390 万元，旅游总人数为 14730489 人次，全州接待游客 4255 万人次，同比增长 15%，实现旅游综合收入 300 亿元，同比增长 20%。① 根据《恩施州人民政府关于发展乡村旅游促进旅游扶贫工作的意见》，预计到 2020 年，创建乡村旅游与全国休闲农业示范县（示范点）4 个以上、湖北旅游名镇 5 个以上、湖北旅游名村 20 个以上、湖北省休闲农业示范点 20 个以上、湖北省乡村旅游产业与休闲农业扶贫示范区 30 个以上，形成专业旅游特色村、乡村旅游度假区、特色旅游小镇协调发展的乡村旅游发展态势，旅游接待游客平均每年达 2000 万人次，旅游收入超过 100 亿元，推进全州 100 个贫困村的 15 万农民摘掉贫困的帽子，走向富裕生活。

（2）社会效益。

枫香坡侗族风情寨乡村旅游的发展，有利于推动当地农业结构调整。将传统农业与现代旅游业相结合，打破了二、三产业的界限，促进产业融合。枫香坡侗族风情寨乡村旅游的发展，有利于推进新农村建设，促进乡村环境治理，构建乡村景观，实现找回乡村、再现乡村、提升乡村、创意乡村的旅游发展战略。枫香坡侗族风情寨乡村旅游的发展，有利于增加就业，实现当地剩余劳动力的就地转移。以当地农民马苏娥为代表，她组建了开寨门迎宾队、茶文化表演队、芦笙仪仗队等文艺演出队伍，创建农家乐，把当地闲散的劳动力组织起来，使枫香坡旅游文化活动开展得有声有色。

（3）生态效益。

枫香坡侗族风情寨乡村旅游的发展，改善了当地居住环境，生态环境得到了美化。美丽乡村建设不断提高了农民的环保意识和生态意识，努力发展绿色旅游，保护森林植被，防患水土流失，提升资源的使用率。枫香坡农业以茶叶种植和加工为主，当地农民为了发展绿色无污染的健康生态茶园，采

---

① 数据来源：恩施州统计局。

用物理灭虫措施，做到零农药使用率。

3. 六大条件

（1）区位条件。

枫香坡侗族风情寨位于恩施州城郊区的芭蕉侗族乡高拱桥村，209 国道横穿而过，距离州城中心 10 公里，景区面积 1.5 平方公里。恩施市有便捷的高速公路、铁路和航空运输，能辐射邻近地区 200 公里的县市和外省市城区人民。

（2）旅游客源市场。

近年来旅游发展态势良好，总体需求量大增。以 2016 年为例，全国旅游总人数为 57268.39 万人，比上年增长 12.34%；总收入 4888.51 亿元，比上年增长 13.45%。恩施州 2016 年接待游客 4255 万人次，实现旅游综合收入 300 亿元，同比分别增长 15%、20%；枫香坡侗族风情寨接待游客 33.33 万人次，实现旅游综合收入 1688.4 万元。

（3）投资能力。

恩施州财政自 2017 起每年划拨一定的经费，主要用于乡村旅游的人才培训、规划编制、表彰奖励等。采取奖励激励代替财政补贴政策，州政府分别给予"湖北省旅游名村""湖北省旅游名镇"称号的村镇 30 万元、10 万元的奖励；州政府给予"全国休闲农业与乡村旅游示范县（示范点）"称号的村镇 10 万元奖励；州政府给予"湖北省休闲农业与乡村旅游产业扶贫示范区"称号的村镇 10 万元奖励；州政府给予"湖北省休闲农业示范点"称号的村镇 5 万元奖励。预计到 2020 年，建成全国乡村旅游与休闲农业示范县（示范点）4 个以上、湖北旅游名镇 5 个以上、湖北旅游名村 20 个以上、湖北省休闲农业示范点 20 个以上、湖北省休闲农业与乡村旅游产业扶贫示范区 30 个以上，形成乡村旅游度假区、特色旅游小镇、专业旅游特色村协同发展的乡村旅游发展态势，乡村旅游的国内游客接待人次突破 2000 万，经济收入超过 100 亿元，促使全州 100 个贫困村的 15 万贫困人口脱贫致富。①

---

① 《恩施州人民政府关于发展乡村旅游促进旅游扶贫工作的意见》（恩施州政发〔2016〕21 号）。

（4）旅游环境容量。

枫香坡侗族风情寨位于芭蕉侗族乡高拱桥村，辖区内共56户256人。景区面积1.5平方公里，寨内共有生态茶园300余亩，现有可供游客体验休闲景点20余处，农家乐十余户，可一次性接待客人300余人。枫香坡侗族风情寨为侗族人聚居地，侗族风情浓郁。寨内游客在寨内享受自然风景的同时，可从事采茶、制茶、榨油、推磨、舂米、垂钓、打铁、织布、水车汲水、做瓦等传统农事活动，还可观赏传统农具，品尝地道油茶汤、享用原汁原味的农家饭，欣赏特色侗族歌舞，在侗族小妹的拦路歌声中领戴侗带、豪饮拦路酒。

（5）景象地域组合条件。

枫香坡侗族风情寨是侗族村落，其标志性建筑有侗族鼓楼、风雨桥、踩歌堂、寨门、木楼民居等，极具特色的侗族服饰、饮食、歌舞、民俗风情等，还有铁匠铺、水车、油榨坊、响磨、瓦枋、织布机等传统农具的生活体验游。让游客在乡村劳作中体验"着一身侗族服、当一天采茶人、做一回农活、观一台侗族戏、喝一壶富硒茶、吃一顿乡野饭、歇一稍风雨桥、住一晚侗族木楼民居"的乐趣。

（6）施工条件。

2008年初，湖北省领导指示恩施市要把枫香坡打造成茶叶产业发展、乡村生态休闲旅游和新农村建设的示范村。湖北省民宗委将其作为"616"对口支援的民族团结进步示范村进行扶持，投入资金400多万元，带动相关部门投入资金1000多万元，改造了道路，修建了游步道，建成了侗族鼓楼、寨门、踩歌堂等标志性建筑，并对民族服饰、民族饮食、民族歌舞进行了统一和普及。目前，寨内基础设施建设基本完善，大部分侗族民居和标志性建筑已修缮，且枫香坡在恩施市郊区，交通便利，有利于施工建设。

（二）定量评价

本文运用层次分析法，结合专家咨询法和模糊评价法对枫香坡侗族风情寨进行定量分析。

1. 建立层次结构模型

本文立足枫香坡侗族风情寨乡村旅游的现状和特点，结合《旅游资源调查分类评价》（GB/T189722003），根据前人的研究成果，按照采用指标的可操作性、独立性、科学性、系统性等原则，采用旅游环境因素、乡村旅游资源因素、开发条件等作为综合评价层；选取乡村民居、民族风俗、农业景观、山水田园风光、特色农产品、基础设施、食宿条件、卫生条件、从业人员素质、交通条件、客源市场、政策条件作为因子评价层，最后得到乡村旅游资源评价指标体系（见表1）。

表1 乡村旅游资源评价指标体系

目标层	项目层	指标层
枫香坡侗族风情寨乡村旅游资源综合评价 A	旅游资源因素 B1	乡村民居 C1
		民族风俗 C2
		特色农产品 C3
		农业景观 C4
		山水田园风光 C5
	旅游环境因素 B2	基础设施 C6
		食宿条件 C7
		卫生条件 C8
		从业人员素质 C9
	旅游开发条件 B3	交通条件 C10
		客源市场 C11
		政策条件 C12

2. 构建判断矩阵

在恩施州民族院校旅游管理专业的教师和当地各级旅游行政管理部门的工作人员中发放14份专家调查问卷，收回12份有效咨问卷，采用1~9及其倒数的标度方法（见表2），并通过一致性检验，经适当归纳调整，得到判断矩阵如下，最终获得各评价层指标的权重值（本文列了三个最主要的判断矩阵，运用层次分析法软件yaahp11.4版进行数据分析）：

利用和积法求权重

（1）将判断矩阵每一列归一化：

$$U_{ij} = \frac{u_{ij}}{\sum_{k=1}^{n} u_{ij}}(i,j = 1,2,3,\ldots,n)$$

（2）每一列经正规化后的判断矩阵按行相加：

$$W_i = \sum_{j=1}^{n} U_{ij}(i,j = 1,2,3,\ldots,n)$$

（3）对 w =（w_1，ww，...，wn）T 作正规化处理：

$$W_i = \frac{w_i}{\sum_{k=1}^{n} w_j}(i = 1,2,3,\ldots,n)$$

（4）计算判断矩阵的最大特征根：

$$\lambda max = \frac{1}{n}\sum_{k=1}^{n}\frac{(PW)_i}{W_i}。$$

（5）判断矩阵一致性指标 C. I. ：

$$C. I. = \frac{\lambda_{max} - n}{n - 1}$$

（6）随机一致性比率 C. R. ：

$$C. R. = \frac{C. I.}{R. I.}$$

表 2　判断矩阵平均随机一致性指标 RI 值表

阶数	1	2	3	4	5	6	7	8	9	10	11	12
RI	0	0	0.58	0.90	1.12	1.24	1.32	1.41	1.45	1.49	1.51	1.54

表3　判断因素重要性标度及其含义

重要性标度	含义
1	表示因素 b_i 与 b_j 比较,具有同等重要性
3	表示因素 b_i 与 b_j 比较, b_i 比 b_j 稍微重要
5	表示因素 b_i 与 b_j 比较, b_i 比 b_j 明显重要
7	表示因素 b_i 与 b_j 比较, b_i 比 b_j 强烈重要
9	表示因素 b_i 与 b_j 比较, b_i 比 b_j 极端重要
2、4、6、8	表示因素 b_i 与 b_j 比较,重要程度介于上述两个相邻等级之间
倒数	因素 b_i 与 b_j 比较的判断为 b_{ij},则 b_j 与 b_i 比较的判断为 b_{ij} 之 $=1/b_{ij}$

表4　A 层判断矩阵

乡村旅游资源综合评价 A	旅游资源因素 B1	旅游环境因素 B2	旅游开发条件 B3
旅游资源因素 B1	1	3	5
旅游环境因素 B2	1/3	1	3
旅游开发条件 B3	1/5	1/3	1

表5　B1 层判断矩阵

旅游资源因素 B1	乡村民居 C1	民族风俗 C2	特色农产品 C3	农业景观 C4	山水田园风光 C5
乡村民居 C1	1	1/2	4	3	3
民族风俗 C2	2	1	7	5	5
特色农产品 C3	1/4	1/7	1	1/2	1/3
农业景观 C4	1/3	1/5	2	1	1
山水田园风光 C5	1/3	1/5	3	1	1

表6　B2 层判断矩阵

旅游环境因素 B2	基础设施 C6	食宿条件 C7	卫生条件 C8	从业人员素质 C9
基础设施 C6	1	1/3	2	3
食宿条件 C7	3	1	3	4
卫生条件 C8	1/2	1/3	1	2
从业人员素质 C9	1/3	1/4	1/2	1

3. 权重值的计算

运用和积法，计算出各层的权重和矩阵的一致性指标，结果如表7。

表7　B3 层判断矩阵

旅游开发条件 B3	交通条件 C10	客源市场 C11	政策条件 C12
交通条件 C10	1	1/2	2
客源市场 C11	2	1	3
政策条件 C12	1/2	1/3	1

表8　B 层判断矩阵计算及一致性检验

乡村旅游资源综合评价 A	权重 W_i	CI	CR
旅游资源因素 B1	0.637		
旅游环境因素 B2	0.258	0.019	0.033
旅游开发条件 B3	0.105		
	1.000		

表9　旅游资源因素 B1 层判断矩阵计算及一致性检验

旅游资源因素 B1	权重 W_i	CI	CR
乡村民居 C1	0.246		
民族风俗 C2	0.445		
特色农产品 C3	0.049	0.081	0.073
农业景观 C4	0.160		
山水田园风光 C5	0.100		
	1.000		

表10　旅游环境因素 B2 层判断矩阵计算及一致性检验

旅游环境因素 B2	权重 W_i	CI	CR
基础设施 C6	0.245		
食宿条件 C7	0.505	0.029	0.033
卫生条件 C8	0.157		
从业人员素质 C9	0.093		
	1.000		

表11 旅游开发条件 B3 层判断矩阵计算及一致性检验

旅游开发条件 B3	权重 W_i	CI	CR
交通条件 C10	0.297		
客源市场 C11	0.540	0.005	0.009
政策条件 C12	0.163		
	1.000		

由表7～表10 可以得出 B1、B2、B3 层的三个矩阵的一致性指标都小于0.1，因此上面所构建的矩阵均为满意一致性矩阵，以该方法计算出的权重值是合理的。

表12 评价因子权重总排序

A 层	B 层	权重	C 层	权重（单排序）	权重（总排序）	位次
枫香坡侗族风情寨乡村旅游资源综合评价	资源因素	0.637	乡村民居	0.246	0.157	2
			民族风俗	0.445	0.283	1
			特色农产品	0.049	0.031	9
			农业景观	0.160	0.102	4
			山水田园风光	0.100	0.064	5
	环境因素	0.258	基础设施	0.245	0.063	6
			食宿条件	0.505	0.130	3
			卫生条件	0.157	0.041	8
			从业人员素质	0.093	0.024	10
	开发条件	0.105	交通条件	0.297	0.031	9
			客源市场	0.540	0.057	7
			政策条件	0.163	0.017	11

由表12 可得出总排序层的结果为 CI = 0.0335，RI = 1.54，CR = 0.022 < 0.1，说明总排序的权重值也是合理的。根据计算结果，可以得出 B 层中的旅游资源因素、旅游环境因素和旅游开发条件的权重分别为 0.637、0.258、0.105。可见，旅游资源因素的权重指数远远大于其他两项。这说明旅游资源因素在乡村旅游发展中占据十分重要的位置，同时，在开发乡村旅游时，要充分考虑到资源的保护和合理利用，走绿色发展、生态发展、可持续发展

之路。C 层中民族风俗和乡村民居所占比重最大，枫香坡是一个侗族村落，以侗族特色村落民居为标志，浓郁的侗族文化和特有的风俗习惯是旅游开发的一大特色，要注重对侗族风俗民情的开发，让游客们体验到侗族人民的生产生活特色，了解侗族饮食、节俗、建筑等文化。

4. 模糊计分

根据表 12 的权重排序，以 10 分为总分采用专家打分法给各项指标以模糊计分。

评价等级	优	良	中	差	劣
分值	10 ~ 8	8 ~ 6	6 ~ 4	4 ~ 2	2 ~ 0

走访恩施州旅游委员会和恩施市旅游局，相关专家对恩施市枫香坡侗族风情寨的综合现状非常了解，在此基础上进行打分，经整理和计算，各元素的分值如下：

元素	权重 W_i	分数 P
乡村民居	0.157	7.9
民族风俗	0.283	7.7
特色农产品	0.031	5.9
农业景观	0.102	4.8
山水田园风光	0.064	7.5
基础设施	0.063	4.2
食宿条件	0.130	3.6
卫生条件	0.041	4.7
从业人员素质	0.024	3.1
交通条件	0.031	6.3
客源市场	0.057	5.8
政策条件	0.017	4.7

枫香坡侗族风情寨乡村旅游资源评价的最终计算结果为：

$Y = \sum (P_n \cdot W_i)$，其中 Y 是乡村旅游资源的加之等级分值，P_n 表示第 n 个评价因子的等级分值，W_i 为第 i 个指标的权重。

$$Y = 0.157 \cdot 7.9 + 0.283 \cdot 7.7 + \cdots + 0.017 \cdot 4.7 = 6.1974$$

根据已有标准，将乡村旅游资源评价分为 5 个等级，五级 $Y \geqslant 9$；四级 $7.5 \leqslant Y \leqslant 8.9$；三级 $6 \leqslant Y \leqslant 7.4$；二级 $4.5 \leqslant Y \leqslant 5.9$；一级 $3 \leqslant Y \leqslant 4.4$。其中三、四、五级为"优良旅游资源"，一二级为"普通旅游资源"，低于三分未获等级。枫香坡侗族风情寨约为 6.2 分，落在 $6 \leqslant Y \leqslant 7.4$ 区间内，为三级乡村旅游资源，村内拥有良好的乡村旅游资源，应该合理开发和利用。

侗族琵琶歌音乐特征的比较分析

龙邦西　谭莲英*

摘　要： 侗族是一个崇尚歌舞的民族，侗族人民通过自己的智慧创造了独具特色的琵琶乐器，形成了别具一格的侗族琵琶歌。侗族琵琶歌主要流行于贵州黔东南黎平、从江、榕江和广西三江、龙胜一带的侗族南部方言地区，以贵州黔东南侗族地区几个最具代表性的侗族琵琶歌为例，本文通过比较分析侗族琵琶歌因不同音乐特征而形成的不同类型，来表现侗族琵琶歌独特的艺术价值。

关键词： 侗族　琵琶歌　比较

中国是一个多民族国家，由56个民族组成，侗族就是中华民族大家庭中的一员，有悠久的历史和独具特色的民族文化。侗族主要分布在贵州、湖南、广西三省（区）毗连地区，侗族琵琶歌产生于侗族南部方言地区的黎平、从江、榕江和广西三江、龙胜一带。目前，侗族音乐文化对于学术界有着非常大的吸引力，特别是受到侗族大歌的影响，学者们不亦乐乎地走进侗寨探寻研究，主要包括歌词和曲调记录、歌俗描述等方面。

笔者通过互联网索引工具和图书馆纸制文书得到了以下关于琵琶歌的文

---

* 龙邦西，侗族，贵州锦屏人，贵州民族大学音乐舞蹈学院音乐（声乐）在读艺术硕士研究生；谭莲英，侗族，贵州贵阳人，贵州民族大学音乐舞蹈学院声乐副教授，硕士生导师，研究方向为民族音乐。

献资料，分别是：1980年，上海文艺出版社发行，杨通山等编写的《侗族民歌精选》，搜集整理了21首琵琶歌，此书对侗族的几种主要歌种做了大致的分析，整理的琵琶歌以情歌类为主；1981年，贵州人民出版社发行，棠棣华、王冶新编写的《侗族琵琶歌》，搜集整理了205首琵琶歌，这本书主要整理的是侗族情歌，其流行地区是榕江车江、黎平双江及从江贯洞一带；1987年，贵州省民族研究所、贵州省志民族志编委会编印的《三宝侗族古典琵琶歌》，收集整理了307首琵琶歌，分为"伴好人才""做伴合心""坐到深夜""恋伴十分""男女讲真""小小时候"等六大部分，按歌词内容进行整理；1997年，贵州人民出版社出版，龙跃宏、龙宇晓编写的《侗族大歌琵琶歌》收集整理了65首琵琶歌，此书介绍了侗族大歌的分类及部分歌曲和琵琶歌演唱形式及部分歌曲。这些文献资料主要是对琵琶歌歌词进行文本整理，涉及曲调记录的琵琶歌书籍相对较少，后者包括杨宗福和吴定邦编写的《侗歌教学演唱选曲一百首》、杨春念编著的《侗族单声歌》等。

琵琶歌侗语称"嘎背八"（al beic bac）或"嘎比巴"（al bic bac），因用侗族琵琶乐器伴奏而得名，是侗族南部方言地区的主要歌种之一。琵琶歌的种类很多，演唱形式和内容各地均有差异，演唱音色有假嗓、真嗓、真假混唱（也叫"边嗓音"）等。大部分地区为男子自弹自唱或男弹女唱。在榕江的晚寨和黎平尚重一带男女均可自弹自唱，也有多位女性一齐弹唱的。侗族琵琶歌在侗族民歌分类中属小歌类，以情歌为主，青年男女在"月堂"行歌坐夜时弹唱，故又被称为"坐夜歌"（也叫"行歌坐月"），都是比较短小的抒情性歌曲，即兴创作居多。一般用中、小琵琶演唱，亲切委婉、欢快自由。还有另一种则是歌者聚集于鼓楼当众弹唱，内容主要是叙事、劝世等，一般用大型琵琶伴奏，音调低沉柔和，以即兴创作居多，被称为琵琶叙事歌。

综上所述，从对侗族琵琶歌文献资料收集和歌俗描述等来看，学者们在琵琶歌的研究中大多对各个地区的琵琶歌歌词文本进行收集整理，另外对小部分词曲一体的文本进行整理，在研究侗族琵琶歌音乐特征时只是截取某一区域的某一首歌曲进行分析，并未对各个区域琵琶歌的音乐特征进行比较分析。但只有通过对几个区域琵琶歌的音乐特征进行比较分析，才能更全面地认知琵琶歌的音乐特性与独树一帜的艺术价值。

一 侗族琵琶歌的流传区域与代表类型

（一）流传区域

在侗族民间音乐中，琵琶歌占有重要的位置，深受侗家人的喜爱，几乎人人会唱琵琶歌。由于侗族琵琶乐器的形制、大小有别，可分为大琵琶、中琵琶和小琵琶三种。侗族琵琶一般有五根弦、四根弦和三根弦的。五根弦的定弦是"sol la la mi mi"，主要流行在四十八寨一带，四十八寨泛指黎平县的尚重、盖保、尤洞和榕江县的色边、宰牙、太平等村寨。四根弦的定弦是"sol la la mi"，在侗族地区普遍使用，如车江、七十二寨等地，七十二寨泛指榕江县的乐里、往里、本里、堡里、瑞里、仁里等村寨。三根弦的定弦为"sol la la"，主要流行于洪州和六洞一带，六洞泛指都柳江支流八洛以及洛香河、龙图河流域一带。由于各地琵琶歌风格不同，按地区可分为三宝琵琶歌、榕江琵琶歌、六洞琵琶歌、四十八寨琵琶歌、七十二寨琵琶歌、寻江琵琶歌、平架琵琶歌（洪州琵琶歌）等。

（二）代表类型

侗族琵琶歌按乐器形制和歌曲风格等可划分为很多的类型，下面列举三个在侗族地区较有代表性的琵琶歌，即车江三宝琵琶歌、尚重琵琶歌和洪州琵琶歌。

车江三宝琵琶歌，主要流行在贵州省榕江县车江乡一带，车江源于寨蒿河，至古州盆地西绕中宝和下宝注入古州，沿河村寨安装大量竹子制作的圆筒水车，故名。民国《车江乡志》载："寨头河中有灵石大如谷桶者三，形略椭而圆，罗列其中，……之后三宝易上、中、下宝，上宝即乐乡，中宝即寨头，下宝即车寨。"① 车江三宝琵琶歌以演唱抒情琵琶歌为主，中型琵琶伴奏，外加侗族牛腿琴乐器协奏，男弹女唱。男性用真嗓，女性真嗓、假嗓和边嗓声相互结合演唱，旋律轻快，音色清脆，衬词丰富，主要在行歌坐夜时演唱。

尚重属四十八寨，因此，尚重琵琶歌也叫四十八寨琵琶歌。尚重琵琶歌既有抒情琵琶歌又有叙事琵琶歌，男性用大、中型琵琶伴奏，女性用中型琵琶伴奏，均为自弹自唱。抒情琵琶歌与叙事琵琶歌的演唱场所各不相同，抒情琵琶歌一般在家中堂屋和风雨桥坐唱，以情歌为主；而叙事琵琶歌一般在鼓楼下和广场平地上围圈走唱。

洪州琵琶歌，又称平架琵琶歌，主要流行于贵州省黎平县洪州镇和湖南省通道县播阳镇的侗族地区。洪州琵琶歌演唱以抒情琵琶歌为主，用三根弦的小琵琶伴奏，声音清脆响亮，男性自弹自唱或男弹女唱，男女均用假嗓高八度演唱，其内容以情歌为主。洪州琵琶歌以假嗓演唱而知名，被国外学者誉为"东方的美声唱法"，在侗族琵琶歌中独树一帜。

二 侗族琵琶歌音乐特征的共性比较分析

侗族琵琶歌的相同之处，主要表现在流行地域、歌种类型、伴奏乐器、歌曲结构及音乐传承等方面。

（一）流行地域

侗族琵琶歌主要流行于侗族南部方言地区。首先，语言相通。其次，榕江县车江乡的三宝侗寨、黎平县的尚重镇和洪州镇，虽然分处两个县，但都是侗族聚居地。侗族居民聚众而居，两地之间相距较近，很多习俗大同小异，如侗年、萨玛节、"为也"（Weez Yeek）等民族习俗，一到节庆日，侗家人便相聚一堂，共同庆祝。

---

① 贵州省榕江地方志编纂委员会编《榕江县志》，贵州人民出版社，1999，第17页。

（二）歌种类型

侗族是一个能歌善舞的民族，歌种类型繁多，有大歌（侗族大歌）、小歌（以情歌为主的琵琶歌）、礼俗歌、拦路歌、酒礼歌、叙事歌等。这三个地方的琵琶歌以情歌类为主，外加一些劝世和叙事的琵琶歌在鼓楼以及在喜庆日时弹唱。

（三）伴奏乐器

侗族琵琶是拨奏弦鸣乐器，侗语古称"言"（Yeenc），近代借用汉语词念"比巴"（Bic Bac）。侗族琵琶分大、中、小三种，形状类似汉族的三弦。汉族文献对侗族琵琶最早记载于明弘治《贵州图经新志》。该文献在黎平府"风俗条"里写道："侗人，暇则吹芦笙、木叶，弹琵琶、二弦琴，牵狗臂鹰以为乐。"[①] 抒情琵琶歌一般用中、小琵琶伴奏，大、中琵琶一般伴奏叙事歌或说唱类歌曲。牛腿琴乐器侗语叫"果吉"，擦奏弦鸣乐器，因形似牛腿，所以叫牛腿琴。它的演奏姿势与琵琶有所区别，琴身放在胸前，右手持弦擦奏。车江三宝和尚重琵琶歌用中琵琶伴奏，稍有区别的是车江三宝琵琶歌增加了牛腿琴（果吉）伴奏，洪州琵琶歌用小琵琶伴奏。

（四）歌曲结构

侗族琵琶歌曲式结构十分严谨规整，歌词结构也十分讲究韵律。结构上是规整的三段体，有歌头、歌身和歌尾。下面列举车江三宝、尚重和洪州这三个地方最具代表性的三首歌曲《心心相印》、《丢久不见长相思》和《丢歌不唱荒了夜》进行分析。三个地方的侗族琵琶歌曲式结构基本相似，一首完整的琵琶歌由过门、歌头、歌身、歌尾四个部分组成，过门和歌头为三段体中的第一段，歌身和歌尾分别为余下的两大段。这三首歌完全符合琵琶歌的曲式结构。

---

① 张勇编《侗族艺苑探寻》，贵州民族出版社，2010，第162页。

1. 过门与歌头

侗族琵琶歌都有固定的过门，在歌曲中间叫间奏，与过门是一个意思。过门类似于提醒，试乐器是否对调和进入演唱状态，中间的间奏是为更好地连接下一段，只有乐器伴奏。这三首琵琶歌的过门分别如下（见谱例1）

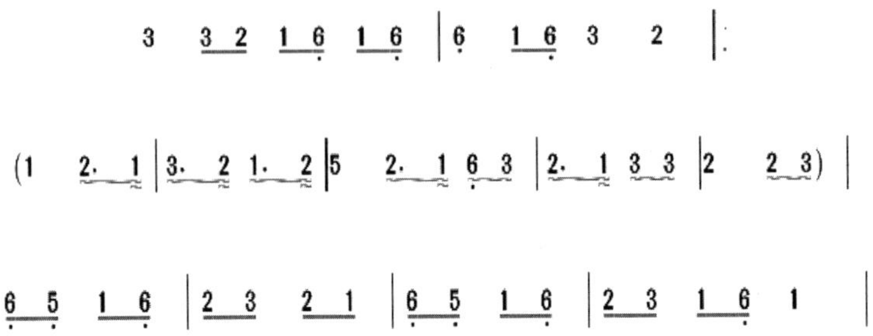

谱例 1　《心心相印》《丢久不见长相思》《丢歌不唱荒了夜》过门

歌头是跟着旋律唱衬词或虚词，起过渡、扩充乐句、烘托气氛、发展旋律的作用，如《心心相印》歌头衬词或虚词是"也呧另呧呃央咧也呧呧久"；《丢久不见长相思》的歌头是"哦依哦哟呃嗯呃呃哦嗯呃嗯呃呃哦哦呃"；《丢歌不唱荒了夜》的歌头为"久赖呀依呀久嘞哎哩呀哎哩哎呀哎哩呀哎呀哎呀老娘但嘞难哩久哎呀依呀"（见谱例2、3、4）。

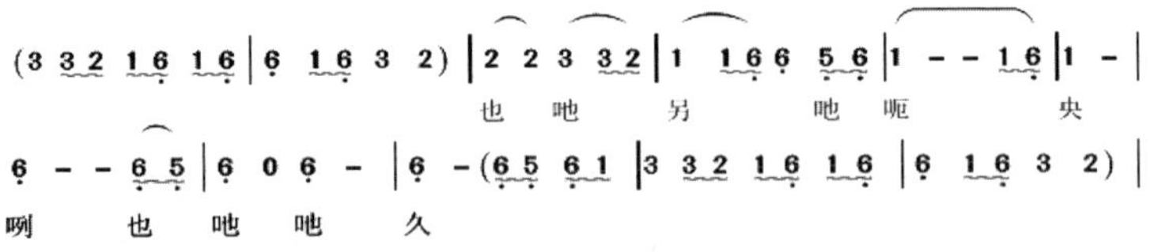

谱例 2　《心心相印》的过门和歌头

1＝C　2/4　3/4　4/4（吴文梅整理版本）

2. 歌身

歌身是所有琵琶歌的主要部分，所要表达的意思都在歌身中体现。它由

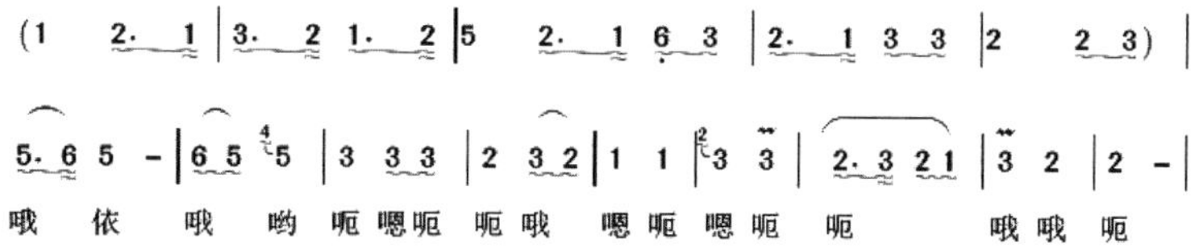

谱例3　《丢久不见长相思》的过门和歌头

1 = 降 E2/4　3/4　4/4（吴文梅整理版本）

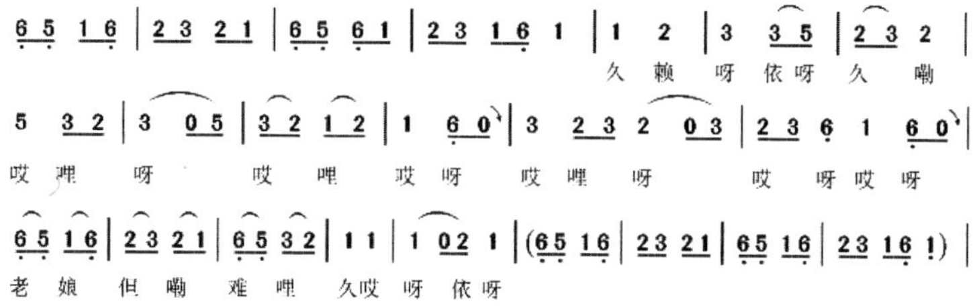

谱例4　《丢歌不唱荒了夜》的过门和歌头

1 = 升 C2/4　3/4（吴文梅整理版本）

若干段组成，段与段之间用间奏来连接。车江三宝琵琶歌在歌身部分与其他两处琵琶歌有所区别：车江三宝琵琶歌有男女对唱和合唱，第一段是女生唱，第二段是男生唱，第三、第四段是女生唱，最后男女合唱；而其他两处琵琶歌从头至尾都由女生或男生自弹自唱，不过歌身结构是相似的。由于这三首歌的歌身较长，只列举前面一小段（见谱例5、6、7）。

3. 歌尾

侗族琵琶歌一般有较稳定的歌尾，洪州一带琵琶歌歌尾没有唱词，用琵琶伴奏收尾。歌尾和歌头一样，起到两点作用：一是首尾呼应，二是音乐的美感，有起有收，不会显得突兀。《心心相印》歌尾虽短，但重复三次，声音一遍比一遍弱直到没有声音为止，歌词无词义，唱四个简单的虚词（呃也加啊）；《丢久不见长相思》歌尾演唱结束后，用琵琶伴奏收尾，收尾干净利落，为四二拍一乐节（la sol mi）；《丢歌不唱荒了夜》直接用琵琶伴奏收尾，为四四拍一乐节（见谱例8、9、10）。

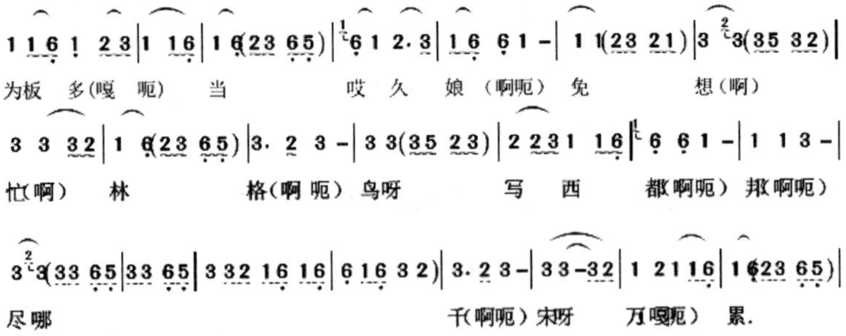

谱例5　《心心相印》的歌身

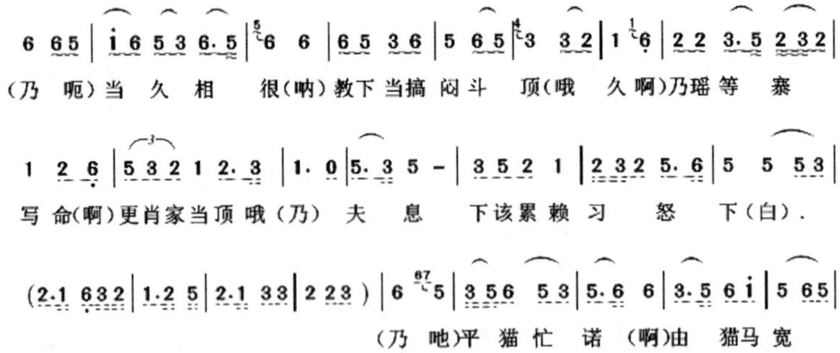

谱例6　《丢久不见长相思》的歌身

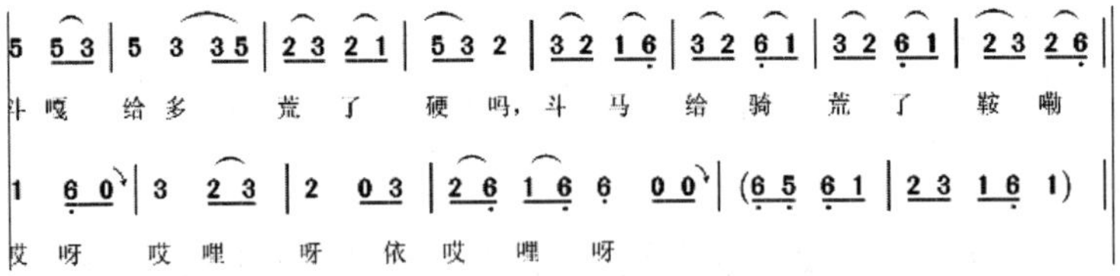

谱例7　《丢歌不唱荒了夜》的歌身

（五）音乐传承

侗族有自己的语言，属汉藏语系壮侗语族侗水语支。历史上侗族没有文字，民间盛行用汉字记录侗语，俗称"汉字记侗音"。中华人民共和国成立

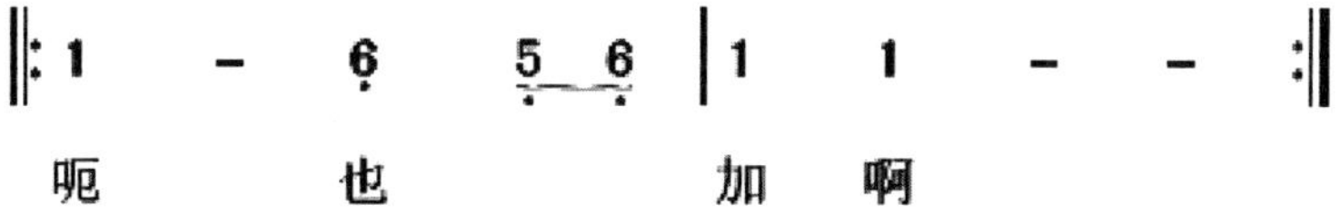

谱例8 《心心相印》的歌尾

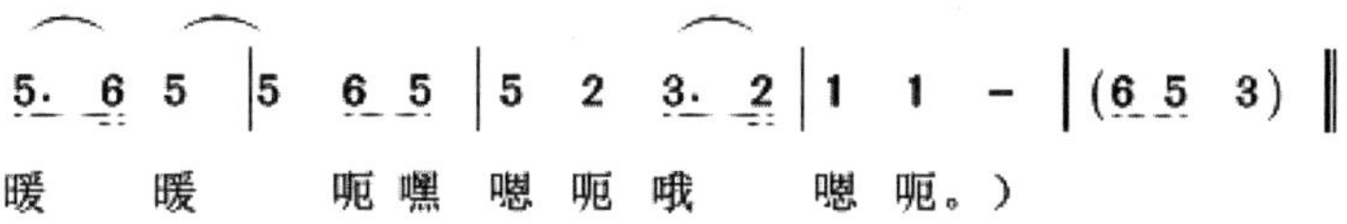

谱例9 《丢久不见长相思》的歌尾

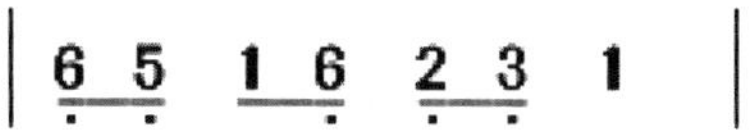

谱例10 《丢歌不唱荒了夜》的收尾

后，于1958年创立了以拉丁字母为符号的拼音文字——侗文，结束了侗族长期来无文字的历史。[①] 因此，过去侗族人民学习民歌都是靠口传心授、耳濡目染。侗家人人会唱歌，素有"年长者教歌，年轻人唱歌，年幼者学歌，以及善歌者受到赞扬，歌师受到尊敬"的社会风尚。[②] 口传心授、世代相传是侗族人民传承音乐文化的形式之一，不管是学习车江琵琶歌还是尚重琵琶歌，经历的过程是一样的，因此，有共同的传承模式。

三 侗族琵琶歌音乐特征的差异比较分析

侗族琵琶歌虽然有很多相同之处，但在歌曲风格上，一音便知其差异。这些差异具体表现在演唱声腔、音乐调式、节奏节拍等方面。

[①] 马学良、梁庭望、李云忠：《中国少数民族文学比较研究》，中央民族大学出版社，1997，第99页。

[②] 田联韬：《中国少数民族传统音乐》，中央民族大学出版社，2000，第1462页。

（一）演唱声腔

侗族人民在漫长的历史长河中创造了丰富的物质财富，也创造了独具特色的精神财富。音乐文化从古至今便是侗族人民的精神财富之一，占据着十分重要的地位。各地侗族琵琶歌虽同族同源，但在演唱声腔上各具特色。下面就对这三首琵琶歌声腔演唱进行分析。

1. 发声方法及位置

车江三宝琵琶歌的发声方法，是由真声、假声和边嗓声相互结合演唱，声音特点是富有磁性、明亮清脆。特别是女生的假声和边嗓声巧妙结合的演唱方式，在民族声乐演唱方式上可谓独具特色。男生一般用真声，女生演唱时一般用边嗓声，它是一种真假声相结合的发声方法，但与民族唱法的混声又有所区别，声音既用头腔，又不是从头腔出来，而是套用头腔共鸣，稍借头腔，加上气息，声音仍从口腔出来，这也是部分民族声乐学生的误区。假声运用其实较少，在某些较高音时才用假声。

尚重琵琶歌主要是男女自弹自唱，以真声演唱为主。它的发声位置主要在胸部和喉部之间，但也不是纯粹运用咽喉，从民族声乐学的支点来说是中上支点或说开贴。这类歌主要靠气息来支撑，气息在不断地往下沉，形成一个畅通的呼吸通道。

洪州琵琶歌的发声方法为假声，形成高八度的听觉效果，发声位置主要在头腔。与专业民族唱法相比，洪州琵琶歌对腔体的要求较少，侗族南部方言区的歌曲特点是音域大多在八度以内，难度不大。因此，发声的位置也没有太严格的要求，高音时偶尔用到腹腔气息，中低音用到的则是胸腔的气息，整个线条假声演唱。

2. 衬词

衬词是所有民歌都用的拖腔手段，丰富的衬词能更好地表现歌曲的特色与完整性。侗族琵琶歌都运用了丰富的衬词来体现歌曲的特色，但在衬词的运用上有很大的差异。车江三宝琵琶歌《心心相印》里的衬词有"呃哋啊哪……"，主要是"呃"字贯穿全曲。"呃"的拼音"e"，发声口型嘴角上扬，发音特点是主要在上方鼻音加上头腔共鸣，声音从头腔送出去，声音柔媚、清亮，正符合车江三宝侗族琵琶歌明亮清脆的音乐特点。尚重琵琶歌《丢久不见长相思》衬词有"哦哟啊……"，"哦"字几乎在每一句歌词中都运用，而且用下滑音演唱。"哦"的拼音"o"，发声特点是口型成圆形从喉咙里发出，加上下滑音，声腔变得更加低沉，刚好符合了尚重琵琶歌低沉婉转的音乐特点。洪州侗族琵琶歌《丢歌不唱荒了夜》的衬词为"哎哩依呀……"，这几个词在每句歌词结尾都有运用。"哎"的拼音"ai"是双元音，发这个音舌尖抵下牙，嘴唇向两侧微开，和民族声乐"哼鸣"的口型是一样的，声音往头腔送出即可。在民族声乐"哩"和"依"也是运用最广的练声词，都是高位置的练声词。

（二）调式

侗族琵琶歌调式比较单一，以羽调式为主，个别地区为宫调式。车江三宝琵琶歌以五声羽调式为主，音域不宽，在八度以内，音程的跳动不大，节奏活泼，给人以流畅、轻快自如的感觉。尚重琵琶歌以五声宫调式为主，音域较宽广，节奏缓慢，曲调悠扬婉转，给人以娓娓道来的感觉。洪州琵琶歌调式以五声宫调式和五声羽调式为主，两种调式相互交替进行。琵琶歌《丢歌不唱荒了夜》以五声宫调式为主，但在歌曲中体现了两种调式相互交替进行，在旋律进行中多次强调羽音。在歌曲开始、中间、结束都对主音宫音产生了影响，给人干脆利落之感，从而为这首琵琶歌增添了特殊的异样风格。

（三）装饰音

侗族琵琶歌在装饰音上的运用各有特色，正是这样的处理，才导致了各地演唱风格的各异。车江三宝琵琶歌运用了颤音、鼻音和倚音等。尚重琵琶歌装饰音主要有颤音、倚音和下滑音等，特别是下滑音的运用成这一地区的一大特色，几乎每一个乐节、乐句、乐段的结束音都使用下滑音，下滑音的运用，使歌曲表现更加的缠绵悱恻、沉吟婉转。洪州琵琶歌运用装饰音较少，与它的演唱声腔有一定的关系。洪州琵琶歌一直以来都用假嗓高八度演唱，其演唱难度较大，因而，过多的装饰音会给演唱者增加难度，因此，演唱较干脆利落。

（四）节奏节拍

侗族琵琶歌节奏节拍大多是 2/4、3/4 和 4/4 这三种拍子交替运用，整首歌曲中心词语只有短短几句，衬词占据歌曲很大的篇幅，这从很大程度上丰富了琵琶歌的节奏和节拍。车江三宝琵琶歌的节奏较平稳与规整，因大部分使用等分节奏，旋律以四分音符、八分音符为主，附点和切分为辅。它的拍子运用较自由，2/4、3/4 和 4/4 这三种拍子在车江三宝琵琶歌中都有体现。尚重侗族琵琶歌的节奏看似规整和谐，旋律除用四分音符、八分音符外，大量运用了附点音符和三连音。谱例 3 短短的 5 小节过门就有 4 小节运用了附点音符，附点音符的作用在延长时值的同时也推动情感向前发展。在歌身里也大量运用了三连音，三连音和附点音符的运用起到了异曲同工的效果，都标志着情绪的积累或者即将迎来歌曲的高潮。洪州琵琶歌以 2/4 拍为主，过门或乐段的结束句才加 3/4 拍或 4/4 拍。节奏平稳且规整，旋律以四分音符为主，歌曲速度轻快、活跃。

四　侗族琵琶歌音乐特征不同的原因分析

（一）演唱环境

侗族地区歌种类型丰富多样，有侗族大歌、琵琶歌、河歌、山歌、笛子歌等，分布在各个侗族区域。车江三宝一带歌种较丰富，在声音上，受到了其他歌种的影响，如侗族大歌、河歌、山歌等。都柳江流经车江三宝一带，这一带的侗家人依山傍水而居，经常在河边唱歌，后来就把这类歌称为河歌。河歌的演唱特点是抒情流畅、情感细腻。车江三宝一带也盛行唱侗族大歌，侗族大歌的演唱特色是模拟蝉虫鸟鸣、高山流水等自然之音，清脆、明亮和低沉等音色都能在侗族大歌里体现。从以上分析不难看出，车江三宝琵琶歌由真声、假声和边嗓声相互结合演唱，正好体现了它受多种歌种演唱方式的影响。尚重处在黎平、榕江、锦屏、剑河四县结合处，地理位置独特，有侗族和苗族共同聚居。尚重一带主要以琵琶歌闻名，受其他歌种影响较小，它处在侗族大歌演唱中心地的边缘地带。洪州镇地处湘、黔、桂三省（区）交界处，是贵州省黎平县出黔入湘的东大门，这一带以琵琶歌为主，而且是唯一用假嗓高音演唱的地区，受其他歌种影响小。这一地区之所以产生假声演唱，与很多动人的爱情故事有关。相传古代平架村的一对青年男女，平日里一同上山劳作，在休息嬉戏时，无意中用镰刀敲击锄头把，发出"叮叮当当"的响声，两人感觉很好听，于是模仿这种声音演唱；另一个故事则是一对性情相投的恋人夜晚在月堂对歌，怕影响到长辈和其他人休息或是不想让别人知道他们唱歌的内容，便轻声细语地演唱，后来便慢慢形成了这种假嗓高音。虽是历史故事，但还是有一定的说服力，因南侗谈情说爱大多在室内月堂（既现在的客厅）和风雨桥上。

（二）情感表达

《礼记·乐记》有云："凡音之起，由人心生也。人心之动，物使之然也。感于物而动，故形于声。声相应，故生变，变成方，谓之音。""凡音者，生人心者也。情动于中，故形于声；声成文，谓之音。是故治世之音安以乐，其政和；乱世之音怨以怒，其政乖；亡国之音哀以思，其民困。声音之道，与政通矣。"这些话强调了音乐起源于一种传达情感的需要，但情感是需要靠外在世界表现出来的，人们通过音乐特有的艺术形式来表达情感的喜怒哀乐。侗族琵琶歌也是如此，其所要表达的情感不同，因此，产生了现在很多风格各异的琵琶歌。车江三宝和洪州一带的琵琶歌表现出来的情感是欢乐、热情、富有激情等，也正好在其艺术形式中体现出来；尚重琵琶歌的情感表现出的则是柔情、宁静等，因此艺术形式也是不同的。所以可以总结得出结论：音乐的情感表达不同，产生的音乐特征也是不同的。

（三）琵琶乐器形制

侗族琵琶乐器按形制可分为大琵琶、中琵琶和小琵琶三个类型。大琵琶，侗语称"比巴老"，流行于贵州榕江县东北部以及黎平县东南部等地。大琵琶全长约110厘米，琴箱呈倒桃形或椭圆形，音域 $c \sim f^1$，大多用牛筋弦，使用牛角制拨片弹奏，琴箱较大，发音浑厚饱满。中琵琶，侗语称"嘎比巴"，流行于贵州榕江县的车江三宝、晚寨和黎平县的顺寨、孟彦等地。中琵琶全长约80厘米，琴箱为长方形、八角形、梯形或椭圆形等，音域 $c^1 \sim d^2$，音色柔和而甜美，常为优美的情歌、小调伴奏，男女皆可自弹自唱。小琵琶，侗语称"比巴拉"，流行于贵州从江、黎平和湖南通道西部及广西三江富禄等地，主要用于伴奏情歌类。小琵琶琴全长约60厘米，音域 $f^1 \sim g^2$，以三根弦为主，用小牛角或竹制拨片弹奏，琴箱非常小，发音清脆、悦耳。车江三宝琵琶歌、尚重琵琶歌和洪州琵琶歌在使用琵琶乐器上都不一样，虽然车江三宝琵琶歌和尚重琵琶歌都用中型琵琶乐器伴奏，但不同的是车江三宝琵琶歌还加了牛腿琴协奏。牛腿琴音色清晰、明亮，音域一般为 $c^1 \sim d^2$。两种乐器一同使用，既有中型琵琶的柔和而甜美，又有牛腿琴的清晰明亮，产生了车江三宝琵琶歌真假混声的效果。洪州琵琶歌用小琵琶伴奏，小琵琶的音色特点清脆、悦耳，人声假嗓与乐器融为一体。

五　总结

侗族琵琶歌流传于侗族南部方言区的广大区域，是以侗族琵琶乐器伴奏而得名的歌种，深受侗家人的喜爱。它充分展示了侗家人的艺术创作才能、审美意识，体现了侗族人民崇尚自然、热爱生活、乐观向上的精神风貌。本文通过对各地区琵琶歌音乐特征的分析、产生原因等的比较，更进一步认识了侗族琵琶歌的历史演变、音乐价值。琵琶歌已经成为侗族的一种文化标志，其艺术形式值得我们深入研究。

附　　录

Appendix

2017~2018年西南民族文化大事记

赵艺　杨青*

2017年

1月1日　《广西壮族自治区非物质文化遗产保护条例》在2016年11月30日经广西壮族自治区第十二届人民代表大会常务委员会第二十六次会议通过，于2017年1月1日正式施行。该条例的颁布，为有效保护、传承广西非物质文化遗产提供了强有力的法律依据，对进一步推动广西非物质文化遗产保护工作的规范化、法制化进程，提升保护工作的科学化水平，弘扬广西优秀的传统文化将发挥积极重要的作用。（广西壮族自治区文化厅）

1月6日　遵义演艺集团在贵州省国际会议中心剧场上演大型3D舞台秀《传奇遵义》。《传奇遵义》以遵义文化为主线，将红色文化、酒文化、

---

* 赵艺，贵州民族大学人文科技学院2016级文化产业管理专业本科生；杨青，贵州民族大学人文科技学院2017级文化产业管理专业本科生。

夜郎文化、土司文化、仡佬文化和旖旎的自然风光巧妙结合，以富有传奇色彩的动人故事为线索，呈现出绚丽多彩的遵义，同时体现了这部剧目的思想性。（《贵州都市报》）

1月20日 湖北省武汉市华中农业大学文法学院教授萧洪恩、湖北省恩施州委党校教师张文璋编著的文化专著《世界遗产地唐崖土司城》一书由世界图书出版公司出版。这部文化专著深层次地挖掘出世遗唐崖与时代、文化、信仰的内在关联，是一本概括游者所问的"10万个为什么"。（中国土司网）

1月22日 "天府六彩荟新年"非遗艺术主题跨年展在四川省非物质文化遗产保护中心开展。此次跨年迎新的非遗展，一举开放了3个，包括"羌风永恒"主题展、"天府六彩荟新年"和"四川故事"情景互动展。"羌风永恒"展出的羌族衣食住行等展品，将带观众走进这个古老而神秘的民族；"四川故事"情景互动展，则通过南路边茶、成都糖画、四川皮影戏、泸州分水油纸伞等非遗项目，还原一个真实的老四川。（《四川日报》）

2月3日 2017年春节，贵州省安顺市西秀区"屯堡山歌"在党和政府的正确领导下，在扶贫助困方针和一系列惠农政策引领下，深入各村落进行巡回演唱，受到各地观众和歌友追捧喜爱。"屯堡山歌"逐步形成了文化产业，成为安顺市对外宣传的喉舌。（《安顺日报》）

2月14日 农历正月十七，贵州省安顺市西秀区大西桥镇鲍家屯村举行屯堡"抬亭子"迎新春民俗活动。屯堡"抬亭子"是由当地的传统祭祀活动演变而来，包括祭祀巡游、地戏表演等内容。（新华网）

2月17日 贵州省遵义市人民政府副市长李莲娜一行到杨粲墓博物馆调研杨粲墓的文物保护与利用等相关工作。调研过程中参观了杨粲墓的墓园、墓室、辅助陈列等，并在杨粲墓博物馆会议室召开遵义土司文化发掘和杨粲墓保护与利用主题座谈会，李莲娜副市长明确要求遵义市南部新区要积极配合杨粲墓博物馆做好规划、保护与利用工作，并要求遵义市南部新区组建专门机构协助做好播州土司早期内涵的挖掘和整理等工作。（遵义市文化广电新闻出版局）

2月27日 "迎接党的十九大"系列网络主题活动之"脱贫攻坚看广西"媒体团来到广西壮族自治区百色市田阳县田州古城景区，看旅游扶贫的"田阳标本"。田州古城的旅游产品设计和旅游项目开发紧紧抓住田阳"布洛陀文化、土司文化、壮族歌圩文化、舞狮文化、红色文化"五张文化王牌，深度挖掘其文化内涵，并将文化元素和市场需求紧密结合，开发出具有文化亮点和市场卖点的旅游产品。（广西新闻网）

2月28日 贵州省安顺市西秀区举办"乡愁与非遗·共生与共享"为主题的非物质文化遗产专家论道活动。活动邀请了专业的祭祀人员，开场以情景剧的方式展现了屯堡人独有的国家级非遗保护项目"抬亭子"。活动还举行非遗传承人作品走秀展示和传承人经验交流会等系列活动，并为保护非物质文化遗产获奖单位和省、市、区级非物质文化遗产传承人颁奖。（《安顺日报》）

3月1日 贵州省社科联党组成员、副主席刘宗严，科普部副部长冯新贵，调研员黄莉及安顺市社科联党组书记、常务副主席高守应等一行5人到安顺市屯堡文化研究会驻地安顺学院调研"人文社科示范基地"三级联创及有关人文社会科学普及工作。安顺市社科联高守应书记指出安顺市屯堡文化学会开展人文社科普及宣传工作扎实有效，特色鲜明。其中，贵州省社科联刘部长一行希望安顺市屯堡文化学会按照贵州省社科文件的申报程序申报"人文社科示范基地"，继续扎根地方，扩大与省外的交流。（贵州省屯堡文化研究中心官网）

3月2日 当代著名作家、中国作家协会副主席叶辛携新作《古今海龙屯》亮相遵义。作品以海龙屯作为小说创作的主线，从"现代、明代、当代、尾声"四个篇章重现了海龙屯的前世今生以及杨氏家族的风云变幻，反映了一个时代的历史风貌，为土司文化揭开了新的一页。（遵义新观察网）

3月7日 由文化部、四川省人民政府、成都市人民政府举办的第六届中国成都国际非物质文化遗产节在北京召开部省市联席会议，听取第六届国际非遗节前期筹备工作情况汇报，审定并通过总体方案，决定将第六届国际非遗节作为首个中国"文化和自然遗产日"非遗主场活动，于6月12日在成都举行。此次非遗主场活动突出展示、展演和交流互鉴各社会群体的非遗传承实践与知识技能，广泛汇聚非遗保护的智慧和力量，推动非物质文化遗产与城市发展更加协调、与市民生活更加融合。（《成都商报》）

4月11日 广西壮族自治区来宾市忻城县举行忻城民间绝技大比拼系列活动，中央电视台CCTV-7《乡村大世界》节目进行全程录制。此次活动旨在向全国人民宣传忻城土司文化，展示忻城风貌，让外界更多地认识忻城、了解忻城以及大力创建广西特色旅游名县、坚决打赢脱贫攻坚战取得的新成就。这将进一步提升"土司古城·浪漫忻城"旅游品牌，推动特色文化旅游快速发展，实现"文化搭台、旅游拉动、经济唱戏"。（忻城县民族和宗教事务局）

4月15日 由广西壮族自治区河池市东兰县社科联、县民政局指导成立的东兰县土司文化研究会的揭牌仪式在东兰县举行。该研究会主要研究和挖掘东兰土司文化的悠久历史和明朝壮族土司四代抗倭的光辉事迹，其成立对组织研究东兰土司文化与"狼兵"抗倭精神、有效促进东兰民族文化与旅游的融合发展起到积极的推动作用。（东兰县社科联官网）

4月16日 中宣部副部长鲁炜率中宣部调研组到安顺平坝区天龙屯堡调研基层工作加强年、社会主义核心价值观建设等有关情况。调研组走进天龙屯堡古镇，在"屯堡文化传习馆"，调研组参观了"家风家训陈列室""最美家庭工作室""家风家训大讲堂""勤俭持家劳作坊"，对天龙村开展"崇德向善·德润家庭·德行安顺""讲好家风树好家训"主题实践活动进行深入了解。中宣部副部长鲁炜表示，天龙屯堡家风文化底蕴深厚，要继续发扬；同时要挖掘、收集、整理多年传承下来的宝贵遗产，真正展示世代流传的好家风家训文化，推动社会主义核心价值观更深地融入百姓生活。（安顺屯堡官网）

4月19日 云南省红河州建水县召开纳楼土司文化与哈尼风情农业旅游综合体总体规划征求意见会。昆明鼎豪旅游规划设计有限公司工作人员汇报了《纳楼土司文化与哈尼风情农业旅游综合体总体规划（2017～2027）》的总体情况。该会认为旅游综合体规划设计要依托当地的自然资源、民族文化资源、农耕文化资源、土司文化资源，进一步明确旅游发展的总体定位，科学地编制了《纳楼土司文化与哈尼风情农业旅游综合体总体规划》，对于推动云南省红河州建水县全域旅游发展具有十分重要的意义。（云南旅游新闻）

5月10日 广西壮族自治区文化厅在南宁市举办全区非物质文化遗产保护工作培训班，200多名来自全区各市县文化行政主管部门、文化馆、非物质文化遗产保护中心的学员参加了培训。本次培训班结合广西壮族自治区各市县反馈的培训需求设计课程，设置了中国非物质文化遗产保护工作实践、如何开展好广西非物质文化遗产保护工作、《中国传统工艺振兴计划》解读、《广西壮族自治区非物质文化遗产保护条例》解读、非物质文化遗产代表性传承人抢救性记录技术规范等课程，并组织学员在非物质文化遗产保护工作平台开展现场教学。（广西壮族自治区文化厅）

5月13～30日 广西壮族自治区来宾市忻城县在5月13日至5月30日举办"土司古城·花海忻城"活动，旨在向游客展示忻城土司文化、红水河壮乡文化、薰衣草文化；展示忻城乡村旅游发展成效，扩大"壮乡故宫""南方最大薰衣草连片种植基地"等旅游品牌效应。（《广西日报》）

5月17日 贵州省贵阳市甲秀小学组织学生到安顺市屯堡傩雕博物馆，把绘画艺术课堂搬到屯堡地戏现场，让同学们感受民族民间优秀文化。同学们到秦发忠傩雕艺术名家工作室，观看流传六百余年、被誉为"中国戏剧活化石"的地戏，开展现场书画写生、参观屯堡面具展、体验雕刻技艺等活动。（《贵州日报》）

5月18日 "5·18国际博物馆日"，由遵义市文化广电新闻出版局、贵州省文物考古研究所主办，遵义市文物局、遵义市博物馆、遵义海龙屯文化遗产管理局承办的"播州杨氏土司遗址出土文物精品展"开幕式在贵州省遵义市博物馆开幕。此次展览是从宋明时期播州杨氏土司遗址出土的数万件文物中精选110余件进行展出，主要有杨价墓出土的金器银器玉器，杨铿墓、杨辉墓出土的陶俑，海龙屯遗址出土的瓷器以及建筑构建等，展览旨在让人们从一件件文物精品中，了解遵义的过去，了解播州的历史，憧憬遵义的美好未来。（《遵义日报》）

5月18日 贵州省安顺市西秀区新哨村"屯堡石器馆"在第41个世界博物馆日开馆首展，并举行"屯堡石器文化传承与发展座谈会"。座谈会上，各位专家、领导、屯堡工匠进行了发言交流，并从不同的角度对屯堡石器收集、展示、传承与发展提出建议。（贵州省屯堡文化研究中心官网）

5月25日 中国民间文艺家协会发布《关于命名广西壮族自治区大新县为"中国侬峒文化之乡"的决定》及《关于命名广西壮族自治区大新县为"中国土司文化之乡"的决定》，大新县正式被命名为"中国侬峒文化之乡""中国土司文化之乡"。（人民网）

6月10日 2017年6月10日是中国文化遗产日，由贵州省屯堡研究会、安顺学院屯堡文化研究中心主办，安顺市屯堡文化学会、屯堡石器馆承办的以"石器·乡土·记忆"为主题的"屯堡石器与文化记忆"学术沙龙在屯堡石器馆举行。贵州省屯堡研究会副会长、贵州师范大学朱伟华教授，贵州省屯堡文化研究会常务副会长、安顺学院旅游学院院长吴羽教授为屯堡石器馆授牌"贵州省屯堡文化传承与旅游发展·2011协同创新中心·屯堡石器文化传承与发展研究基地"。此次学术沙龙是在贵州省、市屯堡研究会（学会），安顺学院屯堡文化研究中心，安顺市民间文艺家协会支持下，经过长时间的筹备，使得众多地方知名专家学者齐聚一堂，为屯堡石器开展保护传承和开发利用工作提出宝贵的意见。（贵州省屯堡文化研究中心官网）

6月11~13日 第七届遵义旅游产业发展大会在贵州省遵义市汇川区举行。该会以"突出红色经典、彰显世遗文化、打造全域旅游示范区"为工作主题，以"旅游让城市更美好"为推介主题，以"巍巍娄山关·神秘海龙屯·醉美遵义城"为宣传主题。秉承红色传承，绿色发展，以文化为魂，高规格、高品味、高质量打造国际旅游目的地——娄山关、海龙屯景区。（人民网）

6月12日 第六届国际非物质文化遗产节在四川省成都市举办。第六届国际非物质文化遗产节以"传承发展的生动实践"为主题，遵循"走进生活、活态活力"的理念，以"世界风、中国节、中国戏、中国艺"为主线，主体活动包含"一带一路"国家手工艺展、中国非遗传承人群研培计划成果展、非遗项目竞技展，并举办国际论坛、非遗项目进社区等400多场活动。（中国网）

6月17日 云南省特色小镇发展领导小组办公室公布了《云南省特色小镇创建名单》，丽江古城、元阳哈尼梯田、建水临安古城等105个小镇入选。其中，红河哈尼土司文化小镇入选创建全省一流的特色小镇。红河哈尼土司文化小镇将围绕红河县特有的马帮文化、侨乡文化、庄园文化，重点打造哈尼土司群落历史文化遗产地、国家5A级哈尼土司文化旅游景区和哈尼风情康养休闲文化中心，形成文化与旅游深度融合的战略高地。（《云南日报》）

6月18～19日 "第十届中国民族研究西南论坛：民族交融·文化变迁·国家认同学术研讨会"在凯里学院举行。会议由中国社会科学院民族学与人类学研究所《民族研究》编辑部、西南民族大学、凯里学院主办，160余名来自全国各地的专家学者参加会议。该论坛旨在加强学术交流，促进中国民族研究深入发展，打造西南研究创新平台。（中国社会科学网）

6月19日 贵州大学历史与民族文化学院、遵义市余庆县敖溪镇人民政府合作共建"贵州土司文化研究与教学实践基地"签约揭牌仪式在敖溪举行。贵州大学历史与民族文化学院与敖溪教学实践基地的建立和揭牌，体现了贵州大学历史与民族文化学院与敖溪的校地合作有了进一步的拓展和延伸。此次合作能更好地将学校的人才资源、科研优势和敖溪的项目优势、资源优势紧密地结合起来，助推校地共同发展，将土司文化研究与教学实践基地效用发挥到最大，促进校地合作共赢。（多彩贵州网）

6月20～26日 以"探秘土司文化，体验醉美遵义"为主题的贵州省遵义市旅游文化专题推介会先后在英国伦敦和法国巴黎举行。此次推介会为中国与英国、法国交流增加了新的窗口，通过多角度的展示，将让英国和法国观众进一步了解这座城市的悠久历史、多彩文化、民族风情，感知这座城市的快速发展和时代新颜。（中国新闻网）

6月23日 贵阳孔学堂与安顺市人民政府战略合作签约暨"知行贵州·安顺之约"启动仪式在安顺市西秀区安顺文庙举行。此次签约标志着双方将紧密携手，重点在文化品牌、文化讲座及艺术展览、传统文化活动等多方面推进深度合作。安顺市将借用孔学堂已经形成的国学研修、文化传播大平台，努力弘扬安顺屯堡文化、穿洞文化、夜郎文化、牂牁文化等独特的历史文化，让安顺更多的文化元素绽放异彩，为中华优秀传统文化传承发展添砖加瓦。（贵阳孔学堂官网）

6月29日 贵州省黔东南苗族侗族自治州雷山县民宗局组织编著的《雷山屯堡文化》一书由贵州人民出版社出版发行。该书介绍了雷山县12个屯堡村寨的历史文化和雷山汉族婚姻、节日、建筑、服饰、丧葬、工艺、歌谣等文化，集中反映了雷山县汉族屯堡和苗疆治理各民族融合发展的历史文化概貌，是雷山县民族古籍整理工作的又一大成果，也填补了雷山县屯堡文化研究的空白。（中国民族宗教网）

7月1日 重庆市石柱县"中国土司城"项目初步选址确定。整个项目主要划分为民族文化功能区、文化产业创意区、康养休闲体验区、"将帅府"文化地产区和"中国土司城"主题区等五大特色功能区域。"中国土司城"项目中的"土司水城"将以秦良玉大都督府为核心，以二街三坊五巷组成最具土家特色的水城，规划有土家风情吊脚楼酒吧街、土家风情商业街、土家族摆手堂、容纳3000人的土家摆手舞广场、白虎堂、土家宗祠，以及具有土家特色的国学院、书院、文昌宫等。（《重庆晨报》）

7月19日 泰国夜丰颂市政府代表团和"中国寻根之旅"夏令营成员组成联合访问团一同到广西壮族自治区来宾市忻城县开启"美丽壮乡之旅"，近距离地感受土司建筑及民俗文化，以此增进海外华裔青少年对祖籍国的亲近感、提升其学习中华文化的兴趣，推动海外华文教育发展。（忻城县人民政府门户网）

7月21日 由贵州省安顺市住房和城乡建设局、山村志2期团队、贵州省屯堡文化传承与旅游发展2011协同创新中心主办，安顺市建筑设计院、安顺学院屯堡研究中心承办的以"保护传统村落 传承优秀文化"为主题的"西南山地聚落·黔中屯堡调研学术研讨会"，在安顺市百灵希尔顿酒店举行。此次研讨会主要分为专题报告和自由讨论两个阶段进行。其中，安顺市山村志团队成员分别从贵州黔中屯堡聚落空间分布与形制研究、黔中屯堡聚落空间形态的类型学研究、黔中屯堡聚落水环境景观研究、黔中屯堡居民类型研究、安顺屯堡聚落防御体系研究等多个研究方向作了专题报告。(贵州省屯堡文化研究中心官网)

7月26日 中国城乡遗产保护"修复传习"屯堡论坛在贵州省安顺市召开,参加论坛的学者都有一个共识:文化遗产保护重中之重是要有人生活在其中,人都没了,保护也无从谈起。"把人带回家"的保护思路在贵州省安顺市云山屯的开发中已经见到了成效。(《贵州日报》)

7月27日 贵州省安顺市西秀屯堡文化活态档案馆正式挂牌成立。该档案馆是贵州省首个屯堡文化活态档案馆,标志着安顺市西秀区开启档案资源共建共享新模式,进一步拓宽了档案领域触角、视野和范围,在进一步发掘、保护和深入研究屯堡文化方面,开启了安顺档案工作新篇章。(《安顺日报》)

8月2日 "第二届中国·安顺屯堡面具节"活动发布会于2017年8月2日在贵阳索菲特酒店召开。此次发布会,是为8月17日至26日在贵州安顺西秀区旧州镇山里江南旅游休闲度假区举行的面具节开幕式及相关活动进行宣传预热。第二届中国·安顺屯堡面具节的举办旨在通过持续打造"中国·安顺屯堡面具节"这一文化活动品牌,推介非物质文化遗产,进一步推动文化与旅游在更大范围、更广领域、更高层次上的深度融合,以文旅融合助力安顺全域旅游发展,为贵州旅游事业的发展做出应有的贡献。(中国青年网)

8月5日 由四川省人民政府新闻办主办的"体验中国·2017海外留学生四川行"活动成功举行,许多留学生来到四川省马尔康市卓克基镇西索村土司官寨,探寻了解土司文化。(四川新闻网)

8月17日 广西壮族自治区文化厅公布了《广西壮族自治区第一批自治区级传统工艺振兴项目目录》(以下简称《目录》),其中壮族、瑶族、苗族、侗族、京族、疍家服饰制作技艺,壮族刺绣、壮族堆绣、瑶族刺绣、苗族刺绣、侗族刺绣、仫佬族刺绣、剪纸技艺、玉林羽毛画、农民画、点米成画等66个项目入选《目录》。该《目录》立足于广西各民族优秀传统文化,维护和弘扬传统工艺所蕴含的文化精髓和价值，发掘和运用传统工艺所包含的文化元素和工艺理念，实现传统文化的创造性转化和创新性发展，提升设计与制作水平，丰富传统工艺的题材和产品，培育广西工匠大师和民族文化品牌。（广西壮族自治区文化厅）

8月17日 "第二届中国·安顺屯堡面具节"开幕式在安顺市西秀区旧州镇山里江南旅游休闲度假区举行。开幕式演出在歌剧《图兰朵》经典选段《今夜无人入眠》的旋律下拉开序幕，五个硕大的屯堡地戏武将面具缓缓呈现在舞台中央。此次面具节系列活动以屯堡面具文化的历史与演变、传承与创新、展望与融合为主旨，全方位展示屯堡文化，持续打造中国·安顺屯堡面具节文化活动品牌，进一步推进文化与旅游在更大范围、更广领域的深度融合，助推安顺文化旅游产业提质增效。（《安顺日报》）

8月19日 以"扬中国优秀文化，展安顺非遗魅力"为主题的安顺非物质文化传承与发展研讨会在贵州省安顺市召开。会议通过主题演讲和研讨座谈两种方式，邀请与会嘉宾分享安顺非遗文化以及文化传承故事和文化发展成果，深入研讨非物质文化遗产的保护、传承和发展，深刻探索安顺非遗文化在融合与再生发展中面临的机遇与挑战。（多彩贵州网）

8月22～25日 贵州省民宗委在赫章县举办彝文古籍与西南民族史学术研讨暨民族文化传承和旅游发展论坛。来自省内外的60多位文献学、考古学、彝学等方面文化专家学者参加会议，会上就如何做好彝学研究、彝文文献与西南史研究、三星堆和金沙图文与彝文的关系、彝文文献与牂牁和夜郎的关系等进行了深入探讨。（贵州省民族研究院）

8月26日 电影《红色土司》开机发布会在四川省成都市举行。拍摄电影《红色土司》是贯彻落实"藏羌彝文化产业走廊"战略部署的重要步骤，意在通过影像平台提高羌族文化的影响力，保护以羌民族为代表的民族多元性，推动社会主义民族文化大发展大繁荣，增进以羌族文化为代表的民族文化与世界各国的文化交流，提升羌族文化的国际影响力，借助国际电影节平台展示羌族文化的魅力，提高中华民族的凝聚力、向心力，促成国内外资源整合，推动羌区乃至整个羌族文化产业、旅游经济的跨越式发展。（中

国土司网）

8月27日 由贵州省社科联、贵州民族大学主办，贵州民族大学人文科技学院承办的"第二届哲学社会科学智库名家·贵州学术年会暨民族民间文化教育传承创新学术研讨会"在贵州民族大学人文科技学院花溪大学城校区图书馆会议中心举行。研讨会主旨发言阶段，文化部民族民间文艺发展中心主任李松就"现代教育和文化传承"，亚细亚民间叙事文学学会会长林继富就"非物质文化遗产进校园"，中国社科院荣誉学部委员、中国民俗学会荣誉会长刘魁立就"非物质文化遗产"等议题展开讨论，共论民族民间文化教育传承创新的发展，将民族民间文化教育传承创新进一步挖掘、提升、丰富。（贵州民族大学新闻网）

8月31日 由中国中央电视台出品、石妹丽执导的纪录电影《海龙屯》在第31届中国电影金鸡奖入围最佳纪录片提名，将大众的目光吸引到深山里的世界文化遗产。《海龙屯》讲述了贵州省考古团队在位于遵义市汇川区的海龙屯进行考古发掘时的惊人发现，揭开了沉睡在地下几百年的贵州神秘杨氏土司一族的往事。（中国土司网）

9月2日 贵州省黔东南苗族侗族自治州麻江县文物局对明洪武十三年设置的养鹅王氏长官司进行了调查，在金竹街道仙坝村窝凼寨发现养鹅土司城墙遗址。麻江县文物局调查组根据群众提供的线索和历史记载，发现了养鹅司土司的古城墙遗址。经勘察测量，养鹅土司城墙遗址现残存城门宽3米，高2.3米，厚1.2米，以土司城门进口处为起点，全长55米，墙高1.2～5米不等，随山修筑，依山取形，逶迤延绵，保存较为完整。（搜狐网）

9月12日 安贵荣暨大屯水西安氏土司古墓遗址考察活动在贵阳市修文县举行。当地历代相传称此墓为"安家坟""宣慰坟"。此墓葬周围1平方公里的地势较平缓，西有六广河，北、东、南三面是大山，山脉绵延数十里，墓为长方形（横）石坟，圆顶正面三门，周砌石围墙，前为石铺院坝，整座墓葬占地300多平方米。（多彩贵州网）

9月17日 经过贵州省文物考古研究所考古学者发掘确认，贵州播州杨氏土司墓葬由9座增至14座，且首次发现并确认三座元代土司墓葬。贵州省文物考古研究所考古专家认为，此次发掘及墓主确定，丰富和完善了播州杨氏土司墓葬的序列，墓主跨越了杨氏统领播州、受封播州土司和即将覆灭的主要时期，在一定程度上反映了杨氏统领播州的演变过程，对贵州乃至整个西南地区土司制度及其文化特性的研究有着重要意义。（新华网）

9月23日 贵州省遵义市海龙屯一场寻找"美女守城官"的招募活动轰轰烈烈地展开，掀起了遵义市的"颜值海啸"。此次"美女守城官"招募是海龙屯三节传播的一次创新尝试。通过轻松有趣的活动方式，让年轻人了解遵义海龙屯七百余年的文化魅力，让他们真正沉浸在复刻于播州土司文化鼎盛时期的播州土司城里，体验千年的土司文化。（遵义市旅游日报网）

9月27日 贵州省第三届贵阳农业嘉年华开幕式在贵州省清镇市举行。第三届贵阳农业嘉年华暨贵州首届生态美食文化节，以"寻味贵州——卫城·味城"为主题，集中展示农耕文化、屯堡文化、古镇风情、生态美食等元素。（中国新闻网）

10月19日 由贵州省安顺市依托屯堡文化打造的大型实景演出剧目《大明屯堡》在安顺经济技术开发区多彩万象旅游城的屯堡剧场内上演。《大明屯堡》剧目传承了安顺市独具代表的屯堡文化，也是国内首个屯堡文化主题演出。打造此剧目旨在破解当地旅游景区景点多而文化支撑不足、旅游产品业态单一等问题，探索文化旅游深度融合发展。（新华网）

10月27~31日 由中国民俗学会、贵州民族大学主办，贵安新区花溪大学城管委会、贵州民族大学人文科技学院、民族学与社会学学院承办的中国民俗学会2017年年会在贵州民族大学大学城校区举行，来自全国29个省市自治区和澳门、台湾的340余名专家学者出席了会议。此次年会共分为9个分会场44个时段的专题研讨，研讨内容广泛涉及民俗学与民间文学理论、非物质文化遗产保护理论、应用民俗学理论、二十四节气调查与研究、岁时节日调查与研究、民间信仰调查与研究、民间文学调查与研究、民歌及其调查、都市民俗调查研究、村落民俗与乡村建设调查与研究、人生礼仪调查与研究、文学与民俗、文献与民俗、民俗史与民俗学史、外国民俗学、民间手工技艺调查与研究、少数民族民俗调查与研究、民间艺术调查与研究等专

题，以及神话主义与朝向当下的神话学、妖怪学研究、非物质文化遗产保护圆桌会议等专场研讨。（中国民俗学网）

10月28日 在贵州省安顺市西秀区云山屯举办的重阳节活动，以本地屯堡民俗"添粮节"为主线，由本地演员原汁原味的表演展现了屯堡人传统的民俗文化。"添粮节"是重阳节期间屯堡文化中的重要习俗，被誉为屯堡人的"母亲节"，即为母亲添加粮食（可用鞋袜衣帽、寿桃、点心等老人较为适用的物品代替），寓意对老年人"添粮、添福、添寿"的美好愿望，充分反映了屯堡人对母亲极大的尊重，也体现出母亲在家庭中树立勤俭持家"好榜样"、发挥孝老爱亲"传帮带"的重要作用。（《贵州都市报》）

11月2日 首届"中国土司论坛"在长江师范学院召开，由长江师范学院和重庆市社会科学界联合会共同主办，重庆民族研究院、涪陵区社会科学界联合会联合承办，来自中国社会科学院、云南大学、云南保山市博物馆等研究机构、高等院校和文博单位的70余位专家学者，在国家治理现代化视域下思考学科理论建构与土司文化遗产保护实践，围绕"学科理论与研究方法""国家治理与地方回应""土司个案""土司文化遗产保护与利用"等议题进行了深入的探讨与交流。（中国土司网）

11月3～5日 "第七届中国土司制度与土司文化国际学术研讨会"在西南民族大学举行。以"中国土司制度与土司文化及其世界遗产保护与利用研究"为主题，并围绕着土司制度与土司文化研究、土司制度与地方社会治理研究、土司文化遗址保护与利用研究、四川平武县土司文化暨土司建筑遗产——报恩寺申报世界文化遗产及保护与利用研究等4项分主题。此次研讨会的召开，将对中国土司制度与土司文化的研究产生重要而积极的推进作用。（四川新闻网）

11月10日 由贵州省旅游发展委员会主办的2017年中国（贵州）国际民族民间文化旅游产品博览会"文化旅游论坛"在贵州省贵安新区东盟教育交流周国际会议中心召开，以"展示文化旅游精品，促进全域合作交流"为主题，通过圆桌会议、高层对话、项目考察交流等方式对文化与旅游的共生、共融、共发展做深入探讨。此次论坛旨在为贵州文化和旅游融合发展、提升贵州旅游产品的文化内涵、促进旅游产业的转型升级、实现文化产业与旅游产业的良性互动探讨更多的可实现方式。（多彩贵州网）

11 月 10 日 由中共贵州省委宣传部主办，多彩贵州文化产业集团承办的 2017 中国（贵州）国际民族民间文化旅游产品博览会文化创意发展论坛在贵安新区中国—东盟教育交流周国际会议中心举行。论坛以"坚定文化自信，加快推进新时代多彩贵州民族特色文化强省建设"为主题。（多彩贵州网）

11 月 15 ~ 16 日 由乌兰巴托中国文化中心、中外文化交流中心和四川省非物质文化遗产保护中心共同主办的"四川故事——非物质文化遗产展览展示"活动，将走进蒙古国。此次活动旨在对外展示四川省灿烂丰富、弥足珍贵的非物质文化遗产，并借展示加大与周边国家在非遗保护上的交流、探讨非遗的保护和传承。（《四川日报》）

11 月 21 日 《行说贵州》新书发布会在贵州人民出版社举行。《行说贵州》一书在贵州省旅游发展委员会大力支持下，由美国俄亥俄州立大学东亚语言资源中心（OSU – NEALLRC）与贵州师范大学等高校合作完成。此书精选了贵州代表性的风景名胜、民族文化和地方文化区域作为实景拍摄和文化讲述地，使用地道的英语讲述贵州文化、贵州故事，从而促进贵州文化旅游的国际化推广。（多彩贵州网）

11 月 25 日 "乡土文献与屯堡文化研究暨贵州省屯堡研究会 2017 学术年会、安顺市屯堡文化学会 2017 学术年会、安顺市民间文艺家协会 2017 学术年会"在安顺学院召开，此次学术年会分为主题发言和专题论坛两个阶段对屯堡文化的多个方面进行了深入研讨。开幕式上，贵州师范大学校长、贵州省屯堡研究会会长李建军，安顺学院校长刘雷分别为黔东南苗族侗族自治州雷山县、贵州省乌当区羊场镇豫章书院、安顺市西秀区东关办马军屯村等屯堡文化研究基地授牌。（安顺学院新闻网）

11 月 25 日 由贵州省人民政府主办，黔东南苗族侗族自治州人民政府承办，以"保护·传承·发展——传统村落资源的可持续利用"为主题的 2017 第三届"中国传统村落·黔东南峰会"在雷山西江营上村西江·苗界民族文化体验厅开幕。峰会开幕式上，出席嘉宾不仅观看了黔东南传统村落保护与发展成果专题片《活态传承》和文艺表演《美丽乡愁》，还举办传统村落保护与利用发展论坛、传统村落资源与扶贫攻坚论坛、传统村落发展投融资及招商会及传统村落实地考察等系列活动。（黔东南苗族侗族自治州民族宗教事务委员会网站）

12月1日 李良品、彭福荣和吴晓玲主编的《中国土司制度与土司文化研究年度发展报告（2016）》于2017年12月由群言出版社出版。全书41万余字，由年度发展总报告、代表性论文选、六件大事、成果目录等部分组成，总体囊括中国土司问题研究的最新进展和专家学者重要成果，具有较强的宏观性、理论性、资料性和指导性。（中国土司网）

12月20日 广西壮族自治区来宾市人大常委会在12月20日召开的新闻发布会上，宣布《来宾市忻城土司文化遗产保护条例》（以下简称《条例》）于2018年施行。《条例》成为来宾市颁布实施的首部地方性实体法规，也是来宾市历史文化保护方面的首部地方性实体法规。《条例》明确了适用范围，指出将建立忻城土司文物信息数据库，突出了对莫土司衙署的保护，鼓励非物质文化遗产的传承和利用，并支持合理开发利用文化遗产资源，如鼓励社会力量合理利用非物质文化遗产资源，开发具有地方特色的传统文化产品、服务和旅游项目等。（《广西日报》）

12月21日 贵州省遵义市汇川区"文化助推第三产业发展大会"召开。发展大会总结出汇川区文化助推第三产业快速发展将利用好红色文化、土司文化、三线文化等文化资源，大力发展文化产业，促进文化与城市建设、康养旅游、综合服务等领域相互融合，加快海龙城文化旅游公园、遵义古城文化项目、播州古城文化旅游综合体、黔浙文化创意园等一批文化旅游项目建设。（遵义网）

12月21日 贵州省黔东南苗族侗族自治州麻江县人民政府公布了养鹅土司城墙遗址为麻江县第八批县级文物保护单位的通告。养鹅土司城墙具有代表价值，对深入研究土司文化，研究麻江县在元、明、清时期建筑、政治、军事、文化、经济等情况有着重要意义。（麻江县人民政府）

12月22~24日 由中国英汉语比较研究会典籍英译专业委员会主办，

百色学院、文山学院、凯里学院联合承办的 2017 年全国民族典籍翻译与西南少数民族文化研究高层论坛，在广西壮族自治区百色市举行。本次论坛以"'一带一路'战略背景下的少数民族文化对外传播和西南少数民族文化研究"为主题，邀请了国内从事少数民族文化对外传播与翻译学、比较文学与译介学、西南少数民族语言文化、跨境民族语言文化研究的专家和学者作大会主旨发言，共同探讨了在全球化语境下我国民族文化的传承和民族典籍翻译的发展路径。（百色学院新闻网）

12 月 28 日 由贵州民族大学主办，教育部民族教育发展中心重点研究基地"民族民间文化教育传承创新重点研究基地（高等院校）"、国家民委人文社科重点研究基地"南方少数民族非物质文化遗产研究基地"共同承办的《少数民族非遗蓝皮书：中国少数民族非物质文化遗产发展报告（2017）》发布会在贵阳孔学堂举行。该蓝皮书是贵州民族大学国家民委人文社科重点研究基地"南方少数民族非物质文化遗产研究基地"和教育部民族教育发展中心"民族民间文化教育传承创新重点研究基地（高等院校）"，联合社会科学文献出版社、贵阳孔学堂文化传播中心等校内外合作单位，进行协同创新产出的优秀科研成果。从 2015 年创办，至今已连续出版三部，是国内首部少数民族类的非遗蓝皮书。（中国民族宗教网）

12 月 29 日 新世纪乌江作家丛书作品研讨会在贵州省沿河土家族自治县举行。本次会议主要围绕乌江作家丛书作品及乌江流域文学创作与发展进行研讨，重点解读和点评丛书作品，观察和思考乌江流域作家群体的打造和乌江文学创作的特点和方向。同时充分肯定了沿河土家族自治县县委、县政府对乌江文化发展以及本土作家的培养和本土文学创作的高度重视。（沿河土家族自治县宣传部）

2018年

1 月 4 日 "2018 年阿坝州旅游市场复苏工作座谈会"在成都召开，座谈会以"吃农家饭、住农家屋、干农家活"为主题，将农牧业资源转化为旅游资源，推动乡村旅游向生态、康养和民俗文化、农耕文化体验等多层次转变，重点推出小金沃日土司官寨精品乡村休闲度假胜地、阿坝县麦昆乡草原村"游牧味道"等精品乡村旅游线路。深入实施乡村振兴战略，推动农旅融合创新发展，加快发展乡村民宿、乡村酒店、传统村落等乡村旅游新业态，提升乡村旅游品质。深入实施"净土阿坝"品牌战略，加快推进文创、农创、旅创产品研发、设计和制造，大力开发名、优、特、新等生态旅游产品，重点推出一批独具特色的阿坝旅游商品和纪念品。（中国网）

1月17日 重庆市文化委员会、市教育委员会正式命名全市第三批非物质文化遗产传承教育基地。其中，重庆市万州区赶场中心小学等54个单位脱颖而出，入选"重庆市非物质文化遗产传承教育基地"。此外，申报单位除高等院校（含高职）、中小学校（含中专、职高、技校），还首次纳入具有宣传教育功能的社会单位和机构，如涪陵区传统戏曲传习所、渝中区青少年校外活动中心、渝北区龙景书院等，进一步扩大了非遗保护社会参与面，拓展了非遗传承、教育的载体平台，将为弘扬、传承中华优秀传统文化，为加快文化强市建设发挥积极作用。（重庆市文化和旅游发展委员会非遗处）

1月22日 由四川省绵阳市平武县旅游业商会主办的四川平武第三届土司文化节在九州锦都大酒店广场举行。平武第三届土司文化节期间游客可以亲身体验搅风车、手工制瓦等活动，还可以参观土司耕种、生产生活器具，传统食品烹饪工艺，近距离地感受平武藏、羌、回族同胞们日常劳动和生活场景以及平武土司文化的魅力。（平武旅游网）

1月22日 广西壮族自治区人民政府核定并公布了第七批自治区文物保护单位（共计212处）以及与现有自治区文物保护单位合并的项目（1处40个点）。第七批自治区文物保护单位包括南宁市隆安县丁当镇的新石器时代鲤鱼坡遗址等古遗址28处、百色市田东县祥周镇的岑氏土司墓等古墓葬10处、桂柳运河等古建筑100处、都安瑶族自治县苏维埃政府旧址等近现代重要史迹及代表性建筑物52处。（广西新闻网）

1月26日 重庆市级重点学科民族学负责人、乌研中心专职研究人员李良品教授新著《中国土司学导论》出版，为中国土司问题研究增添又一阶段性重要成果。李良品教授新著《中国土司学导论》除序言、绪论、参考文献外，还有"中国土司学的主要学术概念""元明清国家治理理念与中国土司学构建""中国土司学构建与多学科视野"等计 10 章内容 36 万余字，较为系统地研究中国土司学的发生机制、研究对象、构建路径、研究方法等问题，具有宏阔的学术视野、较高的学术质量。（中国土司网）

1 月 31 日　云南省人民政府出台《关于进一步加强非物质文化遗产保护工作的意见》（以下简称《意见》）。《意见》明确指出，云南非物质文化遗产是极其珍贵的具有重要价值的文化资源，是云南历史发展的见证。其目标是通过努力，使云南非物质文化遗产保护与传承水平步入全国先进行列。预计在 2020 年，全省国家级和省级非物质文化遗产保护名录及代表性传承人档案建设全面完成，非物质文化遗产记录和数字化保护工程全面实施，国家级文化生态保护实验区建设稳步推进，省级民族传统文化生态保护区建设全面启动；力争国家级非物质文化遗产保护名录增至 130 项以上、省级非物质文化遗产保护名录增至 500 项以上，国家级代表性传承人认定人数达到 100 人，省级代表性传承人认定人数达到 1500 人；国家级和省级非物质文化遗产生产性保护基地达到 25 个，省级民族传统文化生态保护区达到 100 个，全省非物质文化遗产传承基地和传习馆（所、室）数量达到 300 个以上。（云南省人民政府）

2 月 8 日　由贵州省安顺市西秀区人民政府主办，西秀区文体广电旅游局、贵州黄果树智慧旅游股份有限公司承办的"屯堡人家过大年"小年活动在贵州安顺西秀区九溪村、旧州举行。在活动期间，游客可以看屯景、吃屯味、购屯堡年货、参与热闹的西秀屯堡村落民俗活动，如地戏队伍巡游、屯堡地戏开箱祈福祭奠仪式、祭灶仪式、百家屯转转场、地戏祈福表演、花灯戏、唱书表演、屯堡民俗"抬亭子"、盛大非遗文化民俗节庆"玉皇会"、屯堡民俗"抬汪公"等丰富多彩的屯堡民俗活动。此次活动通过政企联手，共同搭建西秀区智慧旅游平台；同时以实现旅游精准扶贫为抓手，结合西秀区农户的实际情况，搭建线上电商平台，便于游客线上线下都可采购到西秀区本地特色屯堡旅游产品，以屯堡年货节和屯年大礼包等形式回馈游客；双方通过升级打造景区的旅游业态，实现旅游多元化的目标，吸引更多的旅游二次消费，带动地方经济的发展，全力推动安顺西秀全域旅游的发展。（中国网）

2月9日 由重庆市文化委员会主办的以"创造性转化、创新性发展"为主题的非遗"嘉年华"在重庆南山壹华里开幕。非遗"嘉年华"从重庆市众多非遗项目中精选200余项参与其中，为市民献上一场集美食、文艺演出、手工艺品、趣味互动体验于一体的饕餮盛宴，让市民深入了解重庆市非遗文化。（华龙网）

2月24日 贵州省安顺市西秀区大西桥镇九溪村举行了第二十届"迎春会"春节活动，活动涵盖"抬亭子"民俗活动、屯堡佛歌比赛、大明服饰舞蹈会演、舞龙舞狮、地戏表演等。此次活动是西秀区屯堡人家过大年系列活动之一，活动现场吸引了许多省内外游客，当地群众在自娱的同时，让广大游客体验了原汁原味的屯年。（安顺市西秀区人民政府）

2月28日 2018年春节期间，贵州省安顺市西秀区民宗局投入区级民族经费25万元，补助华西办、黄腊乡、岩腊乡等民族乡村举办苗族"跳花""斗牛"，布依族"赶十五厂"、仡佬族傩戏表演等民族民间文化活动，丰富节日文化内容，也传承了民族民间文化，为脱贫攻坚，实施乡村振兴战略，建设美好家园鼓劲加油。（安顺市西秀区人民政府）

3月2日 广西壮族自治区来宾市忻城县通过"旅游+"打造民俗文化品牌，挖掘土司文化底蕴，扩大地方特色节庆影响力；结合莫土司衙署、薰衣草庄园、乐滩国家湿地公园建设特色风情小镇，打造土司文化和农业休闲旅游品牌；通过发展健康养生和户外运动旅游，推动旅游业与养生健康、户外运动产业融合发展。忻城县继续实施"印象土司""芝州现代商贸城""印象忻城"三大主题旧城项目，切实改善市容市貌，按4A级景区要求，把忻城县打造成古色古香的土司古城。（《广西日报》）

3月4日 贵州省安顺市西秀区大西桥镇鲍家屯村开展"2018年·我们的节日·春节"之"抬汪公"传统屯堡民俗活动。"抬汪公"是西秀区屯堡民间的一种重大祭祀活动，这一活动已从祭祀演变为每年的传统民俗文化节日，当地村民对活动特别重视，他们一代一代地传承和延续着先辈们的生活习俗。（安顺文明网）

3月8日 由贵州省安顺市政府、西秀区政府主办，西秀区文化体育广电旅游局承办的"2018年安顺屯堡文化汇踏青季启动仪式暨'明朝有你'苗岭屯堡古镇旅游推介会"在安顺苗岭屯堡古镇举行。活动在屯堡地戏中拉开帷幕，现场气氛热烈，不少来自外地的游客身着明朝服饰，体验屯堡文化。（安顺市西秀区人民政府）

3月9日 为宣传弘扬屯堡文化，贵州省安顺市西秀区大西桥镇鲍家屯村举办"开放日"活动。此次活动将鲍家屯村的"陈列室""水碾房""碉楼"等建筑开放，设置"二十四孝"等精神文明建设宣传长廊。"水碾房"开放日当天，鲍家屯村的寨老到村里为群众讲解鲍家屯村的村规民约"红十五条"的内容，屯堡服饰"丝头系腰"的寓意，"碉楼""水碾房"的文化等。（安顺市西秀区人民政府）

3月16日 中央电视台摄制组大型宣传片《秀·茶》在贵州省安顺市开机拍摄。摄制组一行走进安顺市西秀区鸡场乡等地，深入茶园实地取景，拍摄春茶采摘时刻，并在秀美的茶树间用镜头记录下地戏表演、屯堡服饰等安顺文化元素。（《安顺日报》）

3月18日 傩雕技能及屯堡乡村旅游培训暨"踏春采风"活动在贵州省安顺西秀区刘官乡大山自然村（屯堡傩雕文化博物馆）举行。本次活动围绕"学傩雕技艺、听屯堡故事、品屯堡美味、赏田园盛景"为主题，旨在让更多的人了解安顺，走进屯堡，听屯堡故事、学傩雕技艺、赏屯堡美景，唱响文旅融合主旋律，助推乡村旅游发展，决战决胜脱贫攻坚，让广大群众共同走上全面小康的致富路。（安顺市西秀区人民政府）

3月22日 中国社会科学院历史研究所、中华炎黄文化研究会土司文化专业委员会、遵义师范学院、贵州毕节市大方县人民政府等单位主办的"第八届中国土司制度与土司文化国际学术研讨会"拟于10月13日至15日在遵义师范学院召开。由遵义师范学院土司文化研究院、毕节慕俄格古城管

理处等单位承办具体会务。（中国土司网）

3月28日 贵州省安顺市西秀区在"四在农家·美丽乡村"创建活动领导小组的带领下，旅游卫视《世界多美丽》栏目组走进西秀区"中国傩雕文化艺术之乡"刘官乡周官村，在安顺木雕文化传承人秦发忠的民间傩雕博物馆对安顺屯堡地戏面具雕刻技艺进行了专题拍摄。本次拍摄充分展现了西秀区乃至安顺特有的傩雕文化和丰富的屯堡文化资源。同时，通过《世界多美丽》栏目的宣传，有利于让更多的人了解安顺古老的技艺和文化，助推安顺乡村振兴战略大力实施和西秀区"四在农家·美丽乡村"创建工作的深入开展。（《安顺日报》）

Abstract

Chinese civilization is characterized with the consistency which is due to the harmonious developments of fifty-six ethnic groups. Xi Jinping, the General Secretary of the Central Committee of CCP, pointed out that "the historical development of China made contributions to interwoven distribution of population, the incorporation of diverse culture, the inter-dependence on economic development, and the kinship in ethnic identity. China is a muti-dimensional whole, in which the members are dependent on each other. "

The ethnic groups in the southwest of China accounts for about 19% of the total population in this region that is well-known for its colorful culture, long history, attractive customs, and distinctive settlements. On the four lists of the national intangible cultural heritage, more than 60% are involved with the ethnic groups in this region. This is particularly exemplified by Tibetan Autonomous Region and Yunnan province whose projects of intangible cultural heritage included within the national and provincial lists account for more than 90% of Wltural heritage. The percentage of Guizhou province is 80% . Besides, some unique and well-preserved cultural forms like Tusi Culture and Tunpu Culture emerged out of the interactions between the ethnics. Therefore, southwestern region of China is a preserved and resourceful area for ethnic cultural resources.

The sustainable inheritance of ethnic culture cannot be separated from its geographical conditions. The inhabited settlement of the ethic minorities are numerous and widely distributed in this region. There are 11 Autonomous Prefectures and 48 Autonomous Counties in contrast with the perspective number of 30 and 117 across China. Such kind of inhabited settlement provides a sufficient space for the production of ethnic culture. Besides, the System of Regional Ethnic Autonomy safeguards the rights of the ethnic groups to express their cultural expectations, and the implementation of China's policies toward ethnic minorities. Nevertheless, this region is underdeveloped in terms of economic development in contrast to the central and eastern regions of China. Then, the ethnic groups in southwestern region face a dilemma: the economic development and the protection of ethnic culture. The rural areas, the ethnic areas, and the underdeveloped areas in this region (including three provinces, one autonomous district, and one province-level municipality) overlap and make it a challenge to protect the ethnic culture in the process of alleviating poverty and promoting rural development.

The Development Report on Ethnic Culture in Southwestern China (2018) (hereinafter referred to *Blue Book*) is a partial achievement of the research project of The Establishment of Comprehensive Data on Tunpu Culture, funded by National Social Science of China in 2017 (Project No. 17ZDA164). This project was accomplished by the research team of the Key Research Base of Education, Inheritance and Innovation of National and Folk Culture with the guidance of the Development Center of Education for Ethnic Minorities. It is co-edited by the College of Humanities and Science, and the Research Center of the Development of Ethnic Culture Industry of Guizhou Minzu University. This book aims to provide an important platform for academic exchanges with regard to the protection, inheritance, innovation, and development of ethnic culture in southwestern region of China.

This book is the first of the series of *the Blue Book on Ethnic Culture in Southwestern China* which mainly highlight cultural resources of five southwestern provinces of China in contrast with the cultural resources of neighboring provinces like Hubei, Guangxi, and Hunan. Therefore, it is an interdisciplinary, interregional, and interethnic work.

This book composes by seven parts.

Part One is the keynote report with the highlight of Tunpu in Anshun of Guizhou. On the base of the systematic review on the development of cultural tourism over the past 20 years, the article summarizes the problems emerging in the process of tourism development and analyzes the reasons. Finally, it provides suggestions and strategies for the protection of cultural resources of Tunpu.

Part Two is particularly on Tunpu culture. The articles in this part focus on three themes: (1) the contents of Tunpu culture, mainly analyzing the reasons for the formation of Tunpu and discussing the implication of Tunpu experience for the contemporary society; (2) the investigations on issues of the culture and tourism development, providing some countermeasures; (3) the legislative protection of Tunpu culture, suggesting that the protection of Tunpu culture should be more dependent on laws and regulations.

Part Three is on Tusi culture. The first two articles in this part analyze the cultural value and resources of Tusi culture in northern Guizhou and western Hubei, and provide suggestions for the effective development of Tusi culture. The third article describes the phenomenon of the integration of national culture in Hailongtun culture, showing that Tusi Culture is the result of the communication and interactions between ethnic groups.

The fourth part is on cultural industry. Particularly, this part focuses on promising cultural items for cultural resources development in southwestern region, and provides specific suggestions and measures. The first article is concerned with the cultivation of talents for the development of cultural industry of the ethnic groups of Tibetan, Qiang, and Yi. It discusses the effectiveness of university education on the cultivation of talents and provides the suggestions on curriculum and teacher development. The rest of the article highlights different problems concerning about cultural industry like the festival food of Miao and the effect of Big Data Schema of Guizhou.

The fifth part camposes by three articles on literary works of the ethnic groups. The first article analyzes the relationship between economic factors and cultural development changes reflected in the *Hmong Oral Epics*. The second article examines the changes and development of female consciousness in the literary works of Yi. The third article describes the process of exchange and interaction between Han culture and Yi culture through the poems of Zuo in Tushi Culture.

Part Six includes four case studies. Focusing on the western Hubei, the first case study proposes an evaluation mechanism for rural cultural tourism resources in ethnic areas. The case second study highlights southwestern Guizhou under the background of poverty alleviation. The article argues for that the essence of the immigration of the ethnic groups is the transfer of civilization productivity. The third case study discusses the role and value of customary law in Leishan of Guizhou in the local governance and management of the area inhabited by Miao people. The last case study in this part describes the cultural characteristics and artistic value of the music of Dong people.

The seventh part is the chronicle recording the important events regarding the protection, inheritance, innovation and development of ethnic culture, from January, 2017 to March, 2018.

Contents

I General Report

The Development Report on Cultural Tourism

Industry in Tunpu of Tianlong (1998 −2017)

Xiao Yuanping, Liu Yang and Yang Lan / 001

Abstract: The study presents the timeline of cultural tourism industry in Tunpu of Tianlong from 1998 to 2017. Adopting the mixed methods of normative research and empirical research, and comparing synchronically and diachronically, the study finds that although there are many achievements, some problems still need to be addressed. Taking these problems into considerations, the present study proposes a realistic way to develop the cultural tourism. The problems can be addressed by establishing a recognition system characterized with " the tourism intelligence platform, the map of all-area tourism-based development, global tourism map, multidimensional promotion system". It needs to adhere to the two main approaches of " poverty alleviation + tourism" and " big data + tourism". Besides, three transformations and changes need to be made. Meanwhile, the cultural tourism should ensure the coordinated development among government, tourists, tourism companies, and cultural holders. Five tourism modes can be adopted, namely, " agricultural culture + tourism, industrial culture + tourism, distinctive culture + tourism, ethnic culture + tourism, and popular science culture + tourism". Finally, six themes should be followed, including direct utilization, overall promotion, restoration, centralized exhibition, theme attachment, and tourism real estate.

Keywords: Industrial integration; Cultural industry; Tourism

II Culture of Tunpu

The Change and Inheritance of Food Culture

in Tunpu, Guizhou   *Zhao Hong* / 037

Abstract: Tunpu Culture is a regional cultural form in Guizhou, created by the descendants of the station troops in the Ming Dynasty and Han immigrants from the south of the Yangtze River since Ming and Qing Dynasty. Food is one of the most popular and long-lasting element in Tunpu culture, reflecting the lifestyle and economic development of Tunpu people. It is a approach today for the tourists to understand Tunpu culture. This paper aims to present the history of Tunpu food through detailed analysis of the reasons for the changes. It reviews the current development of Tunpu food and analyzes the problems and the means for the inheritance. Finally, the paper provides the countermeasures.

Keywords: Tunpu; Food Culture; Change; Inheritance; Cultural Tourism

The Implications of the Self-satisfaction of Tunpu

Culture from the Perspective of Cultural Security

Liu Chen, Ma Faliang / 057

Abstract: Tunpu refers to the region in Anshun of Guizou, an area inhabited by the station troop in Ming Dynasty. Its independence and identity has been well-preserved in the divergent cultural environment with the history more than 600 years. The paper finds that many factors such as cultural awareness, cultural identity, cultural ecology contributed to its independent development.

This is particularly significant and valuable for the cultural security of China when western culture spread around the world fast.

Keywords: Tunpu Culture; Self-satisfaction; Cultural security

The Transition of Dixi of Tunpu in Guizhou

Lv Linshan / 073

Abstract: Dixi of Tunpu is one of the most representative cultural resources of Anshun of Guizhou province. The recent commercialization has some negative effects on its development. The contents and performance of Dixi have been modified to adapt to the touriss' needs. The ritual essence of Dixi, which reflects the local people's divinity worship, has been changed into folk performance. The paper argues that it is necessary to ensure the balance between the protection of cultural resources and tourism development, and to promote the harmonious development of local economy and the protection of cultural resources.

Keywords: Tunpu Dixi; Cultural Transition; Sustainable Development

The Inheritance and Protection of Intangible Cultural Heritage: A Case of Anshun of Guizhou Province

Li Guangming / 083

Abstract: As a crucial culture resource, intangible cultural heritage facs new opportunities and challenges under the schema of all-for-one tourism. This paper takes Anshun city as an example to uncover the problems on the intangible cultural heritage and provides some suggestions like productive protection and legal protection.

Keywords: All-for-one tourism; Intangible cultural heritage; Anshun City

Ⅲ Culture of Tusi

Symbol Reconstruction from the Perspective of

Rural Tourism： A Cast of Enshi Tusi Palace

Gao Yang / 095

Abstract：Regional culture is not only the common memory of nationality, but also the critical factor for the identification and differentiation of ethnic culture. Enshi Tusi Palace is a living fossil in Tusi culture, which combines architectural culture with ethnic culture and becomes one of potential resources in quality and quantity in the development of rural tourism economy. Based on process of transforming from cultural resources to cultural capital, this paper takes Enshi Tusi Palace as a sample to analyze the culture identification and symbol reconstruction from the perspective of economic development of rural tourism.

Keywords：Perspective of tourism；Tusi Palace；Symbol

The Development of Cultural Tourism of Tusi

from the Perspective of Experience Economy：

A Case of Zunyi of Guizhou

Wang Yahui, Wu Xiaolin / 107

Abstract：As a unique political and cultural ingredient of southwestern China, Tusi culture cantaias abundant cultural implications. It is valuable for tourism development. This paper aims to reveal the experience value of Tusi culture in terms of education, entertainment, relaxation, and aesthetic seeking. Base on the theory of experience economy, this paper proposes a model for the development of cultural tourism. The study is significant for the development of tourism of Zunyi.

Keywords: Experience economy; Tusi Cultural Tourism; Zunyi

Cultural Integration from the Perspective of Tusi in Bozhou

Zhao Junyi / 118

Abstract: The relics of Hailongtun is an important cultural carrier of Tusi in Bozhou. Through the analysis of unearthed cultural relics, architectural style and tombs in Hailongtun, this paper finds that the culture of we could find that the culture of central plain of China spread in Bozhou under the governance of Tusi, during which, cultural integration promoted national integration, and propelled the cultural development and accelerated national identity. In the process of cultural integration in Bozhou District, the local culture was preserved and the unique culture emerged.

Keywords: Tusi culture; National integration; Cultural development

Ⅳ Cultural Industry

The Cultivation of Talents from the Perspective of Tibetan, Qiang and Yi Corridor of Cultural Industry

Wang Weijie, *Yang Jie* / 129

Abstract: The construction of the Tibetan, Qiang and Yi corridor of cultural industry urgently requires talents. Although the universities in seven provinces along the corridor have made great progress in the cultivation of talents for the cultural industry in the past years, there is a gap between talents cultivation and market demands. The paper claims that the gap can be filled by aiming at the cultivation of multi-level talents, clarifying the discipline relation of cultural industry, strengthening the construction of textbook on cultural industry, and promoting teacher development.

Keywords: Tibetan、 Qiang and Yi Corridor; cultivation of Talents Cultural Industry

The Application of Cultural Creativity in Miao Wang City

Yuan Hongye , Liu Mingwen / 139

Abstract: Nowadays, cultural creative industries and tourism are integrated with each other. As a major way to enrich tourism products and upgrade tourism products, cultural creative design plays an increasingly important role in tourism. Interaction between cultural creative industries and tourism has formed a new model in industrial development. Miao Wang City has made great progress on the development of cultural tourism through cultural creative design. This paper mainly analyzes the cultural creativity of Miao Wang City in terms of infrastructure and the software facilities, and put forward suggestions about the application of cultural creativity for Miao Wang City.

Keywords: Miao Wangcheng; Cultural Creativity; Infrastructure; Software Facilities

The Development of Cultural Industry under the
Background of Big Data Industry in Guizhou

Wang Yueyue , Yang Huilin and Yang Xinli / 160

Abstract: Cultural industry and big data industry in Guizhou are interdependent. The former is an important field to apply big data, but the later provides the support of the data for the development of cultural industry. This article reports that cultural industry in Guizhou Province has many advantages and opportunities in terms of cultural resources, talents and technology, policies, capital, and high-speed rail. At the same time, some problems need to be addressed like the asymmetrical development of cultural industry in different cities, the superficial integration into big data industry, the lack in inter-disciplinary. The report finally provides suggestions for addressing these problems.

Keywords: Guizhou Province; Big Data Industry; Cultural Creative Industry

A Study of Food Industry of Miao Festival in Qiandongnan

Miao and Dong Autonomous Prefecture

Zhao Erwenda, Zhao Yi and Jiang Huajun / 173

Abstract: The Miao living in the Southeast of Guizhou has a distinctive food culture. In recent years, the food industry in this region faces both opportunities and challenges with the development of all-for-one tourism and high-speed railway. Through detailed analysis of the food culture, this article discusses some problems and limitations existing in the food industry of Miao festival. It suggests that these problems can be addressed by increasing the tourists experience, highlighting the medicine value, and innovating and improving the packaging.

Keywords: Qiandongnan Miao and Dong Autonomous Prefecture; Miao People; Festival; Food

V   Literature

Supply and Demand Effect and the Reproduction of Culture:

The Economic Function of King of Ya Lu

Yang Lan, Gong Mei / 184

Abstract: The epic of Miao, King of Yalu, is a complex unity. On the one hand, it reflects the combination of world view and cosmology view, view of life and view of value, language and speech, and social behavior and economic activities. On the other hand, not only does it reflect the awareness of the cultural rights and the materialization of the conceptual form, but also it is a breakthrough for understanding the regional culture and its spread. Undoubtedly, it is an important theoretical crystallization which is important for the understanding of economic issues and the effects of supply and demand in this epic.

Keywords: Epic; Economic function; *King of Ya Lu*; Miao People

The Construction and Expression of the Female Views in the Folk Narrative Poems of Yi

Liu Yang, Yang Qiongyan / 197

Abstract: Women is an essential factor in the folk narrative poems of Yi People. Women who have the positive characteristics in the poems often pursue freedom of marriage and fight against unbalanced social systems, revealing their courage to face male chauvinism. From the perspective of feminism, this article reveals that the females in the poems show their beautiful body, pure soul and affluent wisdom. However, all of these are still expressed through the discourse system of expression. In modern society, Yi women are never shackled by the concept of the unbalanced social form. Their self-recognition has experienced the double challenges of deconstruction and reconstruction.

Keywords: Narrative poems; Yi People; Female view

A Study of the Poem of Tusi with the Zuos Family

Tong Fei / 211

Abstract: Tusi with the family name of Zuo, is of three families appointed as ethnic minority hereditary headmen in the history of Yunnan. Influenced by the Han culture, many poets and poetry emerged in the governance of the family of

Zuo. The prosperous phenomenon is a historical inheritance of the sinicization in Nanzhao, which is also closely related to the family aura, tradition and the guidance and encouragement of the foreign scholars. The theme of these poetries includes the sort of Buddhism and Taoism, and the poets' yearning for holy land. The poem provides a way to understand the history of the family and clarifies the relationship between Han and Yi culture.

Keywords: Menghua; Tusi of Zuo; Poetry

VI Case Studies

A Study of Assessment of Rural Tourism Resources in Regions Inhabited by Ethnic Groups: A Case of Fengxiangpo

Liao Zhengli / 225

Abstract: This paper aims to assess the tourism resources of Fengxiangpo, a village of Dong people in Enshi Tujia and Miao Autonomous Prefecture in Hubei Province by adopting the Three-Three-Six Principle (an assessment method proposed by Lu Yunting). An assessment model is constructed on the basis of AHP (Analytic Hierarchy Process). Through the analysis of the quantitative assessment of this model and the holistic qualitative assessment of the specialists, Fengxiangpo is classified as Type III, indicating that of Lu Yunting that the tourism resources of this village is plentiful and has great potential for promotion.

Keywords: AHP; Three-Three-Six analysis method; Fengxiangpo (Dong people's village) ; Fuzzy comprehensive evaluation method

A Comparative Analysis of Musical Features of Pipa Song of Dong

Long Bangxi, Tan Lianying / 241

Abstract: The essay focuses on the musical features of Pipa Song in Chejiang and Shangzhong of the Dong People who adore dance and singing. Pipa instruments and Pipa music are characterized with Dong styles, which are distinctive from each other in different places. The essay compares the musical features of Pipa Song in Chejiang and Shangzhong by which the beauty of Pipa song is uncovered.

Keywords: Dong People; *Pipa Song*; Comparison

Ⅶ Appendix

Major Events of Culture in Southwest China from 2017 to

March in 2018   *Zhao Yi*, *Yang Qing* / 255

图书在版编目（CIP）数据

中国西南民族文化发展报告. 2019：屯堡文化遗产
保护与发展 / 肖远平主编. -- 北京：社会科学文献出
版社，2020.5

ISBN 978 - 7 - 5201 - 6224 - 1

Ⅰ.①中…　Ⅱ.①肖…　Ⅲ.①民族文化 - 文化发展 -
研究报告 - 西南地区 - 2019　Ⅳ.①K280.7

中国版本图书馆 CIP 数据核字（2020）第 033636 号

中国西南民族文化发展报告（2019）

——屯堡文化遗产保护与发展

主　　　编／肖远平（彝）
常务副主编／王伟杰
副 主 编／刘　宸　赵尔文达（苗）

出 版 人／谢寿光
责任编辑／王　展

出　　　版／社会科学文献出版社·皮书出版分社（010）59367127
　　　　　　地址：北京市北三环中路甲 29 号院华龙大厦　邮编：100029
　　　　　　网址：www.ssap.com.cn
发　　　行／市场营销中心（010）59367081　59367083
印　　　装／三河市尚艺印装有限公司

规　　　格／开 本：787mm×1092mm　1/16
　　　　　　印 张：19　字 数：290 千字
版　　　次／2020 年 5 月第 1 版　2020 年 5 月第 1 次印刷
书　　　号／ISBN 978 - 7 - 5201 - 6224 - 1
定　　　价／98.00 元

本书如有印装质量问题，请与读者服务中心（010 - 59367028）联系